退職シニアと社会参加

片桐恵子

東京大学出版会

Japanese Retirees and Social Participation:
A Challenge to the *Third Age*
Keiko KATAGIRI
University of Tokyo Press, 2012
ISBN 978-4-13-016115-2

はじめに——本書の構成

　日本人の 2010 年の平均寿命は，男性が 79.64 歳，女性が 86.39 歳（厚生労働省平成 22 年簡易生命表，2011）となり，女性は世界第 1 位，男性は第 2 位となった（WHO，2011）．秦の始皇帝が不老不死の妙薬を求めた伝説など，長寿の達成は人類が古来その実現を求めてきたものである．とすれば，今の日本は人類の夢に最も近い国になったともいえるのかもしれない．

　しかし，高齢化をめぐる話題はなぜか悲観的な話ばかりである．何十年も行方不明の高齢者，さみしさから万引きなど犯す高齢者のニュース，さらには高齢化に伴う年金や医療費・介護費用など社会保障費の増大．諸外国に比べて別居している子どもとの交流頻度が最も低い日本（内閣府，2002a）．都会の孤独死，認知症患者数の増大など，暗い話題には事欠かない．

　心理学の分野では，1998 年に Seligman が心理学のプラスの側面に目を向けようというポジティブ心理学という考え方を提唱した．彼は心理学のミッションは 3 点——精神的な病気を治すこと，人々の人生をより充実したものにすること，高い能力を同定し育成すること——存在したとする．しかし，第二次大戦後，復員軍人の精神的な病気を治すために莫大な資金が提供され，多くの心理学者がその分野の研究に従事した結果，心理学の第 2 と第 3 のミッションが忘れ去られた．そこで Seligman は心理学は障害や弱さのための学問であるだけではなく，人間の強さや美徳についての学問であり，人間の強さ（human strength）にももっと注力すべきだと主張した．

　時を同じくして老年学の分野で，Rowe & Kahn（1997, 1998）が「サクセスフル・エイジング」という考え方を提唱しているのは興味深い．この概念はいかに「サクセスフル」な高齢期を送るかを説いたものである．それまでは，老年学に留まらず，各国の行政分野においても，高齢者は介護やケアを必要とし，社会が保護しなければならない「社会的弱者」であるという考え方が主流であった．しかし，彼らはいかにサクセスフルな高齢期を実現するかという方法

を提案することにより，「社会的弱者」という立場から高齢者を開放し，「いつまでも生き生きと社会の一員として生きる高齢者」という新たな位置づけを提案したのである．これは，ポジティブ心理学の考え方に則って言えば高齢者の強さを見出して，その強さを維持するにはどうすべきか，高齢期の人生をより充実させるにはどうしたらいいか，ということに着目したのだといえよう．のちに，「サクセスフル・エイジング」という考え方は，一部の恵まれた高齢者を対象としているとして他の研究者からの批判を招くことになるが，高齢者に対して肯定的な見方を流布させた影響は大きく評価されるだろう．

日本においても，著者が老年学の研究を始めた1996年には，企業のマーケティングの担当者に高齢者研究の話をしても，まったく興味をひかなかった経験がある．しかし，21世紀に入って団塊世代が定年年齢に近づいた頃から，「シニア・マーケット」という言葉が喧伝されるようになり，ようやく日本においても「社会的弱者」としての高齢者から，今後の成長が見込まれる潜在的に大きな購買層として注目されるようになった．しかしこのような動向はこれまでの弱者としての高齢者イメージとは異なるが，商品を買うターゲットとして注目されるに留まり，高齢者自身の積極的な社会的役割や生き方までを視野にいれた動きではなかった．

『平成20年高齢社会白書』（内閣府，2008）によれば，団塊世代（1947年〜1949年生まれ）は，出生数で約806万人，2006（平成18）年10月時点で約677万人にのぼるという．彼らはそれ以前の世代に比べ「高学歴化」し，約半数が三大都市圏に居住するなど「都市化」が進み，さらに団塊世代が生まれた年には就業者のうち「被雇用者」は3割程度だったものが，団塊世代は約7割が「被雇用者」という「サラリーマン化」を定着させた世代であるという．

このような団塊世代が高齢期に入る目前，彼らの範となる先達の生き方はあるのだろうか．古代ローマの賢人Cicero（44 B.C. 中務訳2004, p.22）は老年について以下のように語っている．「老年が惨めなものと思われる理由は4つ見出される．第1に老年は公の活動から遠ざけるから．第2に老年は肉体を弱くするから．第3に老年はほとんど全ての快楽を奪い去るから．第4に老年は死から遠く離れていないから．」寿命こそ延びたものの，今日のわれわれの社会は果たしてこの言辞からどこまで変わったのだろうか．

晴耕雨読の生活，仕事を続ける，あるいはアメリカの人々がハッピー・リタイアメントと退職を祝うが如く，仕事のストレスや親役割から解放されて自分の好きなことをして楽しむ，あるいは夫婦で一緒に旅行に出かける，など今の高齢者はかつてないほど多様な選択肢を手に入れた．

　これらの選択肢から存分に自らの意思を活かして選択できる人はいい．しかし，21世紀初頭の現在の高齢者は日本の高度成長期を支え，働き続けてきた人たちであり，長い労働時間と通勤時間，仕事が終われば同僚や仕事関係の人たちとの飲み会，休日でさえ得意先や職場仲間とのゴルフなど，仕事人間として過ごしてきた人が大半であり，若い頃からの趣味を続けることができないような忙しさの中で暮らしてきた人が多い．好きなことをしてください，といわれても，自分が何に向いているのか，何をしたいのかもわからない人は戸惑うだけだろう．

　退職シニアの「地域デビュー」が取り沙汰されるのは，それが実行するに容易でないことの証左である．仕事人間，会社人間であった彼らは，家には寝に帰るだけ，隣近所との付き合いはもっぱら妻に任せて地域社会とは無縁に過ごしてきた．定年退職後に突然地域社会と付き合おうとしても難しいのはもっともである．

　また，夫婦一緒に定年後を楽しく過ごそうと思っていたとしても，妻は夫のいない生活に慣れ，自分の友人たちとの付き合いに忙しく，子育ても終えた時期に共通する話題にも事欠くことにもなりかねない．

　本書では退職後の生き方のひとつとして社会参加活動に注目している．以下の各章では社会参加のもたらす様々な効果を科学的なデータに基づいて表すことで，高齢期の生き方にふと悩む人たちに，高齢期の生き方の選択肢のひとつとして社会参加の有用性を示すことを目的としている．高齢期の生き方のハウツー本は書店の本棚に数多く並ぶが，科学的な調査データに基づいて述べられているものは少ない．本書の特徴は退職シニアの生きる現実から，科学的な手法に則って客観的なデータを拘いだして検討した点にある．さらに，社会参加のもたらす効果だけではなく，社会参加を容易にする要因，あるいは妨げている要因についての検討も行っている．

　本書で提案しているモデルでは，社会参加という個人の活動を，個人（ミク

ロ）としての視点に終始するのではなく，社会関係からみた場合，及び社会（マクロ）から捉えるとどうなるか，という３つの視点から複層的に論じている点にも特徴がある．たかが個人の行動と思うことなかれ．その個人の行動が日本社会全体にも広がっていくのである．

　本書の構成は著者の博士論文に基づき，さらに新しく実施した調査のデータを用いて，今日的な意義を加味して新たに論考を加えたものとなっている．

　第Ⅰ部は高齢者の社会参加についての２つの現状——実際の社会参加の様子と理論——についてまとめている．

　第１章では，高齢期をどのように過ごすかが個人にとっても社会にとっても大きな問題となっている日本の高齢者の状況を示し，その解決策として社会参加を取り上げる理由を説明する．

　第２章では，社会参加がサクセスフル・エイジング理論を実現する一手段であることを説く．既存の社会参加研究をまとめ，その問題点を克服するため，サクセスフル・エイジング理論を採用し，社会参加がどのようにサクセスフル・エイジング理論の実現に結びつくのかを説明する．

　第Ⅱ部は実施した調査から新たなモデルを導出し，分析した結果をまとめている．

　第３章では，本書に用いた研究方法について説明している．本書では多様な現実を捉え，それを科学的に実証することを目的として，質的調査と量的調査の両方を用いる質量混合研究法（mixed methodology）という方法を採用している．どのような目的でどのような調査を行ったのかを実際の研究の流れに沿って概説する．

　第４章では，高齢者を対象としたインタビュー調査から導き出した「社会参加位相モデル」を提案する．これはこれまでひとまとめに「社会参加活動」とくくられて論じられてきた内容を，４つの位相に分割することにより，社会参加活動の規定因についても，社会参加活動のもたらす効果についてもよりよく理解することが可能になるというモデルである．さらに，社会参加に関わる要因，また社会参加からもたらされる結果を，個人的な視点，社会関係からの視点，社会からみた視点の３点から整理した．

　第５章では，ランダム・サンプリングで行った社会調査のデータを用いて「社

会参加位相モデル」を検討した．社会参加の4つの位相が量的データからも立ち現れるのか，それぞれの社会参加の位相に関わる要因はなにか，どの位相の社会参加活動に従事するかにより，もたらされる効果が異なるのかを検討した．最後に夫の社会参加活動が妻に与える効果も社会調査のデータで確認した．

第6章は2008年に実施したデータを用いて「社会参加位相モデル」の有効性を改めて確認した．さらに社会参加活動が男性にとって，地域社会へ溶け込むきっかけとなっている様子を示した．

第7章では，本書で得られた知見をまとめ，総合的な考察を行った．社会参加活動に従事することは，退職シニア自身にとって主観的幸福感を高め，新しい地域の友人をもたらし，地域社会に生きることの助けとなり，夫婦関係にもプラスに働く．それのみか日本の社会にとっても有益であることを論じる．さらには，本書の社会参加研究からは，昨今問題になっている高齢者の社会的孤立を防ぎ，孤独死や無縁死を防ぐための有用な方策であることを論じて終わる．

なお，本書でいう「退職シニア」は主として会社の定年年齢を迎えたのちの人たちを指している．しかし，調査の結果から，本書で提案している「社会参加位相モデル」は必ずしも退職シニアにのみあてはまるだけでなく，日本のシニアに広くあてはまることも判明しているが，おもに本書のモデルは「退職シニア」を対象として発達させたものであるため，「退職シニア」という言葉を冠して用いている．

目　次

はじめに──本書の構成　i

第Ⅰ部　退職シニアと社会参加

第1章　退職シニアを取り巻く様々な問題　3
　第1節　退職後の長い人生　4
　第2節　「高齢化」が社会に与える影響　12
　第3節　「社会参加活動」の可能性　21

第2章　社会参加活動についての理論──3つの必要性　29
　第1節　包括モデルの不在──理論の必要性　29
　第2節　これまで行われてきた社会参加活動研究　36
　第3節　社会参加研究の政策的必要性　52
　第4節　社会参加の現状──個人にとっての必要性　54
　第5節　本書の目的　57

第Ⅱ部　サクセスフル・エイジングと社会参加──理論と研究

第3章　質量混合研究法による調査　61
　第1節　調査全体の枠組み　62
　第2節　各調査の内容　64

第4章　「社会参加位相モデル」の構築　67
　第1節　社会参加活動に関するインタビュー調査［調査1］　67
　第2節　3つの志向性の定義［研究1］　81
　第3節　スムースな社会参加のために──仮説「社会参加位相モデル」　90
　第4節　社会参加活動を促す要因［研究2］　95

第5節 社会参加は「サクセスフル・エイジング」を実現
　　　するのか——社会参加の効果［研究3］ ………………………… 119
第6節 社会参加の複層的な要因と効果——小括 ……………………………… 126

第5章　調査データによる「社会参加位相モデル」の検討 …… 131

第1節 社会参加活動の位相——［調査2］の概要 ………………………… 131
第2節 社会参加位相モデル（促進モデル）の検討
　　　——社会参加の促進要因［研究5］ …………………………… 148
第3節 社会参加活動により高まる主観的幸福感
　　　——社会参加の効果［研究6］ ………………………………… 154
第4節 社会参加活動と夫婦の関係——社会参加の効果［研究7］ ………… 158

第6章　社会参加は進んだのか——2008年調査によるモデルの拡張 ……… 173

第1節 社会参加における変化 ………………………………………………… 173
第2節 社会参加位相モデルの有効性——［研究8］ ………………………… 183
第3節 社会参加と地域社会への溶け込み——社会参加の効果［研究9］ …… 193

第7章　社会参加の効用——総合考察 …………………………………… 207

第1節 結果のまとめ …………………………………………………………… 207
第2節 サクセスフル・エイジング理論への貢献 …………………………… 212
第3節 社会参加位相モデルの有効性——今日的な社会参加活動の意義 …… 215
第4節 「老いの場所」への問い——社会的孤立を防ぐ …………………… 216
第5節 本書の限界と将来への展望 …………………………………………… 217
　結　語 ………………………………………………………………………… 218

あとがき　221
参考文献　225
巻末資料1——［研究1］の質的分析の概念化例　237
巻末資料2——［調査2］で使用した2002年社会参加調査の調査票　243

第Ⅰ部　退職シニアと社会参加

第1章　退職シニアを取り巻く様々な問題

　高齢化社会が出現し，「いかに長く生きるか」ということから「いかに生きるか」という生活の質に関心が移ってから久しい．古谷野（2004）によれば，社会老年学分野において生活の質に関連する論文は，欧米では1980年代から登場し，日本においては21世紀に入って特に増加が著しいという．何歳からを老後と呼ぶのかは時代や社会によって変化するものであり，平均寿命が著しく延びた現在の先進諸国では，65歳から74歳を前期高齢者，75歳以上を後期高齢者と，暦年齢により便宜的に分けて扱うことが多い．しかし，年齢が上がるにつれ，人間は多様性を増すものであり，一律に年齢で区分することはいささか乱暴と言わざるを得ない．

　これに対して近年欧米の老年学の分野では「サード・エイジ（third age）」，「フォース・エイジ（fourth age）」という呼称が多く用いられるようになってきた．Phillips, Ajrouch & Hillcoat-Nallétamby（2010）は，これらを「生物医学的，人口学的，社会学的な用語であり，ある年齢まで生き延びる確率によって年齢グループ，あるいは機能や役割により定まるライフコース的な時期による年齢グループを表すもの」（p.213）と説明する．具体的にはサード・エイジは引退後に仕事から解放されて自立して生きる時期，フォース・エイジはそののちに身体的に徐々に衰えて自立した生活が難しくなる時期を意味している．老化の程度や仕事など社会との関わり方の多様化が進む現在では，一律に歴年齢で区分するより，その人のライフ・ステージや身体状態等を幅広く考慮にいれたこれらの用語の方が相応しいと思われる．本書はこのサード・エイジの生き方のひとつとして「社会参加」をテーマに取り上げている．

　本章では，本書の研究の背景としてサード・エイジが社会老年学のトピックとして取り上げられるようになった日本の超高齢社会の現状と問題点を説明する．

第1節　退職後の長い人生

　今でこそ世界で冠たる長寿国の日本であるが，このように長寿を謳歌するようになったのはつい最近のことである．明治時代の初期における平均寿命は30歳代，20世紀の初めの頃でも40歳代であり，100年あまりの間に2倍以上に伸びたことになる．

　3世代にわたり夫婦の平均的な生涯の姿を描いたものが図1-1である（厚生労働省，2003）．これは中央の1947年生まれの団塊世代を中心として，その親の世代とその子（団塊ジュニア）の世代の経験する重要なライフ・イベントを描いたものである．1924年生まれの親の世代では定年年齢は55歳，団塊世代は60歳としてある．括弧の中は妻の年齢を表している．

　親の世代では男性は55歳に定年を迎え，平均的には70歳で亡くなることから，定年後の人生は15年間ということになる．平均寿命でみれば15年であるが，健康寿命を勘案すれば，定年後に自立して生きた期間はもっと短かったと考えられる．

　健康寿命とは近年世界保健機関（World Health Organization，以下 WHO）が提唱した指標で，介護を必要とせず自立して暮らすことができる期間のことをいい，平均寿命から介護等が必要で自立して生きられない期間をマイナスして算出されるものである．2004年の WHO の報告によると，日本は世界一の健康寿命国であり，男性が72.3歳，女性が77.7歳である．厚生労働省の平成16（2004）年簡易生命表によれば，男性の平均寿命は78.6歳，女性は85.6歳であるから，男性は約6.3年，女性は約7.9年平均寿命より健康寿命が短いことになる．1924年当時の健康寿命は不明であるが，2004年レベルと同じ程度に平均寿命と健康寿命の差があると仮定すれば，1924年生まれの男性は55歳に定年を迎え，8年ほど健康で生きた後，次第に介護が必要な状態になって死に至ったということになる．

　1947年生まれの団塊世代では，60歳定年時の男性の平均余命は22.2年である（厚生労働省，2004）．健康寿命を考えれば，16年程度は元気に過ごせる期間があることになる．つまり，この1924年生まれと1947年生まれの2つの世代にとって，定年後の人生はかなり異なる意味を持つことになろう．1924年生

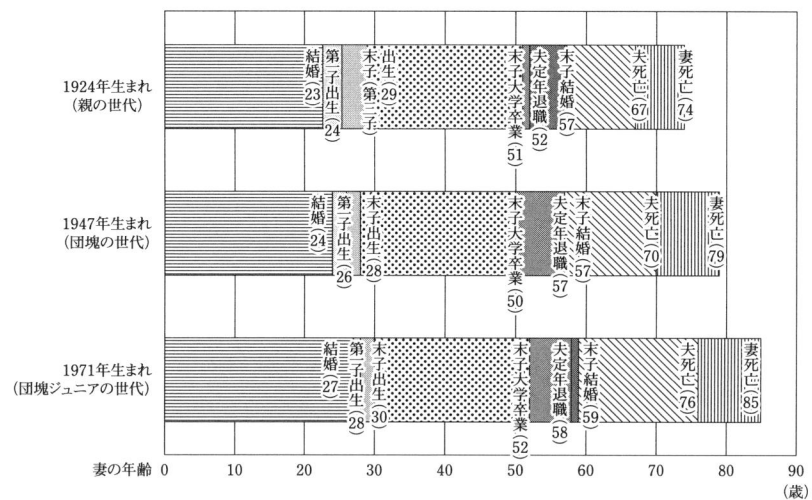

図1-1 夫婦の平均的な生涯の姿の変遷（妻の年齢）（厚生労働省，2003，p.2，図表序-1）
注： 1　このモデルは，団塊の世代である1947年に出生した世代とその親及び子に当たる世代について一定の仮定をおいて設定したものである．
　　 2　寿命は，30歳当時の平均余命から算出している．
　　 3　定年年齢については1924年生まれのモデルについては55歳，1947年および1971年生まれのモデルについては60歳としている．

まれの男性にとっては，定年後は余生といってもいいかもしれないが，団塊世代にとっては余生というには長すぎる期間であり，引退後に何をして過ごすかにより，心身にも大きな違いがもたらされる可能性がある．サード・エイジをどう過ごすかは，人生の後半において重要な人生課題として立ち現われてくることになった．

1　退職により失われるリソース

日本や韓国・中国など親に対する孝を重んじる儒教の影響が強かった国では敬老精神が強く，近年までは高齢者には家長としての役割があり，また近所付き合いにおいても物知りなご隠居さんとして相談相手になるなど，高齢になり引退したのちも果たすべき役割があり，家庭内や地域社会でそれなりの地位を占めていた．しかし代々親から子への受け継がれる知識が重要だった伝統産業や第1次産業から，次々と導入される新しい技術革新を学び使いこなしていく

ことが求められる第2次，第3次産業へのシフト，さらには大家族から核家族へという家族形態の変化などに伴い，先進国では高齢者の果たすべき役割が失われていった．"「役割なし役割」（roleless role）が高齢者の役割である"（Rosow, 1974）と指摘されて以来，高齢者の役割はいまだに確立していない．

　高齢者の果たすべき役割について曖昧である現在，60歳で定年を迎えた後，いかに生きるかを考える際には，定年退職がいかなる意味をもつライフ・イベントなのかを考えることが有効であろう．

　退職とは仕事という大きなストレスから解放されることを意味する．アメリカでは「ハッピー・リタイアメント」という言葉があるほど，欧米では退職は望ましいライフ・イベントだとされる．また退職が与える心理的影響を検討した研究では，プラスの効果がみられたとする報告が多い（例：Reitzes, Mutran & Verrill, 1995）．

　日本人にとっても，定年退職は仕事のストレスから解放されるという意味は同じであるが，同時に日本人にとっては，多くのリソースを失うイベントでもある．Katagiri（1999）は定年退職者は3つのリソースの喪失の危機に直面すると指摘した．人は働くことで，第1に給料などの経済的なリソース，第2に仕事上の役割や社会的な地位や同僚や仕事で知り合った職縁という社会的ネットワークという社会的リソース，第3に生きがいや会社というグループへの所属感覚などといった心理的なリソースを得ているため，定年退職はこれら3つのリソースを失う可能性をもたらすと指摘した．日本人の，特に男性は仕事人間といわれ，長時間労働，長い通勤時間，仕事の後や休日も同僚やクライアントとのゴルフ……というように，仕事漬けの生活を送ってきた人が多い．家には寝に帰るだけで，地域社会との付き合いは挨拶を交わす程度，特段趣味もなく過ごしてきたという男性も多い．このように多くのリソースを仕事から得ているため，定年退職後の生活に速やかに移行するためには，これらのリソースを別のところに求める必要に迫られることになる．

　また，定年退職は退職する本人のみに関わるイベントではない（Kim & Moen, 2002）．退職後は夫婦で共に過ごす時間が増えるため，退職後にお互い何をして過ごすかは配偶者の生活にも影響を及ぼすことになる大きなイベントなのである．

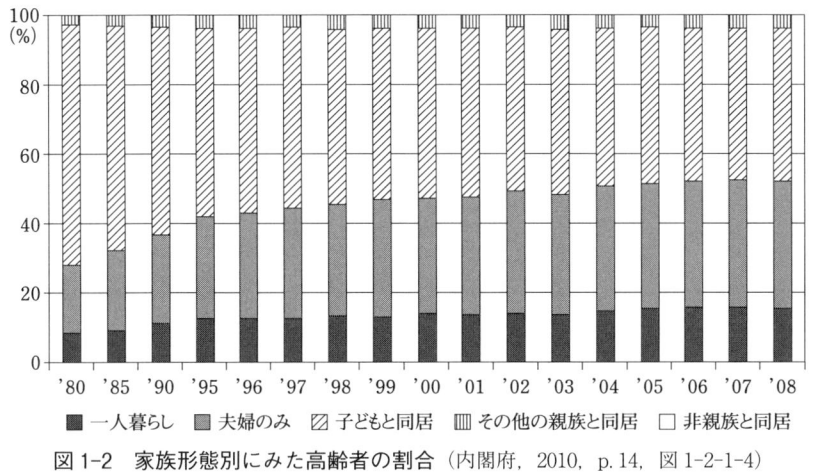

図 1-2　家族形態別にみた高齢者の割合（内閣府，2010, p.14, 図 1-2-1-4）

2　高まる高齢者の社会的孤立のリスク

今の日本は核家族化を通り越して，「個人化」が進行している時代だといわれている（山田，2004）．近年まで日本においては高齢者は子ども世帯と一緒に住むことが多かったが，同居傾向は次第に減少し高齢者だけで暮らす世帯が増えている．高齢夫婦のみの世帯，あるいは高齢者単身世帯の増加により様々な問題が生じることが考えられるが，そのひとつが高齢者の社会的孤立である．この孤立は客観的な孤立と感情的な孤独から捉えられることが多い．たとえば，Townsend（1963）は客観的な孤立を「社会的孤立とは，ほとんど家族やコミュニティとの接触がないこと」と定義し，「孤独とは一緒にいる人が無いあるいは少ない状態にあることに対して気に染まないという感情を抱くこと」という主観的な孤独感と区別している．

子ども世帯と同居をしない高齢者世帯の増加は第1の客観的・物理的な孤立を生じさせやすい．図 1-2（内閣府，2010）は高齢者の居住状況の変遷であるが，高齢者単身世帯，高齢夫婦のみの世帯が次第に増加し，子どもと同居する高齢者の割合を上回ってきた様子が読み取れる．図 1-3（内閣府，2010）は高齢者人口に占める高齢者単身世帯の割合を男女別に 2030 年までの推計値を加えて示したグラフであるが，2030 年には高齢者単身世帯が 2 割に近づくと予想している．

第 1 章　退職シニアを取り巻く様々な問題

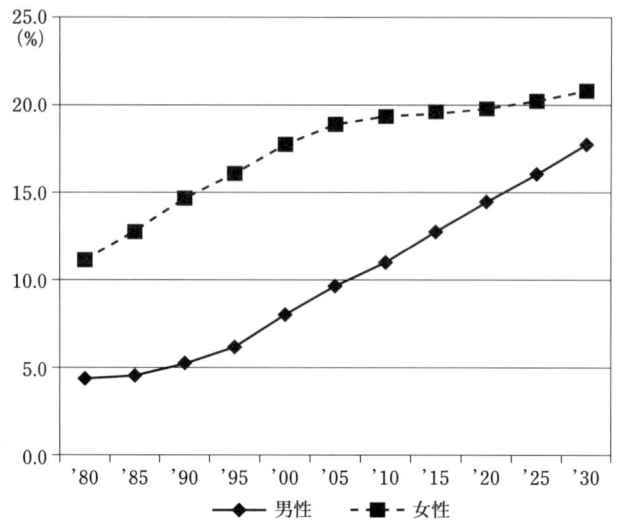

図 1-3　一人暮らしの高齢者の動向（内閣府，2010，p.17，図 1-2-1-10）

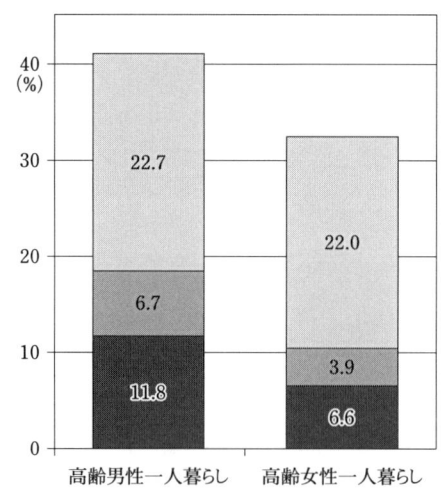

図 1-4　単身高齢者の日頃の会話頻度（内閣府，2010，p.53，図 1-3-1 改変）

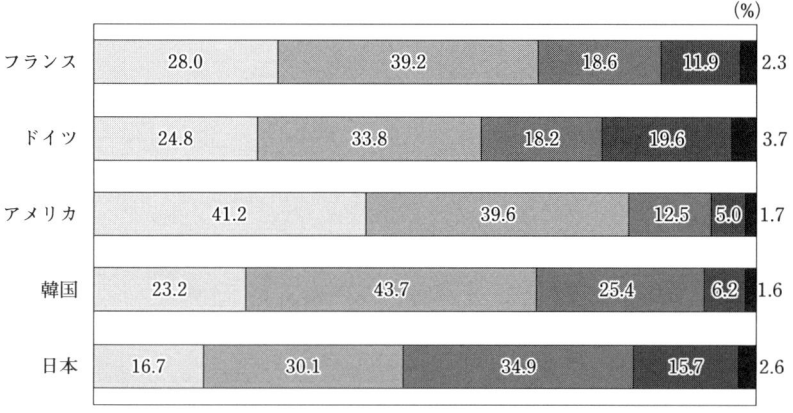
図1-5 別居している子どもとの接触頻度 (内閣府, 2010, p.16, 表1-2-1-8改変)

　客観的な孤立は，容易に社会関係の孤立をもたらす．図1-4(内閣府，2010)は男女別の高齢者の独居世帯が限定的な社会的接触に陥っている様子を表したグラフである．男性は11.8％，女性は6.6％の人が1週間誰とも話をせずに過ごしている．「ほとんど話をしない」，「1週間に1回」，「2～3日に1回」を合わせた「2～3日に1回以下」でみれば，男性では4割以上，女性でも3割に達する．このデータが2010年に世に出たときは世間を震撼させたものであった．2010年の夏には，100歳以上の所在不明の高齢者が多数存在することが明るみに出て大きな社会問題として注目されることになったが，これらの事実は昔であれば，血縁社会と地縁社会の2つのネットワークの中に組み込まれていた高齢者がその2つの「縁」からはじき出されて「無縁化」した様子を表しているといえるだろう．

　図1-5は別居している子どもとの接触頻度について，日本と韓国，アメリカ，ドイツ，フランスの5カ国を比較した結果である（内閣府，2010）．日本は5カ国のなかで最も接触頻度が低くなっており，「ほとんど毎日」と「週1回以上」を合わせても50％に達せず，5カ国の中で最も低い．

　しかし，これは必ずしも親に冷たい子どもを意味するわけではなく，昔と比べると子ども世代とあっさりしたつきあい方を望んでいるという高齢者自身の

第1章　退職シニアを取り巻く様々な問題　9

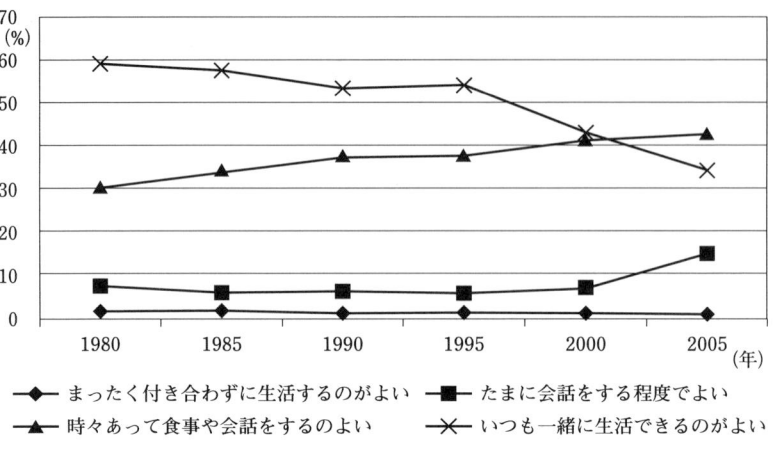

図 1-6　高齢者の子どもや孫との付き合い方（内閣府，2010，p.17，図 1-2-1-9）

志向を反映するものかもしれない．「いつも一緒に生活できるのがよい」という子ども世代との同居志向は，21世紀に入って「時々あって食事や会話をするのがよい」と考える人の割合がより低くなり，さらに「たまに会話する程度でよい」という割合も徐々に高くなってきている（図1-6，内閣府，2010）．しかし，このような距離のある親子関係は親たちに社会的孤立をもたらす危険性を高めてしまう．

近所付き合いも然りである．図1-7をみれば，ふだん近所との付き合いがない一人暮らし高齢者は男性の場合2割を超える．困ったときに頼れる人がいない一人暮らし高齢男性は4分の1に近い．また男女ともに友だちとの付き合いが疎遠である人が2割に近い．

このように，特に一人暮らしの高齢者は家族とも地域の人とも友人とも付き合いが疎遠になるリスクが高い．今後一人暮らしの高齢者の割合が高まっていくにつれ，高齢者の社会的孤立はますます大きな問題として浮かび上がってくるだろう．

3　「社会的孤立」から「閉じこもり」へ

社会的孤立が問題視されるのは，孤独感や不安感が高まる（Cornwell &

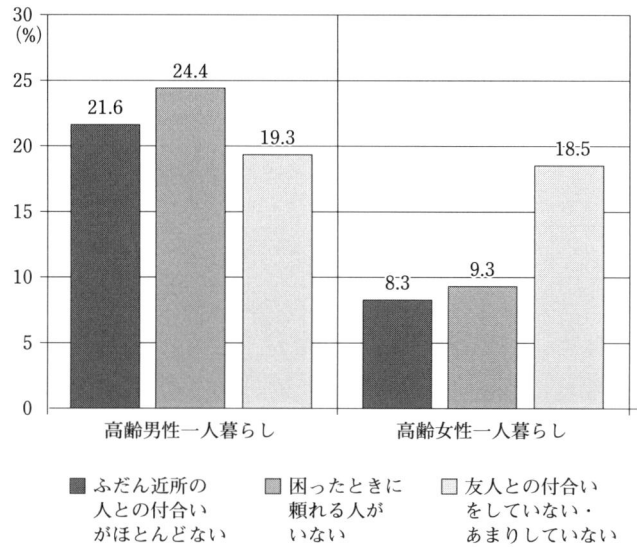

図1-7 単身高齢者の付き合いの程度（内閣府，2010，p.53-54，図1-3-2，図1-3-3，図1-3-4を改変）

Waite, 2009）という心理的な問題のほかに，身体的機能が落ち（中田・高﨑・大地・大井・小林，2002；新開・藤田・藤原・熊谷・天野・吉田・寶，2005；Sorkin, Rook & Lu, 2002），身体的・認知機能的な低下が生じやすい「閉じこもり」の状態に陥るのではないかということが懸念されるためでもある（藤田・藤原・熊谷・渡辺・吉田・本橋・新開，2004；中田他，2002）．「閉じこもり」とは老年学で扱われるトピックのひとつであり，広くは「家に閉じこもった状態」を指し，外出頻度や人間関係の少なさの程度により研究ごとに操作的に定義されて用いられている．ベースラインで同じような健康状態にあった高齢者を追って調査をした縦断研究の結果，「閉じこもり」の状態にあった方が，そうでない高齢者より身体機能の低下が著しい（渡辺・渡辺・松浦・河村・河野，2005）など健康への悪影響が懸念されるため近年問題視されている．

社会心理学では人間は「社会的動物」（Aronson, 2007）であるといわれるように，人間は真空の中に一人生きるのではなく，人間関係，すなわち社会関係の中に生きている．社会的な接触を失うことは，人間の健康を害するほど大きな

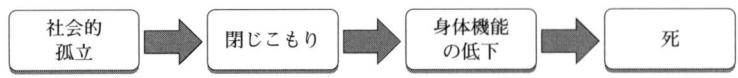

図 1-8 社会的孤立から始まる負の連鎖

影響を与えるのである．ひとたび社会的孤立の状態になれば，人との交流が次第に失われて，「閉じこもり」の状態になる危険性が高まろう．閉じこもりの要因には，身体的な原因も指摘されているが，友人・近隣・親族との交流頻度の少なさも要因として指摘されている（渡辺・渡辺・松浦・樋口・渋谷・臼田・河野，2007）．逆にグループ活動への参加は閉じこもりのリスクの低さと関連していた（藤田他，2004；久保・横山，2006）．

よって，健康維持，ひいては生命維持のために，閉じこもりの状態にならない，それにはその前段階の社会的孤立の状態に陥らないように川上で何らかの手立てをとるべきであろう（図 1-8）．

第 2 節 「高齢化」が社会に与える影響

少子高齢化社会といわれて久しいが，実際には少子化による問題と高齢化により生じる問題は別個のものである．しかし，少子高齢化社会とまとめて呼ばれることが多いのは，支える人口の減少と支えられる人口の増加が同時に生じるためにそのバランスの悪化が加速することが心配されているためである．

1 社会保障の対象としての高齢者人口の増大

高齢社会で大きな社会的問題としてしばしば取り上げられるのが，高齢者人口の増加による社会保障費の増大であり，少子化の進行も著しい昨今，増大する高齢者人口を若い世代が支え切れなくなることが最も懸念されている．

図 1-9 は，高齢者に関連した給付額の変遷を 1973 年から表したグラフである（国立社会保障・人口問題研究所，2009）．確かに年金保険給付の伸びは著しく，今後いかに財源を確保していくかは日本社会の大きな問題である．

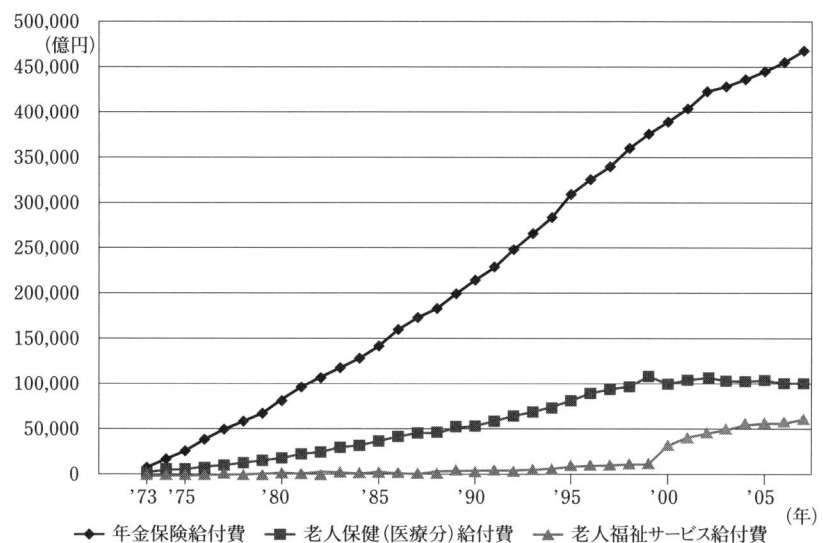

図 1-9 高齢者関係給付費の推移 （国立社会保障・人口問題研究所, 2009, p. 16, 第 5 表より作成）

しかし，社会保障給付費の中で占める高齢者関連の給付額が大きいからといって，それは相対的なものであり，絶対的な給付額が大きいことを必ずしも意味するわけではない．図 1-10 は政策分野別社会支出の対国民所得比を 7 カ国において比較したものである（国立社会保障・人口問題研究所, 2009）．日本はアメリカ，イギリスに次いで国民所得に対して社会支出の占める割合は低い．

2　ソーシャル・キャピタルとしての高齢者——若返った高齢者

図 1-1 でみたように，1924 年生まれの高齢者の男性は退職後をどう生きるかについて考える必要はあまりなかった．社会においても敬老の精神が共有され，子ども世帯との同居が一般的で，大家族の中で孫の面倒をみたり，人生経験の豊富な高齢者としての助言を与えるなど，高齢者はそれなりの役割と尊敬を得ていたのである．しかし，核家族化という家族構成の変化や度重なる技術革新，情報化の進展は，高齢者の果たすべき役割を失わせていった．子ども世帯と同居しなければ孫の世話をするという役割もなくなり，テクノロジーの進

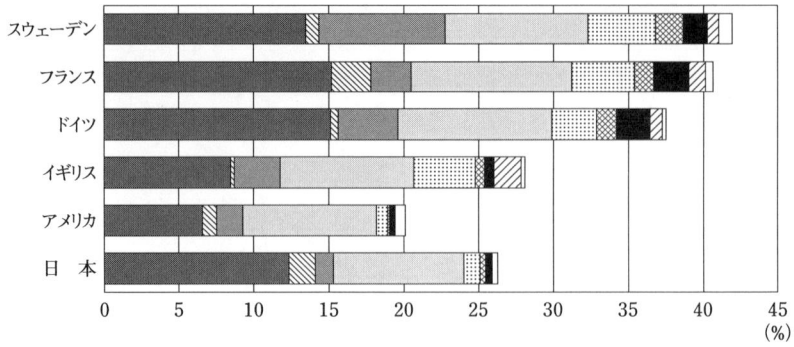

図 1-10 政策分野別社会支出の対国民所得比の国際比較（2005 年）（国立社会保障・人口問題研究所, 2009, p.40, 参考表 3-2 より作成）

歩など世の中の急激な変化は人生経験の豊富な先達としての位置づけを不可能にし，逆に高齢者を世の中の変化から取り残される社会的弱者へと貶めていく結果となったのである．しかし，現在の高齢者の特徴をみれば，もはや社会的弱者と呼ぶべきものでは決してない．健康状態，経済状態や彼らの意識をみてみよう．

現在の高齢者の健康状態は昔に比べてずっと改善している．鈴木・權（2006）は 1992 年と 2002 年の同年代の高齢者の身体機能を比較し，2002 年の高齢者の方が身体機能が最小で 3 歳，最大で 11 歳若返っており，総合的な体力の指標と考えられている歩行速度は男女ともに 10 歳程度若がえりが生じていたことを報告した．

経済状況では，1 世帯当たりの所得は全世帯が 566.8 万円なのに対し，高齢者世帯が 306.3 万円と少ないが，世帯人員 1 人当たりの平均所得では，全世帯で 207.1 万円なのに対し 195.5 万円と大きな差はない．資産でみれば，世帯主の年齢が 65 歳以上の世帯の一世帯平均の貯蓄現在高は，2481 万円となっており，全世帯（1719 万円）の約 1.4 倍となっている．このように，高齢者 1 人あたりでみれば，過去に蓄えた資産を持ち，現在の所得は現役世代とさして変わらない豊かな世代であるといえる（内閣府, 2010）.

一方で，今の高齢者は社会貢献意識も高い．高齢社会白書平成 14 年版（内

閣府，2002b）によれば，「ボランティアに参加したい」という人は，60歳代男性69.0％，女性71.8％，70歳代では男性66.9％，女性61.8％であり，60歳代では約7割，70歳代に入っても6～7割の人はボランティアへの参加意識がある．平成17年版高齢社会白書（内閣府，2005）によれば，高齢者のまちづくりへの参加・貢献意識について「現在，既に参加している」人が29.4％，「参加・貢献したい」が14.7％，「参加・貢献したいがきっかけがない」が10.6％であり，「参加・貢献したい」と「参加・貢献したいがきっかけがない」を合わせると25.3％となっており，参加していない7割のうち3人に1人以上が参加意向を有しており，高齢者のまちづくりへの参加・貢献意識はかなり高いということができる．

　さらに，これから高齢期を迎える団塊世代は高学歴化が進んだ世代であり（内閣府，2008），高校への進学率が6割を超え，大学進学率も2割に近づき，高い能力を持っている．

　このように，特に前期高齢者と言われる人たちは，健康にも恵まれ，経済的にもある程度豊かで社会貢献意識も高い層であること．つまり，以前は社会的弱者として扱われてきた高齢者たちが今後は貴重な社会的資源として位置づけられていくことになると予想される．高齢者は人口減少の始まった日本社会からすれば，潜在的に豊かなソーシャル・キャピタルであり，身体的に健康であり，能力も高い人たちに対して社会からの期待が高まるのが当然の流れである．

　では現実に社会からの彼らへの期待は変わったのだろうか．最初に企業がどのように彼らを処遇しているのかをみてみよう．企業社会からは，団塊世代を中心にシニア・マーケットとして，つまり消費者としての高齢者という商売の対象として近年大きな注目を受けているのは確かである．しかし，企業の働き手として高齢者にどのような期待をしているのだろうか．

3　高齢労働者は増加するのか

　少子化により長期的には日本の労働人口は不足することが予測されている（図1-11）．平成16年版少子化白書（内閣府，2004）によれば，女性の労働力は，総数でみるとほぼ横ばいで推移すると見込まれる．これは59歳以下の人口が

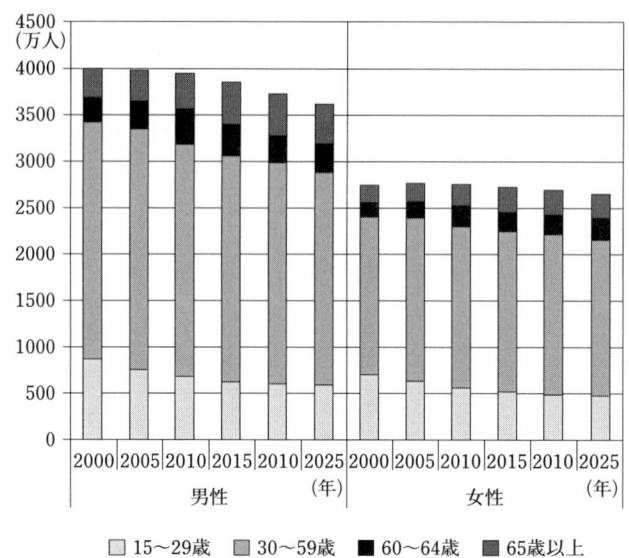

図1-11　性・年齢別労働力人口の将来推計（内閣府，2004，p.78, 第1-3-22図）

減少しても，労働力率の上昇により減少分が相殺され労働力人口に変化は少ないと予想されるためである．しかし，男性の労働力は2005年をピークに減少し始め，2000年に対比して2025年には約300万人減の3631万人と予想されている．高齢者の労働力率は上昇するが，それ以外の年齢層の労働力率が女性と違って変わらないためである．

このような労働力の不足に対応して，企業での高齢者雇用は進んでいるのだろうか．改正高年齢者雇用安定法は2006年から完全施行され，企業は何らかの形で従業員の雇用を65歳まで継続することになった．独立行政法人労働政策研究・研修機構（2010）が2008年に全国の従業員数50名以上の民間企業1万5000社を対象にして実施した調査「高齢者の雇用・採用に関する調査」の結果によれば，定年がある企業が94.8％であり，そのうち86.1％は定年年齢がいまだ60歳であるという．

ほとんどの企業では定年に達したのちに，希望者の中から選定基準に達した者を継続雇用するという雇用体系をとっている．定年年齢は上げず，定年後の

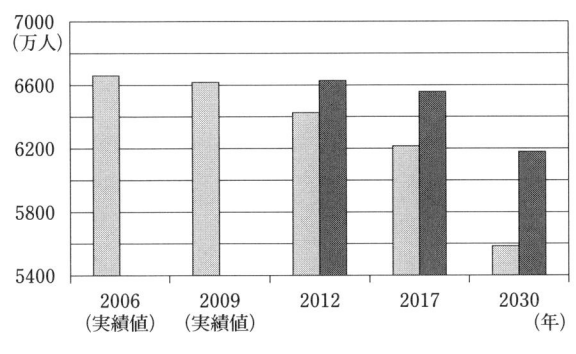

図 1-12 労働力人口と労働力の見通し（内閣府，2010，p. 38，図 1-2-4-9）
注：1 「労働市場への参加が進まないケース」とは，性・年齢別の労働力率が 2006 年の実績と同じ水準で推移すると仮定したケース．
　　2 「労働市場への参加が進むケース」とは，各種の雇用施策を講ずることにより，若者，女性，高齢者等の労働市場への参加が実現すると仮定したケース．

雇用は「嘱託・契約社員」が 79.4％ と大半を占め，「パート・アルバイト」が 18.7％ であり，「正社員」は 23.0％ であった．このように正社員以外の形での雇用が多く，さらに 65 歳以上の雇用については，実施の検討もしていない企業が 6 割強であった．60 歳に達する前の正社員を対象にして，60 歳以降の雇用を円滑に進めるための研修を実施している企業は 4.8％，60 歳代前半の継続雇用者に対する研修を実施している企業は 2.8％ に過ぎなかった．高年齢者雇用に関しては「高年齢社員の担当する仕事を自社内に確保するのが難しい」と答えた企業が 27.2％，「子会社・関連会社に高年齢社員雇用の場を確保するのが難しい」5.0％，「高年齢者の活用に向けた設備や作業環境の整備が進まない」6.5％，「高年齢社員を活用するノウハウの蓄積がない」12.4％，「管理職社員の扱いが難しい」25.4％，など問題が多く指摘され，高年齢者の雇用に「特に課題はない」と答えた企業は 28.5％ に過ぎなかった．

　高年齢者の就業上の地位などの雇用環境，彼らに対する研修への積極性，高年齢者の雇用に関する問題意識からは，企業が法律の改正への対応以上に積極的に高齢労働者の活用を考えている現状とは言い難い様子が読み取れよう．長

期的には労働人口の不足が予想されるとはいえ，昨今の長引く不況で若者の雇用にも慎重な企業からすれば，高年齢者の雇用に対して積極的な姿勢をとるとは当面期待できそうにない．

実際，平成22年版高齢社会白書（内閣府，2010）には高齢者雇用について2つのシナリオが提示されている．性・年齢別の労働力率が平成18（2006）年の実績と同じ水準で推移すると仮定して2007年12月に厚生労働省雇用政策研究会が行った推計によれば，高齢者の労働市場への参加が進まない場合の2017年の労働力人口は6217万人となることが見込まれ，2006年に比べて440万人減少することとなり，労働力人口総数に占める65歳以上の者の比率は10.6%となると予想されている（pp.37-38）（図1-12）．

4　地域の支え手としての期待

しかし，高齢者雇用に積極的でない企業に比べ，地域社会においては事情は大きく異なる．地方自治体などは健康で能力の高い高齢者に対して地域社会の支え手としての期待が高い．平成22年度高齢者社会白書（内閣府，2010）では，元気な高齢者を孤立した高齢者の「支え手」にと謳い，それには第1に潜在的な支え手である元気な高齢者をいかに顕現化させていくか，第2に高齢者が人とのつながりをつくれる機会の提供，第3に住民・ボランティア・NPOなどの民間と地方自治体や専門家が良好な「協働」関係を築くことが必要であると指摘している．

実際に退職シニアは主婦についで市民活動の重要な担い手になってきている．「平成20年市民活動団体等基本調査」（内閣府，2009a）の報告によれば，NPO団体と任意団体のボランティア・グループで働くスタッフの特徴は，女性が多い団体が53.3%，男性が多い団体が27.3%となり，全体的には女性が活動の担い手の中心となっていたが，「まちづくり・むらづくり」，「観光の振興」の分野などでは「男性だけ，あるいは男性がほとんど」の割合が高くなっていたという．

スタッフの年齢層でみれば，「60代以上」が55.7%で最も多かった．その中でも「高齢者福祉」，「まちづくり・むらづくり」，「観光の振興」など，地域性の高い活動分野では，「60代以上」である割合が高かった．

スタッフの職業では,「家事従業者（主婦等）」が43.6％と最も多かったが,次いで,「年金生活者・定年退職者」(39.3％),「自営業・経営者（農業・商業・工業等）」(19.8％),「会社員」(19.2％),「パート・アルバイト」(17.7％) という分布であったという．
　ボランティア活動でも同様である．「全国ボランティア活動実態調査」（全国社会福祉協議会，2010）の報告では，団体・ボランティアの代表者の年齢は60歳代が4割超と最も多く，活動メンバーの年齢層でも60歳代が82.6％と最も多くなっていた．職業においても「定年退職者」が16.0％を占めているなど，退職シニアがボランティア活動の大きな担い手になっている様子がわかる．
　松本（2010）は地方自治体が，住宅購入資金の融資や農業体験，空き家の紹介事業など，団塊世代に自分たちの地域に移譲してもらうような事業を展開している様子を紹介している．経済力のある彼らの移住による経済的効果と地域社会の担い手への期待は大きい．

5　シニアと社会のミスマッチ

　前項までにみてきたように，身体機能は若返り，教育レベルも高く，昔の60歳とは異なるシニア達が出現してきたにもかかわらず，今のシニアに対する方が昔の高齢者より定年退職のインパクトが大きい可能性が生じている．高度成長期には「会社人間」といわれ，会社に対するロイヤリティが非常に高かったが，現在は終身雇用制の崩壊や雇用条件の悪化などにより，以前の高齢者に比べれば会社や仕事に対する心理的な距離感は大きくなった．その意味では退職により，会社人生が終わることの心理的なインパクトは小さくなったかもしれない．
　しかしながら，長時間労働や雇用の不安定さの増大などから現役時代に物理的に仕事にとられる時間は変わらず，結果として同じような仕事人間にならざるを得ないというのが現実であり，退職で様々なリソースを失う点は変わりがない．さらに，以前と変わった点がひとつある．前の世代より退職後の人生が長くなったために，退職後にいかに失ったリソースを回復するか，そしてその後どのように生きていくかということの重要性は逆に増したと考えられるのである．

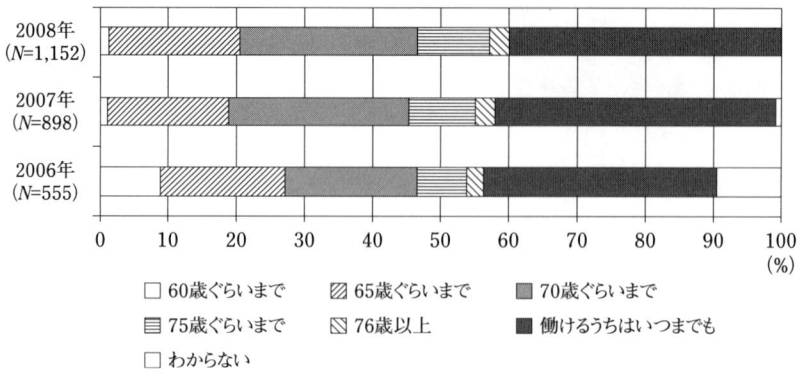

図1-13 いつまで働きたいか（内閣府，2010，p.34，図1-2-4-2）

　身体的にはまだまだ社会での活躍が可能である上，活躍する場の必要性が高まる中で，シニアにはどのような社会との関わり方があるのだろうか．

　1つめが就労による社会との関わりである．法律が変わって65歳までそれまでの職場で仕事を続けることができるようになったという点では60歳代の雇用環境は近年大きく変わった．

　日本の場合は諸外国と比べて依然として就労意欲は高く，実際に働いている高齢者も多い．男性の場合，就業者の割合は，60〜64歳で73.1％，65〜69歳で50.1％となっており，60歳を過ぎても，多くの高齢者が就業している．女性の場合，60〜64歳で43.5％，65〜69歳で28.2％が働いている（内閣府，2010）．就業意欲も高く，60歳以上の高齢者を対象にした調査でいつまで働きたいかを調べたところ（図1-13），「働けるうちはいつまでも」と答える人も4割に上り，生涯現役志向が高い．しかし，本節3でみたように現実に企業がどれだけ高齢労働者を歓迎しているかという点は微妙である．

　2つめが，地域社会との関わりである．地方自治体はにシニアに社会の支え手として大きく期待しており，ここに今後のシニアの活躍の場があるといえる．しかし，「地域デビュー」の難しさがしばしば語られるように，現役時代に地域社会とほとんど無縁に過ごしてきた人たちにとって，地域社会に適応するのは容易ではない．船山・堀口・岡・平・齋藤・鈴木・丸井（2008）は，横浜市に住む40歳以上の男女に調査を行い，「定年後に自治会・町内会活動」に

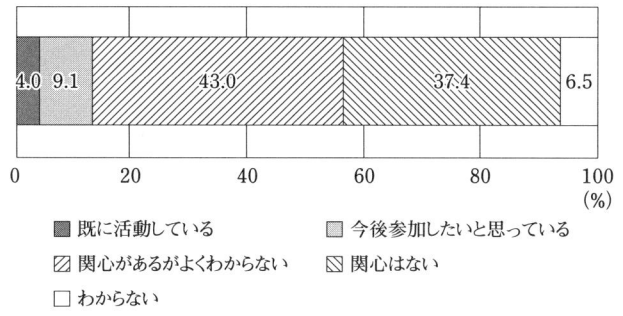

図 1-14　NPO 活動への関心の有無（内閣府，2010，p. 41，図 1-2-5-6）

参加したいと思わない人が 6 割を超えていたことを報告しており，少なくとも都会では自治会・町内会ではシニアの活躍をあまり期待できそうにない．

ではシニアたちは新しい市民活動の形である NPO 活動には関心があるのだろうか．

図 1-14 は全国 60 歳以上の男女を対象に NPO 活動への関心を調べた調査の結果である（内閣府，2010）．「既に活動をしている」人は 4.0%，「今後参加したいと思っている」という人も 9.1%，併せても 13.1% にしか過ぎない．「関心はない」人，「わからない」人を合わせると 43.9% にのぼる．今後シニアに NPO の担い手として期待するのは簡単なことではなさそうだ．

元気でいつまでも働きたい高齢者が多い一方，高齢者をめぐる雇用環境は厳しい．地方自治体は高齢者に期待するけれど，高齢者自身はそれほど関心がない．社会の思惑と高齢者自身の希望がすれ違い，結果として，高齢者は退職により失うリソースを回復するには難しい状況にあるということになる．

第 3 節　「社会参加活動」の可能性

これまで，個人にとっての定年退職の意味とそれが与える影響，また退職シニアを日本の国全体から捉えた場合の位置づけを整理した．本節では，定年退職がもたらすリソースの喪失という個人へのマイナスの影響を克服するにはど

うしたらいいのか，さらにそれが同時に社会全体の問題の解決となるような方策について論じる．

1　退職後の生き方——多様な選択肢

現在でも日本においては生涯現役で働きたいという高齢者が多い（前掲図1-13）ことが明らかになったが，現在の高齢者は引退後にどのような毎日を送っているのだろうか．

24時間の過ごし方

5年ごとに国民の生活時間の調査をしている「社会生活基本調査」（総務省，2007）により，日本人が1日をどのように過ごしているかを知ることができる．この調査では20種類の行動を大きく3つの活動にまとめている．睡眠，食事など生理的に必要な活動を「1次活動」，仕事，家事など社会生活を営む上で義務的な性格の強い活動を「2次活動」，これら以外の各人が自由に使える時間における活動を「3次活動」としており，詳しくは以下のような内容である．

　1次活動：睡眠，身の回りの用事，食事
　2次活動：通勤・通学，仕事（収入を伴う仕事），学業（学生が学校の授業
　　　　　　やそれに関連しておこなう学習活動），家事，介護・看護，育児，
　　　　　　買い物
　3次活動：移動（通勤・通学を除く），テレビ・ラジオ・新聞・雑誌，休養・
　　　　　　くつろぎ，学習・研究（学業以外），趣味・娯楽，スポーツ，ボ
　　　　　　ランティア活動・社会参加活動，交際・付き合い，受診・療養，
　　　　　　その他

50歳以上について1日の行動を比較すると，男女ともに年齢が上がるにつれ，1次活動の時間と3次活動の時間が増え，2次活動の時間が減少している（図1-15）．各活動の内容を詳しく示したのが表1-1である．

1次活動の中では年齢が高い方が睡眠時間が長く，食事の時間も長くなる．2次活動では男性では60歳以降仕事の時間が減少していく．仕事の時間は定年年齢60歳を境に急に減るわけではなく年齢が上がるにつれ短くなる．家事の時間は60歳以上で50歳代の10分程度から2倍の20分程度に増え，80〜84歳では50分になる．一方，女性では65〜69歳で家事が3時間強に及ぶが，そ

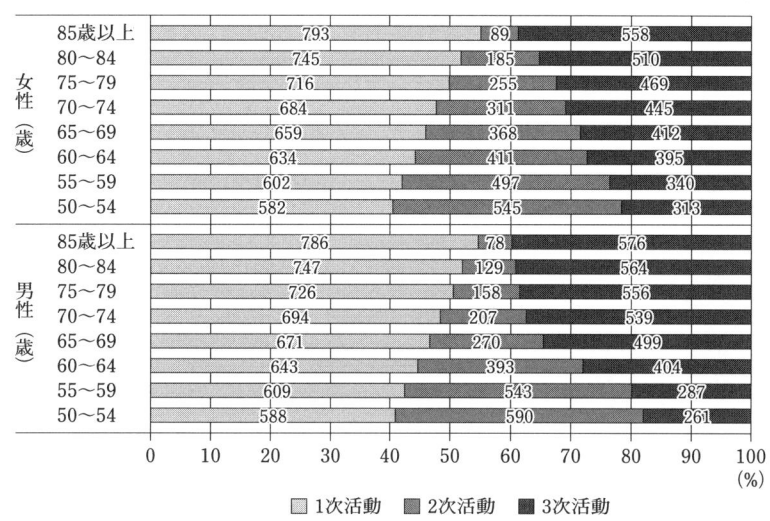

図 1-15　男女，年齢，行動の生活時間：平日（総務省，2007，第 1 表より作成）

の後は次第に減っている．

　3 次活動については，男女ともに「テレビ・ラジオ・新聞・雑誌」への接触時間が徐々に増え，男性では 60〜64 歳で 3 時間程度，85 歳以上になると 5 時間弱になる．女性でも 60〜64 歳で 3 時間弱，85 歳以上になると 4 時間程度に増える．同じく増えるのが「休養・くつろぎ」の時間で，男女ともに 60〜64 歳で 1 時間程度であるが，85 歳以上になると 3 時間に近づく．「受診・診療」の時間も 70〜74 歳で 20 分を超え，年齢が上がるにつれ徐々に増えていく．

　男性では「趣味・娯楽」，「スポーツ」，「ボランティア活動・社会参加活動」は時間が短いとはいえ，60 歳を期にそれぞれ一挙に 2 倍近い時間になる．特に「趣味」は 70 歳代前半で 1 時間程度まで増える．定年を機に仕事の時間は徐々に減少する分，これらの活動にシフトしている様子がうかがえる．

　一方，女性は男性のような大きな変化は見られず，年齢とともに徐々に行動時間が変わっていく．「趣味」は 60 歳代から 70 歳代までは 40 分程度である．「ボランティア活動・社会参加活動」は 10 分に満たず，「交際・付き合い」の時間は 20 分程度である．

表1-1 平日の男女,年齢,行動の種類別総平均時間（総務省, 2007, 第1表より改変）

平日		1次活動			2次活動					
	男女年齢	睡眠	身の回りの用事	食事	通勤・通学	仕事	家事	介護・看護	育児	買い物
男性	85歳以上	588	78	120	0	31	34	5	0	8
	80～84歳	547	78	122	1	53	50	7	1	17
	75～79歳	527	77	121	4	78	48	5	2	21
	70～74歳	501	77	116	8	128	45	4	2	21
	65～69歳	485	73	113	19	194	34	4	2	18
	60～64歳	465	71	107	38	314	23	3	2	13
	55～59歳	446	65	99	58	463	13	2	1	7
	50～54歳	433	63	93	65	506	10	1	1	7
女性	85歳以上	582	93	117	0	8	69	2	2	8
	80～84歳	531	94	119	0	21	135	5	1	22
	75～79歳	500	93	123	1	37	178	8	1	31
	70～74歳	475	91	118	3	56	203	9	3	36
	65～69歳	459	86	114	6	98	211	8	6	39
	60～64歳	440	84	110	13	133	207	9	8	40
	55～59歳	421	80	101	21	221	203	8	7	37
	50～54歳	407	79	96	26	262	211	7	4	35

　これらの結果からは，60歳以上の人は，仕事の時間が減少する代わりに，自由に使える3次活動の時間が増え，60歳代に入ると趣味やスポーツなどを楽しんでいる様子がうかがえる．しかし，3次活動の増加の大部分は，「テレビ・ラジオ・新聞・雑誌」への接触や，「休養・くつろぎ」の時間の伸長によるものであり，受動的で1人で過ごす時間がもっぱら増え，人と一緒に活動したり交流したりする時間はそれほど増えているわけではない．

失ったリソースを代替する活動

　高齢者が24時間をどのように過ごしているかをみてきたが，時間の長さだけでは，その時間を過ごすことが本人にとってどういう意味があるかはわからない．第1節で，定年退職で失われる可能性があるリソースとして，第1に給料などの経済的なリソース，第2に社会的な地位，仕事上の役割，同僚や仕事で知り合った職縁という社会的ネットワークといった社会的リソース，第3に生きがいや会社というグループへの所属感覚などといった心理的なリソースを挙げたが，これらの定年退職によって失われたリソースを代替できる可能性が

3次活動									
移動(通勤・通学を除く)	テレビ・ラジオ・新聞・雑誌	休養・くつろぎ	学習・研究(学業以外)	趣味・娯楽	スポーツ	ボランティア活動・社会参加活動	交際・付き合い	受診・療養	その他
16	287	155	3	31	8	1	7	43	24
18	288	128	6	39	13	4	13	28	26
29	258	111	10	56	22	7	13	29	21
29	250	93	9	61	27	7	18	21	24
32	223	83	10	58	29	9	19	14	22
31	183	71	8	45	19	4	16	11	15
24	130	63	6	24	9	2	13	7	10
22	118	63	5	18	6	2	12	5	9
12	245	178	3	23	6	2	13	48	29
17	225	141	5	34	6	8	17	33	22
22	218	111	3	38	9	5	19	26	18
26	199	88	5	43	13	4	22	24	21
28	181	73	6	44	16	7	22	15	20
35	164	69	7	43	15	6	23	15	18
32	146	67	5	30	10	4	19	9	17
28	130	70	8	27	9	4	16	6	15

(分)

あるかどうかという観点から活動について考えてみよう．

1次活動は生存に必要な時間なので除くこととして，2次活動では60歳以降増加していたのは男性の家事時間である．また，該当する人の割合が少ないため1人当たりの平均値として計算すると時間は短くなるが，「介護・看病」の時間も増加する．これらは，生産的な活動のうちの無償労働として位置付けられ，これらの活動に従事することは，家庭生活を円滑に維持する，あるいは人の面倒を見るという果たすべき役割を得ることになる．

3次活動を相対的な時間の長さで見た場合，60歳を境に「休養・くつろぎ」の割合が減少し，「学習・研究」「趣味・娯楽」「スポーツ」「ボランティア活動・社会参加活動」，「交流・付き合い」という自らの意思で楽しんで行っていると想定される活動の占める割合が高くなっていく．男女ともに60歳代前半にこれらの活動が3次活動の3分の1から4分の1を占める．しかし，さらに年齢が上がると割合は低下する．

自分で自由に使える3次活動の中において，「学習・研究」「趣味・娯楽」「ス

ポーツ」「ボランティア活動・社会参加活動」,「交流・付き合い」に従事する割合が高いということは，自発的に高齢者がこれらの活動に携わっていることを示唆する．つまり，高齢者に何らかの楽しみをもたらし，ひいては生きがいにつながる活動であると考えられる．心理的リソースとなりうる活動である．

さらにこれらの活動は社会的なネットワークをもたらす可能性もある．例えば，1人で本を読む「読書」であれば，個人で行う活動であるが，「読書」でも同じ好みの仲間で「読書会」に入って行う読書であれば読書会の仲間ができる．「スポーツ」でも，ゴルフをするのに1人で打ちっぱなしの練習場にいって黙々と練習に打ち込んでいてはなかなか知り合いはできないかもしれないが，ゴルフ場でプレイする場合にはたとえ1人で行ったとしても，一緒にラウンドする人たちと次第に知り合いになっていくだろう．このようにこれらの活動は，楽しみや生きがいといった心理的リソースをもたらすのみならず，新たな活動仲間という社会的ネットワークや社会的リソースをもたらす可能性があるのである．

またボランティア活動など社会貢献活動に従事すれば，社会のための無償労働を行うことになり，社会的役割を得る．

つまり，家事や介護・看護，ボランティア活動などでは"役割"という社会的役割を，さらに人によっては"生きがい"を，「学習・研究」,「趣味・娯楽」,「スポーツ」,「ボランティア活動・社会参加活動」,「交流・付き合い」を総合すれば，"役割"と"楽しみ"や"生きがい"を得ることが可能となろう．

多様な選択肢

以上をまとめると，サード・エイジの生き方の選択肢が浮かび上がってくる．

①仕事
②家事（＋介護・看護）
③仕事＋社会参加活動等
④家事（＋介護・看護）＋社会参加活動等
⑤仕事＋家事（＋介護・看護）＋社会参加活動等

注：ここでは「学習・研究」,「趣味・娯楽」,「スポーツ」,「ボランティア活動・社会参加活動」,「交流・付き合い」を「社会参加活動等」としてまとめている

もちろん細かくみればもっとたくさんの組み合わせも可能であるし，異なる

分類の方が適当な場合もあるだろう．例えばこの分類では孫の世話は家族の世話として家事に含めているが，別居をしていても保育園や幼稚園の送り迎えに協力し，孫の世話に大きな生きがいを感じる人も存在する．そういう人には「孫の世話」というカテゴリーを設定した方が相応しいのかもしれない．

さらに，これらの選択肢は現在の高齢者が行っている活動から抽出したものであり，今後ここに挙げられていない新たな活動が行われるようになるかもしれない．

本書ではこの中で社会参加活動に着目した．経済的なリソースを得ることは難しいが，社会的リソース（役割と社会的ネットワーク）と心理的リソース（生きがいやグループへの所属感覚など）を同時に得られる可能性があるからである．

では，退職シニアの社会参加活動を社会から眺めるとどうなるのか．社会参加活動を行う高齢者は行っていない人より健康状態が良いことが知られている．これは社会参加活動をすることで医療費が抑えられ，高齢社会での大きな問題のひとつ社会保障費の増大を抑えることを意味する．さらにボランティア活動など無償労働に従事することは，日本社会全体の福祉の向上につながる．退職シニアの社会参加活動はこのように個人にとっても社会にとっても，ウィン・ウィンの状態を実現できる可能性を秘めている．

第2章　社会参加活動についての理論──3つの必要性

　本章では，社会参加活動について研究する3つの必要性について説明する．それは理論の不足，政策の不足，そして現実の社会参加の不足である．第1節と第2節では理論的な不足について，第3節で政策的な問題，第4節で現実の社会参加の様子について報告し，第5節でこれらの必要性を踏まえたうえで，本書の目的を述べる．

　初めに社会参加の理論の必要性について述べる．前章ではサード・エイジの多様な生き方について言及し，その中で定年退職によって失うリソースを補うには，社会参加活動が効果的であることを論じた．では，社会参加活動に関してこれまでどのような理論が考案されてきたのだろうか．

　アメリカ心理学会が運用するデータベース PsycINFO で，キーワードとして「社会参加 social participation」を含む論文を検索すると 4533 論文がヒットするほど社会参加に関連する多くの研究が行われている（2011 年 8 月現在）．しかし，不思議なことに社会参加活動を包括的に取り扱った理論はほとんど存在しない．

第1節　包括モデルの不在──理論の必要性

1　微視的な社会参加の理論

　これまでの研究は社会参加活動の一部をそれぞれの研究が顕微鏡で精査したような断片的なモデルの集合であり，社会参加全体をひとつの被写体として捉えようとしたモデルは存在しない．「木を見て森を見ず」がごときで，限定された条件のもとでのみ社会参加を検討することは，社会参加全体の本質を見失うことになりかねない．

　社会参加活動を包括的に扱った理論はなぜ存在しないのか？　その理由を片

桐（2006）は，第1に，確立した定義が存在しないこと，第2に研究により対象としている人たちが異なること，第3に，社会参加全体の流れを捉える視点を欠いているからだとしている．

1つめに関しては，共有された社会参加の定義が存在しないため，どんな活動を社会参加活動として扱うのかが，研究によってばらばらであるということである．社会参加活動は研究の分野や内容によって研究ごとにそれぞれ操作的に定義された上で規定因や及ぼす影響が検討されてきた．その結果「社会参加活動」として扱われている内容は，ガーデニングからグループ参加，ボランティア活動，時には仕事まで含み非常に広範である．社会参加活動として扱われる活動が幅広く，しかも研究によって異なれば，当然それぞれの活動に関連する規定因やもたらす結果は異なるということになり，統一的な理論が生み出されにくい．

2つめに関しては研究対象である高齢者の多様性の問題である．今日の高齢者の多様性は高い．定年退職したばかりの高齢者にとっての社会参加と，身体機能の低下した後期高齢者にとっての社会参加では想定されうる活動範囲や活動内容が異なるだろう．よって，研究対象として取り上げる高齢者がどのような人たちであるかにより，どの活動を社会参加として扱うかが自ずと違ってくるため，それらを同じ視点で捉えることを難しくしている．

3つめは社会参加という一連の活動のプロセスのどの部分に焦点を当てているのか，という問題である．研究によってその川上に関心があるのか，川下にあるのかが異なっている．社会参加活動を生じさせる規定因・阻害因（川上）に関心があるのか，それとも社会参加が高齢者にもたらす効果（川下）にあるのか，ほとんどの研究はそのどちらかを扱ってきた．社会参加の全体の流れからすれば川上と川下で研究が切断され，異なるトピックとして研究されてきたために，やはり社会参加活動全体を捉える統一的な理論が生み出されにくい状況にあった．

このような社会参加活動に関する理論の現状を踏まえたうえで，それを克服するものとして，本書の目的は社会参加全体を捉えることを可能にするような包括的な理論の構築を目指している．その理論の構築に際して，本書ではRowe & Kahn（1997, 1998）が提案したサクセスフル・エイジング理論に理論

的根拠を求めることとした．

　高齢期の適応や幸福を考える理論としては，サクセスフル・エイジング理論のほかに，活動理論（Havighurst, Neugarten & Tobin, 1964）と補償による選択的最適化モデル（Baltes & Baltes, 1990）が有名であるが，これらの理論の概略を説明したうえで，それらの理論ではなくサクセスフル・エイジング理論に基礎を求めた理由を述べる．

　これまでの多くの社会参加の理論は活動理論（Havighurst et al., 1964）を基礎にしその発展として検討されてきた．活動理論とは，離脱理論（Cumming & Henry, 1961）に対して提案された理論であり，この2つの理論は老年学において，高齢期をどのように過ごすのがいいのかについて対照的な考え方をとる理論である．できるだけ中年期の活動を続けることが高齢者にとって幸せだと主張する活動理論と，高齢期になったら徐々に社会との距離をとって死に至る方が幸せだとする離脱理論はその後論争を生んだ．しかし活動理論を支持する結果，すなわち活動をしている人の方が幸福感が高い，あるいは健康状態がよい，という報告をする研究がその後増加し，近年ではもっぱら活動理論が席捲している．活動理論に基づけば，社会参加活動をできるだけ活発に行った方が高齢者は幸せであるということになる．しかし，活動理論は理論と名前がつくものの，その実質は高齢期の過ごし方に対する抽象的な指針にすぎない．本書が取り上げるサクセスフル・エイジング理論は，どういう状態がサクセスフルなのかを具体的に示している点で活動理論より優れていると考えられる．

　高齢期における適応の問題を扱った理論としては，補償による選択的最適化モデル（Baltes & Baltes, 1990）が有名である．加齢に伴う身体的，心理的社会的な機能の低下や喪失を，自分の人生で重要な領域を絞りこむことによって，その中で得られるものを最大化していくという形で補償し，適応していくというモデルである．しかし，このモデルは主として後期高齢期になり，健康状態が徐々に低下し始めた高齢者にはふさわしいモデルであるが，機能の衰えがほとんどみられない元気なサード・エイジの人々にはマッチしていないと判断される．

　定年退職で失うリソースを回復するのに社会参加がよい選択肢であると考えるということは，それはつまり，それら失ったリソースを回復できることが，

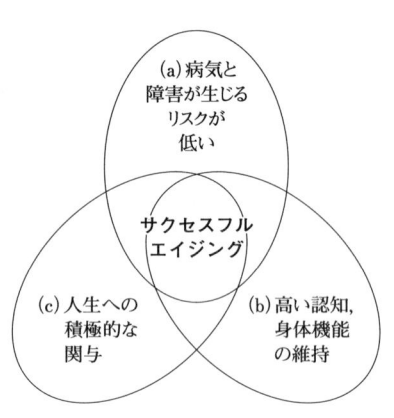

図 2-1　サクセスフル・エイジングの構成要素（Rowe & Kahn, 1998, p. 39 より）

豊かな退職後の生活につながるということの謂いである．根本に立ち返って考えれば，サード・エイジにどのような生き方の選択をすることが豊かで幸せなサード・ライフなのかということを探求していることである．よって次にサクセスフル・エイジング理論を検討し，社会参加がいかにサクセスフル・エイジングにつながるのかということを明らかにする．

2　サクセスフル・エイジングからみた社会参加

Rowe & Kahn（1997, 1998）の提出したサクセスフル・エイジングの新しい概念は老年学会のみならず，広く人口に膾炙した．この本が発売された時のクリスマスにはアメリカの中高年の間でこの本をプレゼントすることがはやったそうである．

この中で彼らはサクセスフル・エイジングを構成する3つの構成要素を提案している．

(a) 病気とそれに付随した障害が生じるリスクが低いこと
(b) 高い認知，身体機能を維持すること
(c) 人生への積極的な関与

この3つの構成概念のモデルを図示したのが，図2-1である．

これらの3つの概念は独立したものではあるが，ある程度の階層性が予想されている．病気と障害が生じるリスクが低いことは，身体的精神的機能の維持

を容易にする．精神的・身体的機能の維持は人生へ積極的に関与できることを必ずしも保証するわけではないが，可能にする（Rowe & Kahn, 1998）としている．つまり，病気とそれに伴う障害がない方が，病気や障害がある場合より高い認知機能・身体機能を維持しやすい．認知機能・身体機能が維持されている方が，維持されていない場合より，人生への積極的な関与をしやすい，いうことを意味しており，病気や障害がなく，認知機能・身体機能が維持されて，人生に積極的に関与しているという3つの構成概念が同時に満たされる状態がもっともサクセスフルな状態であると主張している．

さらに，「(c) 人生への積極的関与」は2つの下位概念から構成され，以下のように説明されている．
（i）他者との交流の維持
（ii）生産的活動の維持

他者との交流の維持

親しい友人や家族の一員であることが長寿と健康にプラスの影響があることはつとに知られている．その関係性の根底にはその関係性の中で生じているソーシャル・サポートの授受があり，このことがサクセスフル・エイジングにプラスに影響していると考えられる．逆に，他者との交流がなく孤独であることは，健康を害するリスク・ファクターである．

膨大なソーシャル・サポート研究からは，ソーシャル・サポートは健康に直接プラスの効果があるという知見と，ソーシャル・サポートは加齢が健康に与える影響を緩和する間接的な効果があるという知見が得られている（Cohen & Wills, 1985; Thoits, 1995）．いずれにせよ人間同士の絆は人間の発達と機能の維持に不可欠であり，その中での関係性の質，提供されるサポートの質や量が十分であるかということが，個人の主観的幸福感と生活の質に大きく関わる．

生産的活動の維持

従来，生産的活動というのは経済的な意味に限定されていた．しかし，最近は家事やボランティア活動など，有償であろうと無償であろうと，価値ある財やサービスを生みだす全ての活動を生産的活動に含め，生産的活動の範囲を拡大して定義しようとする動きがある．このように拡大された意味で生産的活動を解釈すると，ほとんどの高齢者はインフォーマルな手助けをしたり，ボラン

ティア活動に従事することなどにより生産的活動に携わっていることになる．高齢者にとって生産的活動に従事することで自分が必要とされているのだと感じることは重要である．高齢者によって行われているこのような生産的活動は相当な量に及ぶものであるし，ほとんど生涯を通じて続くものである．

サクセルフル・エイジングの実現手段としての社会参加活動

　サクセスフル・エイジング理論でもっとも強調されていることは，先に挙げた3つのどの構成要素についても，自ら努力して達成するということである．ただ年をとり老化するに任せるのではなく，自分で努力できることをして，3つの構成要素を達成するというのが彼らの主張の中心であり，それぞれの構成要素に対して具体的な対策も挙げている．(a) 病気とそれに付随した障害が生じるリスクを低めるには，適当な運動，カロリーやミネラルの摂取等を勧めている．(b) 高い認知，身体機能を維持するには，ビタミンの摂取，運動と訓練，自己効力感を高めることなどが効果があると説く．(c) 人生への積極的な関与の下位概念，生産的な活動を維持するためには，精神的身体的機能を維持し，友情と社会関係を保つことが重要であると指摘する．

　最初の (a) (b) 2つの概念に対し彼らがもっとも重要であると主張するのは，3つめの構成要素「(c) 人生への積極的関与」である．(a) (b) 2つの基準の達成は彼らが推奨するように医学的なアプローチが重要であるが，「人生への積極的関与をいかに達成するか」という問いに対しては，達成に必要な心理的社会的リソースを検討するなど社会心理学からのアプローチが有用であると考えられる．

　では，サクセスフル・エイジング理論 (Rowe & Kahn, 1997, 1998) がもっとも強調する第3の基準，「(c) 人生への積極的関与」を具体的に実現するには，どうしたらいいのだろうか．「(c) 人生への積極的関与」の下位概念の「(ⅱ) 生産的活動の維持」については，彼らは精神的身体的機能を維持し，友情と社会関係を保つことが重要であると指摘しているが，これは (a) や (b) の構成要素の実現に対するアドバイスに比べて抽象的であり，具体的に何をしたらいいのか戸惑う．

　もう一方の「(c) 人生への積極的関与」の下位概念，「(ⅰ) 他者との交流の維持」は家族や友人や親戚，近隣との付き合いを継続すれば実現可能である．

```
社会参加     →   (a) 病気とそれに付随した障害
活動             が生じるリスクが低いこと          →   サクセスフル・
              (b) 高い認知・身体機能を維持する          エイジングの実現
                  こと
              (c) 人生への積極的な関与
                  i) 他者との交流の維持
                  ii) 生産的活動の維持
```

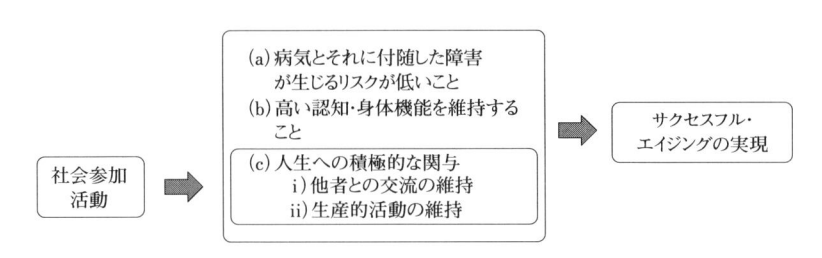

図 2-2　サクセスフル・エイジング理論と社会参加活動の関係

彼らに従えば「(ⅱ) 生産的活動の維持」についても友情と社会関係を保てばいい，つまり，社会関係を維持すれば「(c) 人生への積極的な関与」を達成できることになる．社会関係の中での生産的な活動は，社会関係の交流の中でサポートを交換することにより達成できるのだから．

しかし，Antonucci & Akiyama (1987) によれば，サポートの授受があるのは，親しい関係のうち，24.0〜73.4％とばらつきが大きく，親しい関係にあるからといって必ずしもサポートの授受があるわけではない．よって，社会関係が維持されれば「(ⅰ) 他者との交流の維持」はもちろん達成されるわけだが，必ずしも「(ⅱ) 生産的活動の維持」も同時に達成されることが保証されるわけではない．よって，社会関係以外の場において生産的活動に従事できた方がいいということになる．

そこで本書では，サクセスフル・エイジングの第3の基準「(c) 人生への積極的な関与」の達成の場として社会参加活動を提案する．グループに参加すれば，ネットワークの広がりによりサポートの授受の対象と機会が広がる．さらにボランティア活動に参加すれば，社会に広く貢献する生産的活動に従事することができる．つまり，退職シニアにとって社会参加活動とは，定年によってそれまでの仕事関係のネットワークを失い，仕事による生産的活動ができなくなったときに，新たな社会関係を築き，その中においてインフォーマル・サポートの交換を行い，仕事とは異なる生産的活動に携わる機会を提供する有効な手段となりうると考えられる．よって，退職シニアの社会参加活動は，サクセスフル・エイジング（Rowe & Kahn, 1997, 1998）のもっとも重要な第3の基準「(c) 人生への積極的な関与」について「(ⅰ) 他者との交流」と「(ⅱ) 生産的活動の維持」を行うことにより満たす方略であるとして位置づけることができる．

これを図示すると図2-2のようになる．

第2節　これまで行われてきた社会参加活動研究

本章の冒頭で包括的な社会参加理論がないことを指摘したが，ではこれまで行われてきた研究はどのようなものか．

社会参加研究は大きく3つのトピックに分類できる．1つめは社会参加の範囲に関わる研究，2つめは，社会参加研究の規定因の研究，3つめは社会参加活動に従事した結果高齢者にどのような影響がみられたのかを検討する研究である．

1　社会参加の定義・範囲・分類

社会参加の定義

まず，社会参加活動の定義であるが，欧米の文献では見当たらず，日本における老年学研究でいくつか見つかるのみである．奥山（1986）は，「インフォーマルな部門において，家族生活をこえた地域社会を基盤にして，同一の目的を有する人々が自主的に参加し，集団で行っている活動」を総称して「社会参加（社会参加活動）」と呼んだ．岡村（1997）は「職業以外の集団活動」，嶋崎（2004）は「自らの生活をより良くしようと振り返ることから参加に至り，地域でのネットワークづくり，さらにはより広い視点に立った運動へつながりうるような活動への参加」を社会参加活動と定義している．金・新開・熊谷・藤原・吉田・天野・鈴木（2004）らは「社会と接触する活動，家庭外での対人活動」と定義し，社会参加は社会活動を通じた地域社会とのかかわりを意味しているとする．これらの定義をみると他者と交流する行動であるという点は共通するが，それ以外は異なる点も多い．

しかし，どの定義においても，その定義に基づいて研究を行い発展させたというものではない．また多くの研究は研究ごとに扱う活動を限定的に挙げて検討するという形で行われ，そもそもの定義から検討するような形の研究の流れにはなっていないのである．高齢者の社会参加が社会的に求められている時代背景にあるにもかかわらず，研究によって取り上げる社会参加活動が一致せ

ず，研究の知見が蓄積されにくい状況にある．

社会参加活動の分類

社会参加活動を分類し，記述することを目的とした研究の流れがある．例えば，インフォーマルな活動かフォーマルな活動かというフォーマル度（Chambré, 1987），人数を基準に分類した形態別（Palmore, 1979），具体的な活動内容別（松岡, 1992）などの軸によってカテゴリー分けされてきた．しかし，これらの分類は広範にわたる社会参加活動の実態的な分類にとどまるものであり，その分類をベースとして社会参加活動を促進・阻害する要因について示唆を与えうるような理論的な軸による分類を目的としていない．

社会参加活動の範囲

では，高齢者を対象とした研究では何を「社会参加活動」として扱ってきたのだろうか．ここでは，社会老年学において活動理論の系譜で取り上げられてきた「活動」と「社会参加活動」，および主として公衆衛生学で扱われてきた予防医学的観点からの「社会活動」の表す範囲の異同について取り上げる．社会老年学は老年学の下位分野の領域として位置し，公衆衛生学は研究対象として多くの高齢者研究を含む隣接する学問分野であるが，これらのどれもが定義を明確にせず，研究ごとに具体的な活動内容を設定して研究してきたという共通点がある．また，「活動」「社会参加活動」「社会活動」は相互に交換可能な言葉として曖昧に使用されていることも多い．

高齢者の社会参加活動は主に社会老年学で扱われるトピックであった．1つめの「活動」とは，活動理論の系譜で用いられてきたものである．活動理論とは，第1節で触れたように Havighurst et al.（1964）らが唱導し始めたもので，高齢者になっても中年の時とおなじ心理的・社会的欲求を持ち，中年期と同じくらいできるだけ生産的であり続け，中年期に行っていた活動に代替する活動を見つけ，社会との相互作用を保ち続けることが満足感や主観的幸福感に不可欠であるとする理論である（e.g., Maddox, 1968）．活動理論の前提に基づき，活動が健康や主観的幸福感に与える影響について多くの研究が行われており（e.g., 古谷野, 1983；横山, 1987, 1989），そこで扱われる活動の範囲は，日常生活が可能かどうかという日常の機能的活動からボランティア活動まで多岐にわたる．

一方，2つめの「社会参加活動」は，活動理論には直接言及せず，しかし活動理論を暗黙の前提とし，活動理論で用いられてきた「活動」と大きく内容を異にするわけではないが，人との交流を伴う活動を指すことが多い．

　「社会参加活動」として扱われてきた研究における活動の具体的な内容について須藤（1998）は，「主として地域社会（近隣・市町村）の中における，趣味・スポーツ・学習・社会奉仕などの集団活動に参加することである」としている．就労については，社会参加の活動に含めているものと含めていない研究があり，高齢者の就労を社会参加とする捉え方においては，経済的必要からの労働ではなく生きがいとしての労働を取り上げていると指摘している．

　松岡（1992）も社会参加の範囲を集団としての活動に限定している．この集団としての活動は組織だった活動を意味し，気のあった数人の仲間で行うような活動は含めない．職業労働は原則的に除外するが，生計の維持を目的としない「生きがいとしての就業」は含めている．

　最後に，公衆衛生学の「社会活動」の流れは，社会活動の実態を把握し，活動が少ない層の問題点を保健行政の観点から把握しようとするもので，予防医学的な観点から研究が行われてきた．社会に接触する活動の側面から，仕事，社会参加・奉仕活動，学習活動，個人的活動に4分類して，高齢者個人の社会活動の程度を把握するための社会活動総合指標の作成を試みた（玉腰・青木・大野・橋本・清水・五十里・坂田・川村・若井，1995）等の研究がある．

　しかし，「活動」，「社会参加活動」，「社会活動」の3つに明確な違いがあるわけではなく，研究の背景や文脈に応じて使用されてきた．さらに「社会参加活動」だけを取り上げても，地域活動に限定するもの，就業活動を含めるかどうか，他者や社会に接触するかどうかなど，様々な切り口で範囲が設けられてきた．

2　社会参加活動の促進・阻害要因

　これまでの欧米の研究においては，社会参加活動の規定因について教育程度，人種など基本的属性との関係を明らかにする観点からの研究が主に行われており，心理的要因などの検討はあまりされてこなかった．欧米で注力されてきたのは社会参加活動の中のボランティア活動に関わる要因研究である．よっ

てはじめに，日本の研究においてこれまでに取り上げられてきたボランティア活動を含むより広い範囲の社会参加活動の促進・阻害要因について概説する．そして次に，欧米の研究で検討されてきたボランティア活動の規定因についてまとめる．

日本の社会参加研究における促進・阻害要因と問題点

社会参加活動を促進する要因は，研究ごとに様々な変数が取り上げられてきた．その要因をまとめると，基本的属性，個人的リソース，社会的リソース，社会制度的問題として分類できる．調査対象者，活動内容，そして促進・阻害要因を基本的属性，個人的リソース，社会的リソース，社会制度的問題という観点で整理した（表2-1）．

この表から明らかになることは3点ある．

第1に，これまで指摘してきたように，研究によって取り上げている社会参加活動の内容や範囲に共通する部分もあるが，異なる部分も多いことが判明した．

第2に，促進・阻害要因として指摘された要因は，個人的な要因から社会関係，社会制度的な要因にまで及ぶということである．

第3に，これらの研究を通じて共通して観察された促進阻害要因は少ないということである．調査対象者は大都市在住高齢者もあれば地方在住高齢者もあり，年齢層も前期高齢者から後期高齢者を対象にするなどかなり異なる特徴を持つサンプルであり，検討されている変数もまちまちであるためであると考えられる．例えば，ボランティア活動をする際の心理的な動機と，テニス・サークルに所属して活動する際の動機が同じとは思われない．このような研究調査対象，調査内容の不一致が大きいために，これらの研究から社会参加活動に関連する要因を読み取ることが難しくなっている．

欧米のボランティア研究に関わる要因

欧米では，ボランティア活動を規定する要因について，心理学，社会学，社会福祉学など多くの学問領域からのアプローチが行われてきた．本書が基礎としているサクセスフル・エイジングの研究の系譜においても，生産的活動を構成する一部としてボランティア活動が取り上げられてきた．しかし，サクセスフル・エイジングの系譜の研究はボランティア活動の効果について取り上げて

表2-1 社会参加を促進・阻害する要因

		促進要因				阻害要因		
		松岡 (1992)	井戸・川上ら (1997)	金・新開ら (2004)	Nakanishi & Tatara (2000)	東京都老人総合研究所 (2002)	宇良 (2003)	岡本・岡田ら (2006)
調査対象者		長野県60歳〜95歳	G市65歳以上	埼玉県鳩山町55歳〜79歳	大阪府摂津市在住65歳以上高齢者	世田谷区・墨田区在住75歳以上	沖縄県A市在住一人暮らし高齢者で社会参加を勧めても応じない人	大阪市在住65歳〜84歳
社会参加活動の内容		集団としての活動（活動内容例示，就業活動除く）	社会活動（就業，身体活動・趣味，地域活動）	仕事，社会・奉仕活動，趣味，個人活動，学習活動	社会活動への参加者	友人・知人との組織や団体への参加	老人クラブ，高齢者向け教養講座やニュー/デイ・サービスなど	町内会・自治会，学習会，ボランティア，趣味や娯楽のサークル
基本的属性	基本的属性	性・年齢・居住歴・収入のある仕事の有無，配偶者の有無	性・年齢・学歴・婚姻状態，配偶者・同居家族形態	性，年齢，配偶者の有無・学歴・暮らし向き	性，年齢		経済的問題	年齢，性別，配偶者の有無・暮らし向き・居住年数
	健康状態		慢性疾患の有無・ADL	健康度自己評価，総合的移動能力	障害度/医師の治療の有無／健康チェック開始年齢／予防的健康活動実施	身体的要因（日常生活動作）	身体的不調	外出時のつらさ，行動の消極性，失敗不安
個人的リソース	時間	自由時間の量					多忙のため	
	個人の能力	活動能力，活用できる技術・知識，資格の有無				コミュニケーションの障害，性格的な問題	技術・知識・資格，活動状況の認知	
	心理的要因	地域への愛着	活動志向性尺度，親和志向性尺度	地域共生の認知，社会参加継続の意思，公的支援の認知	生きがいの有無，不安の有無	対人関係志向	対人的ストレス，地域からの孤立，孤独感	
	過去の経験						喪失経験	
社会的リソース	ネットワーク要因	親しい友人・隣人の量	ソーシャルサポート期待人数，ソーシャルサポートの満足度			単独世帯か否か，外出の誘いがあるか否か		親しい友人や仲間数，外出への誘い
社会制度的問題点	社会制度的要因			ニュータウン居住者			サービス内容への不満	

40　第Ⅰ部　退職シニアと社会参加

おり，ボランティア活動を生起させる要因に関する研究はあまり行われていない．

　ここでは欧米におけるボランティア規定因に関する主な理論，支配的地位モデル（Lemon, Palisi & Jacobson, 1972），一般的活動理論（Smith, 1994），ボランティア・プロセス・モデル（Omoto & Snyder, 1990; Omoto & Snyder, 1995; Omoto, Snyder & Berghuis, 1993; Snyder & Omoto, 1992），機能主義アプローチ（Clary & Snyder, 1991; Snyder, 1993）について取り上げる．

　なお，ボランティアについては，上記の心理学・社会学的なアプローチのほかに，社会福祉学の分野においても，福祉に従事する人材の確保という観点から非常に実践的な研究が行われてきた．ボランティアのリクルートから，活動を継続してもらうにはどうしたらいいか，など現場の視点からの研究が多く行われている．

　このように欧米においては数多くのボランティア研究の蓄積があり，Smith（1994）は1975年から1992年までのボランティア論文を状況，社会背景，パーソナリティ，態度，状況というカテゴリーを設定してレビューを行った．その後 Wilson（2000）が1990年代のボランティア論文をレビューしているが，検討されている変数の多くは次に紹介するモデルの中に含まれるのでここでは触れない．

支配的地位モデル

　支配的な地位とは，ある社会やグループの中で他のグループ等に比べて高い位置にあると見なされる地位を意味し，社会や時代によって変化するものである．支配的地位モデル（Lemon et al., 1972）では，ある社会において支配的地位にあるもの（例：高い収入のある者，教育程度の高い人たち，プロテスタント等）がその社会においてボランティア活動に従事すると予想する．それまでの研究はボランティア参加に関連していた基本的属性の羅列であったにすぎないが，Lemonらは，基本的属性に共通する要因が社会に占める高い地位であることを発見し，結果の解釈のための枠組みを提供した．しかし，なぜ支配的地位の人がボランティアをするのかという理由については説明がなされていない．

一般的活動理論

Smith (1994) は，友人との付き合い，政治，グループ活動，教会，近所付き合い，アウトドアのリクリエーション，マスメディア活動のような自由裁量の時間の活動をどう過ごすかを，一般的活動パターンと呼び，一般的活動パターンの中でいろいろな社会参加活動をしている人の方がボランティア活動にも従事するというモデルを提唱した．Chambré (1987) は60歳以上の高齢者において，基本的属性変数を統計的に統制すると15種類の社会参加活動がボランティア活動と統計的にプラスに有意な関連があることを示した．

ボランティア・プロセス・モデル

ボランティア・プロセス・モデル (Omoto & Snyder, 1990; Omoto & Snyder, 1995; Omoto et al., 1993; Snyder & Omoto, 1992) はボランティア活動の一連の行動の流れを考慮する「ボランティア・プロセス・モデル」を提案した．第1段階としてボランティア活動の先行条件，第2段階として，ボランティア活動中の直接的な経験，第3段階としてボランティア活動の結果という3段階のプロセスについてのモデルである．

第1段階：ボランティア活動が生起する先行条件として，1) パーソナリティ，2) 個人的，社会的ニーズと動機づけ，3) 規範的影響や友人・家族などのソーシャル・サポートの提供などの状況的特徴についてボランティア活動の生起と関連しているかを検討した．

第2段階：活動を維持あるいは阻害する経験，具体的にはボランティアをしたことによる満足とボランティア組織への統合を変数として取り上げている．

第3段階：ボランティア活動に従事した結果どういう変化がもたらされたかという点に着目し，具体的にはボランティア活動が継続する長さと態度の変化という2つの変数について検討している．ボランティア活動に対する2つの動機，利己的な動機と利他的な動機の両方が，ボランティア活動を始める際にもその活動を継続していく際にも重要な要因であることが示された．ボランティア活動の生起からそのもたらす結果まで検討したボランティア・プロセス・モデルは社会参加活動の一連の流れをモデル化するに際して参考になるモデルである．

機能主義アプローチ

　Clary, Snyder, Ridge, Copeland, Stukas, Haugen & Miene (1998) は，人がなぜボランティアをし，それを継続するのか，という問いに答えるためにはモチベーションを考慮したアプローチが有効であるとしてボランティア活動に機能主義アプローチを適用した．

　Snyder (1993) によれば，機能主義アプローチとは，その心理的現象を生み出す背後にある理由と目的，計画と目標，すなわち，個人の考えや感情，行動に寄与する個人的，社会的機能について関心を払うものである．機能主義理論の主張の中心は，同じ行動であっても人によって異なる心理的機能を提供するということである．ボランティア活動を機能主義に適応した場合の核となる主張は，1つめは，表面上同じボランティア活動にみえても，その背後には人それぞれに異なった動機過程を反映していること．2つめは，ボランティアを始めたきっかけや，ボランティア活動の継続に関連する重要な出来事などのボランティア活動のダイナミクスを明らかにすることができるという主張である．

　機能主義アプローチによるボランティアの動機づけについては，複数の動機づけが関与するという2分類モデル，3分類モデルと，ボランティアに対する動機づけという1つの動機としてまとめた1次元モデルがある．

　2分類モデルとは，利己的動機づけと愛他的動機づけに分類したものである (Clary & Miller, 1986; Frisch & Gerrard, 1981; Latting, 1990; Oda, 1991; Smith, 1981; Story, 1992)．

　Morrow-Howell & Mui (1989) は，愛他的，社会的，物質的動機づけという3分類を提案している．社会的動機づけとはボランティア活動をすることにより社会的交流をはかる，物質的動機づけは，社会的威信を得る，あるいは，教育的ないし職業的義務を満たす手段とするためという定義である．しかし，3分類モデル提唱者の中で3分類の定義について一致しているわけではない．例えばFitch (1987) は，社会的動機づけを社会への社会的義務の遂行という意味に用いている．

　1次元モデルとは，利己的動機づけと愛他的動機づけは対立するものではなく，ボランティアをする人が同時に持っているものであるとする主張である

(Cnaan & Goldberg-Glen, 1991).

　Clary et al. (1998) は以上のモデルを踏まえ，6次元モデルを提案した．モデルの信頼性，妥当性を検証し，ボランティア機能調査表（Volunteer Function Inventory，以下 VFI）を開発した．6つの動機づけは以下の通りである．

　価値観：他者のことを思う，愛他的，人道主義的な価値観を表現する態度としてのボランティア活動
　学　び：新しい学びの経験と知識，技術，能力を試す機会としてのボランティア活動
　社会的交流：他者との関係に関心を持つという動機からのボランティア活動．ボランティアをすることは友人と一緒にいる機会を得るなど，重要な他者から好意的にみられる活動に従事することを意味する
　キャリア：ボランティア活動に参加することによりキャリア形成に有利に働くという関心からのボランティア活動
　自我の保護：自我の機能に関連する過程を含む動機によるボランティア活動．自分の性質の悪い部分から自我を守るという動機
　自己成長：自己の成長・発展に中心をおく動機的過程を含み，自己のプラスの面を伸ばそうとする努力を含む機能

　しかし，これに続く研究で VFI を用いてボランティアの動機づけを測定した研究において必ずしも6次元性が再現されているわけではない（桜井，2002; Wu, Lo & Liu, 2009 等）．研究によって対象とするボランティア活動の内容や調査対象となったボランティアの基本的属性の特徴が異なっており，活動内容や活動者により6次元のうちどの動機づけが強いかなどが異なるためと考えられる．

欧米のボランティア研究の日本への援用の可否

　以上の欧米のボランティア理論は，そのまま日本社会に適用していいものであろうか．ボランティアという言葉が外来語のまま定着したことからわかるようにボランティアは日本に輸入された概念であり，日本におけるボランティア事情はいまだに欧米と異なる．よって次にボランティア研究のモデルを日本に援用することの是非についてそれぞれ検討する．

　支配的地位モデルについては，もともとアメリカではボランティアをしている人達の特徴がアメリカ社会での支配階層にあてはまることから名づけられたものである．しかし，今田（1989）によれば，日本においては社会的地位の様々

な側面における非一貫性が伝統的に制度化されてきた点がアメリカと異なるという．つまり，社会的地位は，社会的威信，学歴，所得，財産，生活様式，勢力の6つからなり，日本では制度的にこれらの非一貫性が保たれてきた（例：江戸時代の士農工商という身分制度では，武士は身分は高かったが，経済的には商人がもっとも裕福だった）．つまり，日本においてはアメリカと違って取り上げる社会的地位の指標により高い地位を占める人たちの属性が異なるため，単純に社会的地位の高い人がどの層であると決められないことになる．さらに，アメリカで支配階層とされる層が日本においても同じように支配階層を占めるとは限らず（例えばプロテスタントは日本において支配階層であるとは考えにくい），さらに日本においてボランティアの担い手となっているかどうかは定かではない．つまり，日本においては社会的地位の非一貫性により支配階層が不分明であり，さらに，支配階層が必ずしもボランティアに従事しているとはいえないため，支配的地位モデルをそのまま日本に適用することは難しいと判断される．しかし，どのような基本的属性の人がボランティアをしているかを知ることは，ボランティア活動を考える上での基礎となる情報であるため，基本的属性について検討することは必要である．

　一般的活動理論は，ボランティア活動をする人はそもそも様々な活動レベルが活発な人であるとの主張であり，過去にボランティア活動をしていた人や他の活動をしている人がボランティア活動をしやすいという主張は，日本においても検討に値すると考えられる．

　ボランティア・プロセス・モデルは，ボランティア活動が生起する要因とその結果を考慮し，ボランティア活動が持続するかどうかまでを視野に含めたモデルであり，ボランティア活動にとどまらず，広く社会参加活動の生起する要因からそのもたらす結果に至るダイナミクスを解明するのに貢献しうるモデルといえるだろう．

　機能主義的なアプローチについては，日本においても同じボランティア活動に従事している人たちの中で，必ずしも同じ動機や目的を持っているとは限らないという状況は同じであると考えられるため，日本でも適用可能なモデルである．

　以上のように欧米ではボランティア活動に関しては様々な視点からの研究が

行われてきたが，支配的地位モデルのように欧米の文化社会的背景を色濃く反映しているモデルもあり，そのまま日本に取り入れることはできないが，そのような違いに心を配りながら，欧米の知見を検討することは大いに有効であろう．

　しかし，社会参加に活動に関するモデルを考える際に欧米のボランティア研究を参考にすることについては，文化社会的背景のほかにもうひとつ検討せねばならない点がある．社会参加活動の一部でしかないボランティア活動に関するモデルを社会参加活動全体に敷衍することの是非である．これまで取り上げたボランティア・モデルを社会参加活動に拡大して適用することが可能か，という観点から検討する．

　支配的地位モデルについては，ボランティア活動以外の社会参加活動にモデルが当てはまるかについては不明である．しかし，少なくとも社会参加をする人の属性を検討することは意味がある．

　一般的活動理論では，ボランティア活動の生起を説明するのに，ボランティア以外の社会参加活動への従事を説明変数として検討しているため，社会参加活動についてのモデルに拡張した場合には，説明変数と被説明変数が一致してしまうことになり，そのままの形で検討することはできない．しかし，社会参加に関して，これまでの過去の活動歴を検討するという形で社会参加活動のモデルに取り入れることができる．

　ボランティア・プロセス・モデルは，一般的な社会参加活動に般化しうるモデルである．ボランティア活動に限らず，様々な社会参加活動に関しても活動に先行する条件と活動のもたらす結果という一連の社会参加行動のダイナミクスを捉えるモデルを構築する礎となりうる．

　機能主義的なアプローチはボランティア活動に限定しても6次元の動機づけがある．さらに社会参加活動全体に適応範囲が広がった場合は，膨大な動機づけが関連している可能性がある．それらの動機づけをうまく整理できる軸が見つかれば，社会参加活動を考える際にも有効なアプローチとなろう．

　欧米におけるボランティア・モデルが，日本においても適用可能かという観点と社会参加活動に拡大して検討することの有用性を検討した結果，本書ではボランティア・プロセス・モデルの考え方を敷衍して，社会参加活動の生起に

関連する要因と社会参加活動がもたらす結果という社会参加活動の一連のダイナミクスを捉えるモデルを，本書で策定する社会参加モデルの参考にすることとする．加えて機能主義的アプローチ（動機づけ），と一般活動理論（過去の社会参加経験），社会参加活動の先行要因を検討する際に取り入れることとする．また支配的地位モデルは社会参加活動に関連する基本的属性を検討するという形で考慮することとする．

日本におけるボランティア研究

日本のボランティア研究は多くは欧米理論の日本への適応可能性の検討という形で行われているが，ほとんどが動機づけ・志向性の研究についての研究であり，欧米での知見が確認されている（青山・西川・秋山・中迫，2000；平岡，1986；日下・篠置，1998；西浦，1999；Oda，1991；桜井，2002；全国社会福祉協議会，2002，2010）．

動機づけ・志向性以外の要因では，社会関係と制度的な要因が検討されている．社会関係的要因では，望月・李・包（2002）が，高齢者大学の在学生・卒業生と，65歳以上高齢者に対する調査を行って，ボランティア活動を妨げる要因を調べたところ，男性の場合「仲間がいない」ことが参加しない原因であると2割弱の人が答えたことを報告している．男性では，仕事仲間はいても地域の仲間がいないことが多く，地域ネットワークの貧しさがボランティア参加を阻害する要因のひとつであることが示唆される．

さらに社会制度的要因としては，日本では団体に所属してボランティアをする人が多く（全国社会福祉協議会，2002）さらに，団体に所属している方がボランティアの活動歴が長い（青山他，2000）．男性はボランティアをしない理由として「グループに関する情報が得にくい」ことを挙げた人が最も多い（望月他，2002）．つまり日本においてはボランティア・グループに参加してボランティア活動に従事する人が多いにも関わらず，ボランティア・グループに関する情報を得ることが難しいことは大きな問題であり，社会制度的に考慮すべき問題であろう．

また，活動に伴う様々な社会的支援や環境整備の不足も指摘されている（全国社会福祉協議会，2010）．その中で活動者自身が最も多く望んでいる支援は，「活動に必要な知識や技術を研修できる機会があること」が最も多く，その中で

60歳以上のシニアに特徴的であったのは，「活動者同士の交流機会」の支援を望む声であった．

ボランティア研究のまとめと問題点

欧米のボランティア研究においても日本の研究においても，これまでのボランティア活動研究は，個人的要因に関心が集中しており，社会関係的要因，社会制度的要因については，検討する必要性は指摘されているが，研究はまだ進んでいない．個人的要因に関しては，これまで取り上げられてきた変数を詳査すると，ボランティアを巡る状況が異なる日本社会特有の変数や，退職シニア特有の特徴についての検討が必要と考えられる．社会関係的要因では，親しい社会関係における影響，特に退職シニアには重要な関係者である配偶者の観点が欠落している．社会制度的観点はその必要性は指摘されながらも，これまでの研究が最も少なかった部分であり，探索的な検討が必要と思われる．

さらに欧米モデルをそのまま日本のボランティア研究にとり入れることは難しい点があり，日本のボランティアを取り巻く環境は欧米のものと異なるため，日本特有の要因もあることが想像され，探索的検討の必要性がある．

本書の対象者である退職シニアは，かつては定年退職後に外出もせず，ずっと家にいて妻にまとわりつき，「濡れ落ち葉」といわれたように定年退職してからなかなか外出することができない．あるいは，近年は「地域デビュー」の難しさがマスメディア等で盛んに取り沙汰されるように，日本の中でも被雇用者だった定年退職男性特有の社会参加を阻む原因があることも想定される．さらにこれまでの調査結果からは日本ではグループによるボランティア活動が重要であることが示唆されたが，なかなかボランティア・グループの活動についての情報を得るのが難しいという現実もある．

よって，日本独自の，さらにはシニア特有の社会参加要因を抽出するという調査が必要であり，ボランティア研究で紹介した理論を元にし，検討されてきた要因を質問項目のベースとした退職シニアを中心としたインタビュー調査を行い，退職シニアの社会参加活動の関連要因を探っていく必要があることが判明した．

3 退職シニアの社会参加が及ぼす効果

これまで数多くの研究が社会参加活動によってもたらされるプラスの効果を報告している．ここではそれらの研究結果を，活動した本人，本人を取り巻く社会関係，社会制度の観点から整理して概説する．

社会参加の個人への効果

社会参加活動を行うことで身体的・精神的健康の維持・改善が図られたことを報告する研究は多い．これまでどのような効果が報告されてきたのかをまとめてみよう．

社会参加をしているほうが，身体的・精神的健康の状態がいいという研究は数多くあるが，多くは1回の横断調査で両者の関連の強さをみるものであった．しかし，横断調査では，社会参加をした結果健康状態が良くなるのか，逆に健康状態がいい人が社会参加をするのかという因果の方向が特定できない．よって，因果を検討するためには，同じ人を追って調査をする縦断研究を行うことが必要である．これにより，調査開始の初期の状態が似ている人を選び出し，その中で社会参加をする人としない人で，数年後の調査において健康状態に差が出るのか，つまり社会参加をした結果健康状態にプラスの影響があったのかどうかを検討することが初めて可能となる．ただし縦断研究は高額の予算と多くの人的資源を必要とする大規模な調査を行う必要があるため容易には実施できない．しかし，近年欧米では縦断研究による知見が蓄積されている．

社会参加が健康に与える効果については，調査当初の健康状態を統制しても，社会参加活動をしていた人は，死亡率の減少（Bennett, 2002; Glass, Mendes de Leon, Marottoli & Berkman, 1999; Menec, 2003; Nakanishi & Tatara, 2000; Sugisawa, Liang & Liu, 1994），認知機能の維持や改善（Andrews, Clark & Luszcz, 2002; Lövdén, Ghisletta & Lindenberger, 2005; Menec, 2003; Zunzunegui, Alvarado, Del Ser & Otero, 2003），認知症発生リスクの減少（Bassuk, Glass & Berkman, 1999; Fabrigoule, Letenneur, Dartigues, Zarrouk, Commenges & Barberger-Gateau, 1995）がみられたという結果が報告され，社会参加の健康への様々なプラスの効果が確認されている．日本においてはまだ大規模な縦断研究は少ないが，竹田・近藤・平井・村田（2007）が，趣味活動をしている人が5年後に認知症の発症率が低かったことを報告している．また Akiyama, Sugawara, Takeuchi & Kobayashi

(2008) は男性の場合,社会参加をしている人の方が,15年後の死亡率が有意に低かったことを報告し,社会参加の重要性を指摘した.

社会参加活動の中でも特にボランティア活動の効果に着目した研究では,縦断研究の結果,その効果は社会的交流の乏しい人の中でより大きかったこと (Luoh & Herzog, 2002; Musick, Herzog & House, 1999) が観察され,ADLの障害の発生の抑制効果 (Luoh & Herzog, 2002),抑うつ症状の低さとの関連 (Hong, Hasche & Bowland, 2009; Morrow-Howell, Hinterlong, Rozario & Tang, 2003) などが報告されている.

次に,社会参加活動を行うことでどのような心理的効果が観察されてきたのだろうか.社会的,生産的活動だけでなく,1人でする活動(例えば手仕事)も喜びを高めていた (Menec, 2003).社会参加の領域が増加し,幅広い活動に従事すると生活状況がよくなったと認識されており (Silverstein & Parker, 2002),この効果は特に配偶者をなくした人,機能的障害が重くなった人,あまり家族と接触していない人において強くみられ,活動参加を最大化することは高齢者によって,社会的身体的に不利な点を補うためにとられる適応的な戦略であることが示唆された.

社会参加は自尊心を高め (Reitzes et al., 1995),抑うつを緩和し(古川・国武・野口,2004),生きがいを与え(蘇・林・安・岡田・白澤,2004),ボランティア活動は,喜び,人生満足,自尊心ともに高めていた (Thoits & Hewitt, 2001; Wheeler, Gorey & Greenblatt, 1998).

このように社会参加の様々な効果が報告されているが,これらの結果は活動の種類によりどのような主観的幸福感に効果があるのかが異なることを示唆している.1人でする活動では,「喜び」というその場の状況の影響を強く受ける主観的幸福感は向上しても,「人生満足度」という人生を振り返って総合して判断する主観的幸福感にまでは影響は及ばない.社会参加活動をすれば自尊心は高まるが,人生満足度を上げるにはボランティア活動をすることが有効であることが示唆される.

しかし,社会参加活動がどのように健康面・心理面にプラスの効果を及ぼすのか,というプロセスについてはまだほとんど検討がされておらず,今後社会参加と健康・主観的幸福感をつなぐメカニズムの解明が待たれる.

また，社会参加活動の種類により，効果がどのように異なるのかということの整理はされておらず，予測するようなモデルも不在である.

社会参加が社会関係に与える効果――社会関係の拡大と深化

　社会参加活動による社会関係への効果は，おもに社会的ネットワークの拡大を指摘する研究が多い（e.g., 古谷野，西村，矢部，浅川，安藤，2005；Palisi, 1985；高野，1997；豊島，2000；矢部，西村，浅川，安藤，古谷野，2002；全国社会福祉協議会，2002, 2010）．社会参加活動が社会関係の中でも配偶者に与える影響としては，定年後の夫の社会参加が妻の主観的幸福感にプラスの影響があった（Katagiri, Sugawara & Akiyama, 2003）という研究がある．定年後の夫婦はともに過ごす時間が長く，Katagiriらの研究結果からは特に夫の社会参加が妻に与える影響は大きいと考えられる，今後の研究が待たれる.

　高齢者のボランティア参加者の実態調査からは，「多くの仲間ができた」（全国社会福祉協議会，2002, 2010）という社会関係の拡大という量的側面だけではなく，「思いやりの気持ちが深まった」「社会への見方が広がった」（高野，1997），「地域社会とのつながりをつくることができた」「社会に対する見方が広がった」（全国社会福祉協議会，2002），「人と協力したり連携したりする楽しさを知った」「人との接し方や，人間関係がより円滑になった」（全国社会福祉協議会，2010）など質的変化も読み取れる．これらの高齢者自身のボランティア活動からの感想からは，仕事の世界からボランティアに関わる別の世界に接することにより，共感性が高まり，社会の見方が広がり，市民社会である地域に溶け込むきっかけを得ている様子が明らかになる．社会参加の結果，社会関係の深化がもたらされたということができるだろう.

社会参加の効果に関する研究の限界

　本章では，第1に社会参加活動が個人に与える効果として，身体的・精神的健康の向上，第2に社会関係に与える効果として，社会的ネットワークの拡大と深化を整理した．しかし今までの研究の知見において，社会参加活動として取り上げられてきた活動の内容は様々で，社会参加活動の中でどんな種類の活動がどんな影響をもたらすのかという観点からの整理がされてこなかったという状況が明らかになった．社会参加の内容に対して適切な分類軸を提供すれば，このように活動の種類によりもたらされる結果の違いを理解することが可

能になるのではないだろうか．

　さらに，社会参加活動は，例えばボランティア活動の担い手になるなど社会全体への効果も考え得るが，そういう観点から社会参加活動を検討した研究はほとんどない．

第3節　社会参加研究の政策的必要性

　従来社会的弱者として扱われてきた高齢者から，社会を支える担い手へと大きな政策転換が図られたのは，日本が高齢化率14％を超える高齢社会に入った20世紀の終わり頃である．1999年に策定された厚生労働省の「ゴールドプラン21」（厚生労働省，1999）の基本的な構想1番目は，「活力ある高齢者像の構築」であり，「高齢者の世紀」である21世紀を明るく活力ある社会とするため，可能な限り多くの高齢者が健康で生きがいをもって社会参加できるよう，「活力ある高齢者像」を構築することである．これまで健康や経済的状態が悪い社会的弱者として見られることの多かった高齢者イメージを変え，元気な高齢者には，今後は社会に依存するのではなく積極的に社会の役割の一端を担う存在になることを求めている．

　2001年12月に閣議決定された「高齢社会対策大綱」（内閣府，2001）では，全国の地域で取り組む課題の1つとして，「高齢者の地域社会への参画促進」を掲げ，それを受けた「多様なライフスタイルを可能にする高齢期の自立支援に関する政策報告書」（内閣府，2003）では，今後の増加が見込まれる高齢者の3類型の1つに「活動的な高齢者」を取り上げ，具体的な政策目標や指標を挙げている．「活動的な高齢者」の指標としては，「就業機会の確保」，「財産面の備えの促進」，「健康維持のための主体的取り組みの促進」，「生活の安全の確保」という活動を支える部分に加えて，「学習活動の促進」，「ITの活用」，「社会参加・交流の促進」の7つを設定している．

　このように高齢者の社会参加が求められるようになった時代的背景として，須藤（1988）は高齢化と家族問題，長寿化と老後生活，財政的問題の3点から整理している．1つめの「高齢化と家族問題」としては，従来は家制度のもと高齢になった親は長男が養うという義務があった．しかし，戦後家制度の崩壊

と共に核家族化が進展し，誰が親の面倒をみるのかという規範が曖昧になり，さらに多くの妻が働きにでることにより家族による介護機能は低下し，高齢者自身の自立が求められるようになった．2つめの「長寿化と老後生活」とは，平均寿命が長くなるということは老後期間が長期化することを意味し，高齢者自身は現役を志向しながら，社会的には引退を余儀なくされるという状況に陥る．比較的若い60歳代の高齢者は心身ともに元気で労働意欲があるにもかかわらず引退者とならざるを得ない「予想外の時間」としての不適応状態がもっとも深刻に現れてきている．3つめの「財政的問題」とは，日本の社会全体からみれば，高齢化の進展により社会保障費用が増大し，高齢者ができるだけ他者に依存せずに生活し，社会的扶養の負担を軽減していくよう求められてきている．これらの3点の社会的背景を踏まえて高齢者の社会参加が時代の要請となっているのだという．

松岡（1992）は，高齢者の社会参加への関心が高まっている理由として，第1に高齢者人口が増加するなかで，高齢者たちが自由になる時間をいかに生きがいをもって過ごすかが重要な課題になってきたこと，第2に高齢者の持つ社会的能力を積極的に活用して，長寿社会における社会的活力を維持するための方策のひとつとしても「高齢者」の社会参加が各方面で提唱されるのだと指摘している．

つまり，社会参加活動に活発に参加することによって，健康の維持を図ることで，元気な高齢者であり続ける可能性を高め，それがひいては家族の介護の負担を減じ，医療費や介護費用などの社会保障費を減らすことにつながり，社会の負担を軽減することとなるため，国として取り組むべき政策となっているのである．

2007年に高齢化率は21％を超え，日本はついに世界で唯一超高齢社会に突入した．今後団塊世代の高齢化が進み，さらに高齢者数は増加する．増加する社会保障費をどう捻出するのか，高齢者を支える介護や医療を担う人材をどう確保するのかなど将来に対する不安は大きい．

2008年に出された「安心と希望の福祉ビジョン」（厚生労働省，2008）はこのような不安を払拭して安心して暮らすことのできる社会の構築を目指して3つのビジョンを掲げた．その中では，そもそも高齢者の増加をマイナスと捉える

発想を改めることが必要だと指摘され，地域コミュニティにおいてお互いに支えあい，役割を持って生きるための「共助」の仕組みを整備する必要があると主張している．意欲のある高齢者はそのための貴重な「人財」として期待されており，これは高齢者に対してそれまでの「健康で元気」であることにより社会保障費などの増大を防ぐという間接的な期待から，ついに社会において地域コミュニティに役立つ人的資源として位置付けられた直接的な期待が生じている現在の日本の姿を示すものである．

第4節　社会参加の現状──個人にとっての必要性

第1章の最後において定年退職で失う社会的・心理的リソースを回復する手段として社会参加活動に着目した．平成18年社会生活基本調査（総務省, 2007）を取り上げ，「学習・研究」，「趣味・娯楽」，「スポーツ」，「ボランティア活動・社会参加活動」，「交流・付き合い」を「社会参加活動等」として検討した．しかし，一般的に社会参加活動という場合には，グループ加入を意味することが多い．

平成22年度高齢社会白書（内閣府, 2010）は，高齢者の社会参加率は10年前と比べて約15%上がったと誇らかに報告している（図2-3）．1999年に2000年から2004年までの5ヶ年の高齢者保健福祉施策として発表された「ゴールドプラン21」（厚生労働省, 1999）は元気な高齢者を増やし，高齢者の積極的な社会参加を増加させることを目標の1つとして掲げており，その施策がある程度効果を上げたと考えられる．

しかし，木村（1999）は社会参加には地域差があり，大都市の男性の参加率が最も低いことを指摘している．全国の60歳以上の男女を対象に実施され，社会参加を活動内容，都市サイズや男女別に検討している「平成20年度高齢者の地域社会への参加に関する意識調査」（内閣府, 2009b）の結果を用いて，指摘されたような地域差や男女差が観察されるのかを確認してみよう．

図2-4からは，活動内容の種類によって都市規模により参加率が異なる様子が読み取れるが，一概に大都市が低く，町村が高いわけではない．「老人クラブ」や「町内会・自治会」，「ボランティア」，「宗教」では，都市規模が小さいほど

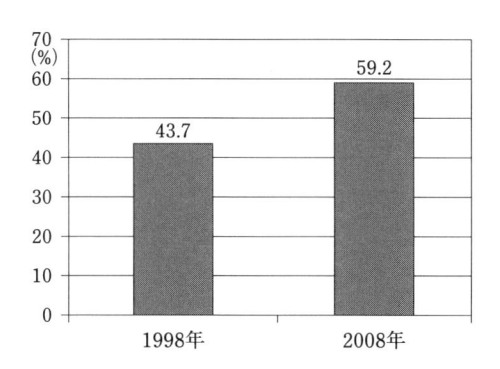

図 2-3　60 歳以上高齢者の社会参加率の変化（内閣府，2010, p.39）

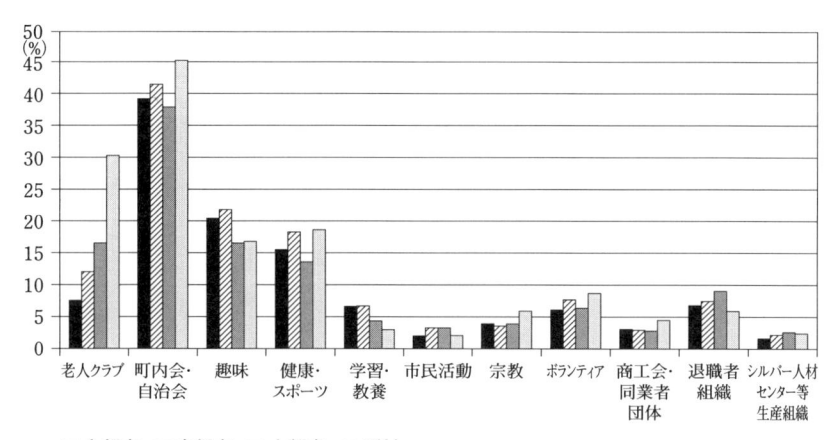

図2-4　活動内容別社会参加率（都市サイズ別）（内閣府，2009b, pp.85-86, 表3-12より作成）

参加率が高い傾向があるが,「趣味」,「学習・教養」といった活動は逆に大都市の方が高い傾向にあった.

次に男性と女性で比較してみよう.「町内会・自治会」,「商工会・同業者団体」,「退職者組織」,「シルバー人材センター等」では男性の方が高く,「趣味」は女性の方が高い（図 2-5）.

つまり, 都市規模が小さい方が伝統的な組織への加入が高く, 大都市では非伝統的な活動が盛んである. 性別では男性の方がフォーマルあるいは仕事に関

第 2 章　社会参加活動についての理論　55

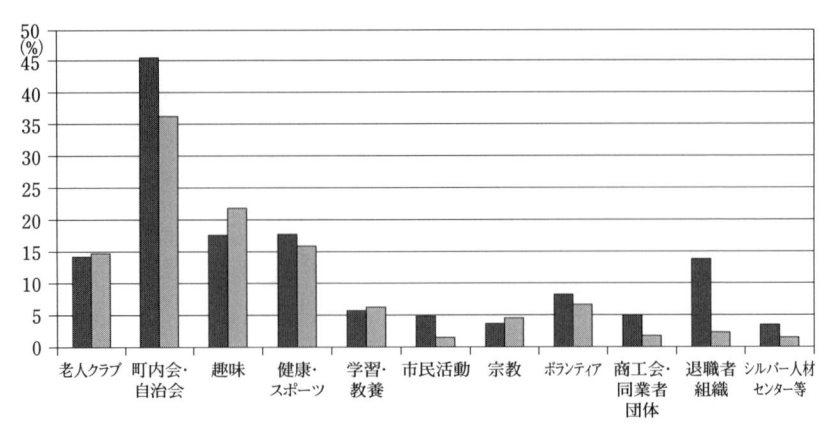

図 2-5 活動内容別社会参加率（男女別）（内閣府，2009b, pp.85-86, 表 3-12 より作成）

連した組織への加入が高いという違いが観察された．

　これらの結果からは，社会参加活動は活動の種類，及び，居住地域や性別などの基本的属性によって参加状況が異なり，一概に「社会参加活動」とまとめて扱うことの難しさを示している．

　全国の高齢者の社会参加率の平均は 6 割を超えているとはいえ（内閣府，2010），社会参加をしていると答えた人の中でも，同窓会のように参加をしていても 1 年に 1 回程度しか参加をしないケースも含まれることを考えると，この数字で既に十分といえるわけではない．さらに地域や男女などの基本的な属性によって参加率が異なることは，高齢者の中でも参加しやすい恵まれた環境にある人と，参加が難しい環境におかれている人がいることが示唆され，参加しにくい環境の改善を考えていかねばならない．

　またこれらの活動内容をマクロ的な視点でみれば，地方自治体が欲している地域の担い手となるような活動，例えば「町内会・自治会」，「市民活動」「ボランティア」等への参加率は，決して高いとはいえず，これらの社会貢献を目的とするような社会参加を促す方策の必要性は依然として高い．

第5節　本書の目的

前節までに社会参加に関する理論について3つの不足から3つの必要性：理論的必要性，政策的必要性，個人にとっての必要性があることを説明してきた．1つめにはこれまで社会参加活動に関する包括的な理論がほとんどなかったこと，2つめには日本の社会から見て高齢者の活発な社会参加が必要とされていること，3つめには，現実に目を向ければ，日本の高齢者全体としては社会参加が進んできたものの，居住地域や基本的属性によって社会参加率に差があり，社会参加しにくい人たちが存在することを明らかにした．

本書の目的はこの社会参加しにくい人たちの社会参加しにくさを明らかにし，彼らの社会参加を促進しうるようなモデルを構築することにある．それは同時に社会参加に関する理論で指摘した問題点を克服し，理論的な発展を目指すものである．

ここでこれまでに明らかになった理論的な問題点及びその解決に向けての方向性を整理してみよう．

第1に，これまでの社会参加は退職者自身の問題として検討されてきたが，現役時代に仕事のありようが夫婦関係に大きな影響を及ぼしたように，定年退職後の夫婦それぞれの社会参加活動の在り方は夫婦関係に影響を及ぼすことも想定される。よって，退職者自身の視点からだけではなく，夫婦など社会関係からみる視点が必要である．

さらに退職者の社会参加は，退職者自身の行動であるが，社会参加により健康な高齢者が増え，社会保障費の削減が期待される，あるいはボランティア活動により，社会の手助けをすることができるために社会に対する影響も大きい．このような退職者の社会参加の意義を認め，政策的必要性で指摘したように，社会が退職シニアが社会の担い手になることを期待して，さらに社会参加をしやすいような環境を整えるというような，個人と社会の相互作用が想定できるが，これまでの研究ではそのようなインタラクティブな視点を欠く．よって退職シニアの社会参加活動について退職者本人に止まらず，社会関係，社会からみた視点という3つの複層的な視点からの検討が必要となる．

第2の問題点とは，これまでの研究ごとに社会参加活動を具体的に設定して

その結果を検討するという研究のやり方では，膨大な知見は得られても，結果の統合が叶わなかったという点である．広範な社会参加活動について，適切な分類軸を設定することで，これまでの研究結果を整理し，規定因やもたらす効果についての知見を整理して有効に検討することができるようになろう．種々様々な社会参加活動に対してどういう分類軸をとることが有効なのかを検討する必要がある．

　第3の問題点とは，これまでの研究では，社会参加活動の範囲や，規定因，その結果に関する研究というように，社会参加活動の一部分に焦点を当てて研究が行われてきたために，社会参加活動の生起からその帰結までを捉える統一的な視点を欠いてきたという点である．

　社会参加活動の流れを一連の流れとして捉えることにより，川上と川下を別々に寸断したモデルでは決して捉えることのできなかった関係を予想することが可能になる．例えばこれまでの多くの研究で，健康状態の良さは社会参加に結び付きやすいことが明らかになっている．また社会参加の結果を検討した研究では，社会参加することで認知機能の維持や健康状態の維持・向上がはかられるということが報告されている．しかし，これを一連の流れとして捉えれば，健康状態のいい人が社会参加をし，その結果健康が維持される，健康状態が向上したとすれば，その人はその活動を今後も継続するであろうことが予想できるのである．社会参加活動の生起から参加してもたらされる結果までのダイナミクスを視野にいれたモデルの構築が必要とされる所以である．

　以上の3つの問題点の克服を追究し，本書で明らかにしたいリサーチ・クエスチョン（以下RQ）は以下の3点である．

　RQ 1.　社会参加行動とは何か——意味と定義を明らかにする
　RQ 2.　退職シニアの社会参加を促進・阻害する要因は何か
　RQ 3.　退職シニアの社会参加が個人，社会関係，社会に与える効果は何か

　これらの3つのRQへの答えを，これまでの社会参加研究を振り返って提起された3つの必要性，①社会参加の分類軸の設定，②個人，社会関係，マクロという3つの視点の導入，③社会参加活動の規定因から発生，その効果というダイナミクスの観点，を追究することにより克服を目指すのが本書の挑戦する課題である．

第Ⅱ部　サクセスフル・エイジングと社会参加——理論と研究

第3章　質量混合研究法による調査

　前章までにこれまでの社会参加研究についての知見をまとめ，その問題点を指摘した．その問題点を克服できるような新しい社会参加に関するモデルを生み出すべく，本章でその方法論を提示するような質的調査と量的調査を組み合わせて実施する．

　すなわち，質的調査により，仮説生成的なアプローチを行い，新しく生成されたモデルを量的調査により検討するという質量混合研究法（mixed methodology）を採用し，多面的アプローチを行った．質量混合研究法とは，データの収集と分析において質的調査と量的調査を組み合わせて科学的究明を行う手法である．Tashakkori & Teddlie（1998）によれば，科学的研究とは，常に帰納的な論理と演繹的論理を共に使用するリサーチ・サイクル上にあるという（図 3-1 参照）．

　本書ではこの手法を参考にし，質的データを用いた質的分析によりモデルの生成を行い，量的な調査を用いてモデルの分析と検証を行う．その結果の解釈に際しては，質的調査の結果を参照する，という流れで研究を実施した．

　さらにその分析の際に，個人内（マイクロ），社会関係，社会（マクロ）の3つの視点から捉え，退職シニアの社会参加を巡る状況を明らかにすることを目的としている．

　具体的には，最初に退職シニアを対象としたインタビュー調査を行い，その結果を用いて新たな社会参加の定義と社会参加の規定因とその結果についての社会参加のモデルを導出する．次に社会調査を用いた客観的なデータによりそのモデルの検証を行う．さらにその分析の際に，個人内（マイクロ），社会関係，社会（マクロ）の3つの視点から捉え，退職シニアの社会参加を巡る状況を明らかにすることとする．

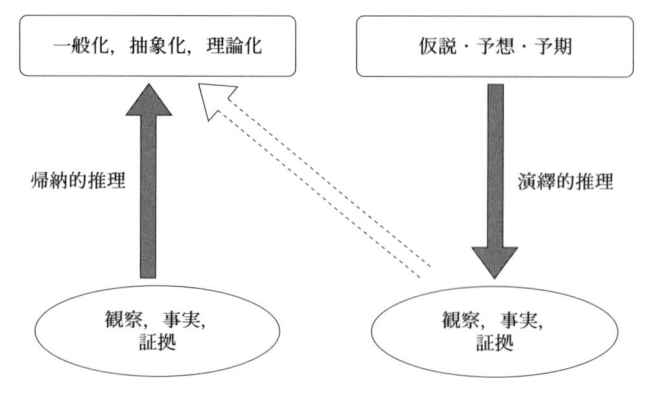

図 3-1　リサーチ・サイクル（Tashakkori & Teddlie, 1998, p. 25, Figure 2.1）

第1節　調査全体の枠組み

質量混合研究法の方法論に準拠して，以下のような3つの調査を行った．

［調査1］首都圏の退職シニアを対象にしたインタビュー
［調査2］練馬区と茅ヶ崎市での社会調査
［調査3］練馬区と岡山市での社会調査

具体的には，質的な［調査1］では，退職シニア等を対象としてインタビュー調査を行った．調査内容としては3つのリサーチ・クエスチョンへの答えを検討するべく，3つの研究を実施した．すなわち，社会参加活動自体の意味や分類を検討する［研究1］，社会参加の規定因を探る［研究2］，社会参加活動がもたらす結果を調べる［研究3］である．そしてこれら［調査1］の結果を踏まえて，新しい社会参加のモデルを提案することを目指した．

［調査2］と［調査3］では，実証的な調査方法に基づく量的調査を行い，［調査1］の結果から導出したモデルの検討を行う．［調査2］と［調査3］は前章末に挙げた3つのリサーチ・クエスチョン（RQ.）と対応した質問項目により調査票を構成した．

2002年に実施した［調査2］のデータを用いて，［研究4］で社会参加活動の検討を，［研究5］で社会参加活動の関連要因の検討を，［研究6］と［研究7］で社会参加活動の結果を検討した．

表 3-1 調査全体の流れ

	[調査1] インタビュー調査	[調査2] 社会調査（2002年）	[調査3] 社会調査（2008年）
RQ 1. 社会参加活動の定義の検討	[研究1]	[研究4]	[研究8]
RQ 2. 社会参加活動の規定因・阻害因の検討	[研究2]	[研究5]	
RQ 3. 社会参加活動のもたらす結果の検討	[研究3]	[研究6]／[研究7]	[研究9]

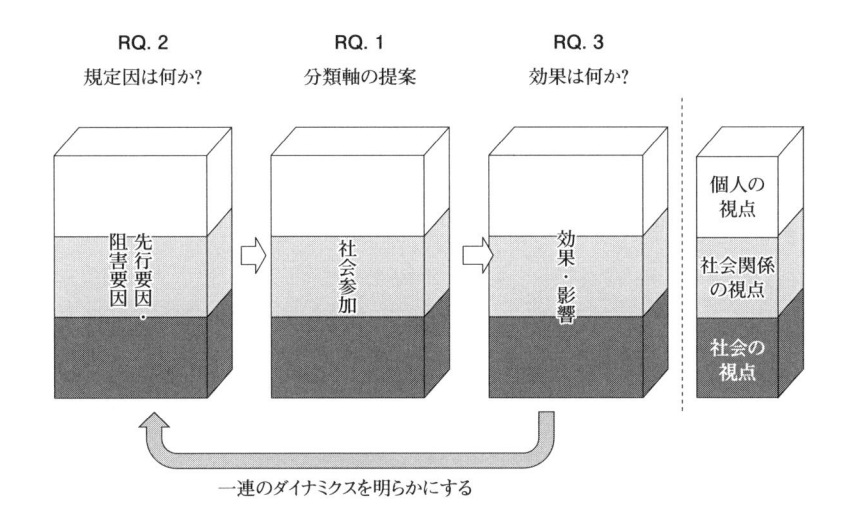

図 3-2 調査全体の枠組み

　2008年に実施した［調査3］のデータを用いて，［研究8］で社会参加活動自体の検討を，［研究9］で活動の結果の検討を行った．全体の調査・研究の概要を図示すると表3-1のようになる．

　これらの研究で明らかにしたいことを，リサーチ・クエスチョンとの関連で図示したのが図3-2である．

　次にそれぞれの［調査1］から［調査3］の概要を説明する．

第2節　各調査の内容

［調査1］　退職シニア等を対象としたインタビュー調査

目　的　［調査1］の目的は3つある．第1に，社会参加活動が退職シニアにとってのいかなる意味を持つのかを探り，そこから社会参加活動の定義と分類を行うことである．社会参加活動に関連する要因やその効果を検討するのに資するような分類軸を発見することを目指す．この定義や分類軸の検討を［研究1］とする．

　第2には，退職シニアのインタビュー調査から，退職シニアの社会参加活動を促している要因，あるいは社会参加を妨げている要因について探ることである．これを［研究2］とする

　第3には，退職シニアが社会参加活動から何を得ているのかについて検討することである．これを［研究3］とする．

調査概要　三菱財団の助成を受け，研究者と茅ヶ崎市民グループから構成される「幸福な老いに向けてのコミュニティ共同調査研究グループ」によって神奈川県茅ヶ崎市で実施した調査，及び日本興亜福祉財団社会老年学研究所が実施した首都圏（東京都，神奈川県，千葉県）にて行った調査によりデータを収集した．調査時期は2001年から2002年であった．

　本調査の対象者は首都圏に存在する4つのシニア中心の団体に所属し，神奈川県，東京都，千葉県在住の50歳代から70歳代の男女26名であった．

［調査2］　練馬区と茅ヶ崎市での社会調査

目　的　［調査2］は，質的研究の［調査1］の結果，提案された社会参加のモデルを検討することを目的としている．具体的には，第1に社会参加の定義と分類についての検討（［研究4］），第2に社会参加活動の規定因・阻害因の検討（［研究5］），第3に社会参加活動の結果の検討（［研究6］）である．

調査概要　［調査1］と同様，茅ヶ崎市民グループと研究者とから構成される「幸福な老いに向けてのコミュニティ共同調査研究グループ」，及び，日本興亜福祉財団社会老年学研究所が調査主体であり，質的調査［調査1］との比較をする目的で，質的調査の重点地域であった神奈川県茅ヶ崎市と東京都練馬区にお

いて 2002 年に実施した．本調査には，2 つの異なる年齢層を母集団とした以下の 2 種類の調査が含まれていた．

　［調査 2-1］は，神奈川県茅ヶ崎市，東京都練馬区の住民基本台帳を基礎に，比例割当法により 60 歳代有配偶男性を抽出し，夫本人とその妻に対して訪問留め置き法で調査を実施した．

　［調査 2-2］は［調査 2-1］と調査対象年齢のみが異なる調査である．調査手続きは 40 歳以上 69 歳未満の有配偶男性とその妻を調査対象とした．実施手続きは［調査 2-1］と同様である．

［調査 3］　練馬区と岡山市での社会調査

目　的　2002 年社会調査を実施した同じ東京都練馬区で 2008 年の再び調査を実施し，2002 年から 2008 年の 6 年間で社会参加の状況がどのように変わったのか，また［調査 1］で提案した社会参加位相モデルが当てはまるのかどうかを検討した．また，2002 年の調査では，調査地域が首都圏近郊に限定されていたので，岡山県岡山市という地方中核都市でもモデルが当てはまるのかを検討することも［調査 3］の目的であった．

調査の概要　岡山県岡山市と東京都練馬区の 2 地点で住民基本台帳を用いた 2 段階確率比例抽出法により，50 歳から 69 歳までの男女を抽出し，訪問留置法にて 2008 年 10 月から 12 月にかけて調査を実施した．

第 4 章 「社会参加位相モデル」の構築

第 1 節　社会参加活動に関するインタビュー調査 [調査 1]

1　目的と方法

　[研究 1] の目的は，社会参加活動の定義と範囲について，社会参加活動の規定因やもたらす効果までの一連のダイナミクスを通じて理論的に有効な分類軸の提案をすることである．老年学の分野では社会参加の定義がほとんどなく，研究によって指す範囲や分類が異なり，さらに退職シニアに限定した日本の社会参加研究が少ないことから，インタビューという質的な調査を行うこととした．しかし，質的分析によく用いられるグラウンデッド・セオリー・アプローチについては，分析手順が明確でないという弱点がある．よって分析手順をより明確に示した修正版グラウンデッド・セオリー・アプローチ（以下 M-GTA）（木下，1999，2003a）を採用し，なるべく分析の経緯を明らかにし，結論を導いた根拠が明確になるように心がけた．

2　[調査 1] の概要

　茅ヶ崎市民グループと研究者とから構成される「幸福な老いに向けてのコミュニティ共同調査研究グループ」によって神奈川県茅ヶ崎市で実施した調査[1]と，首都圏（東京都，神奈川県，千葉県）にて実施した調査[2]によりデータを収集した．調査時期は 2001 年から 2002 年であった．

　本研究の対象者は神奈川県，東京都，千葉県在住の 50 歳代から 70 歳代の男女 26 名であった．茅ヶ崎市でのインタビュー対象者は，湘南地域で活動をするシニア・グループ（以下グループ名を A と記す）参加者であった．東京都・神奈川県・千葉県での調査では，東京都練馬区で活動するシニア・グループ（以下グループ名を B と記す），全国組織で活動する NPO グループ（以下グルー

プ名をCと記す）の首都圏地域支部（5支部），練馬区で活動するシニア中心のNPOグループ（以下グループ名をDと記す），計4団体の参加者を対象にインタビューを実施した．退職シニアが多いグループに調査協力を依頼したが，退職シニアとの比較を可能にするために，インタビュー対象者には50歳代の現役で働いている人も選択した．

さらに，退職シニアのグループの特徴をより明確にするために，茅ヶ崎市で活動する退職シニアが活動の中心ではない7つのグループ計23名（環境保護，ハンディのある人と家族への支援，子育て支援，介護支援，社会教育を活動目的とするグループ）へのインタビューも同様に行い，退職シニアの社会参加の特徴やその他のグループとの相違点を考える際に参考にした．

インタビューの手続き

インタビューは1時間程度から3時間を超えるものまであったが，平均すれば約2時間であった．茅ヶ崎市民グループとの調査の際は，インタビュー対象者に都合がいい市民会館や喫茶店などでインタビューを行った．インタビューは原則的に研究者2名と市民2名の4名が立ち会い，インタビュアーは研究者と市民が1名ずつでペアとなり2名で交代して担当した．

首都圏で実施したインタビュー調査では，活動場所の事務所や公共施設で筆者がインタビューを実施した．また，1対1のインタビューのほか，グループ・インタビューも行った[3]．インタビュー形式の一部にグループ・インタビュー形式を採用したのは，社会参加活動に関して，回答者同士の相互作用により互いに触発し合い，自己開示をしにくいといわれる男性から，社会参加に関わる重要な要因やそのときの正直な感情を引き出すことを期待したためである．

インタビューの際には，調査の目的を説明し，答えたくない質問には答えなくてかまわないことを教示し，研究の分析のために録音の許可をとった．インタビュー対象者には，インタビューを始める前に，基本的属性，健康状態，経済状態，社会参加の状況の内容からなる簡単な調査票に記入を求め，その後にインタビューを実施した．

インタビューは半構造化したインタビュー・ガイドによって行った．ラポールを形成するため，答えやすい基本的属性項目から質問を始め，現在の社会参加活動の状況を尋ねた．インタビュー終了後には謝意を述べ，交通費として薄

謝を渡した．

3　インタビューの内容

インタビュー実施に際しては，2種類の半構造化したインタビュー・ガイドを作成した．グループのメンバーに行う調査用に1種類（表4-1），これは個人の社会参加について尋ねたもので，全員に用いた．もう1つは，グループのリーダーを対象にして用いたインタビュー・ガイドであり，グループの沿革や活動内容，メンバーの特徴などを聞いたものであった．リーダーには個人の社会参加についてもインタビューを行い，個人とグループの両方に関して答えてもらった．

質問内容に関しては，1つには，社会参加活動の意味や範囲を問う内容，2つには社会参加活動の規定因に関連するもの，3つめには，社会参加の結果何がもたらされたかを問うという内容で，それぞれ個人的な視点，社会関係的な視点，社会からみた視点，という形で問いを起こしていった．

またインタビュー・ガイドの作成に際しては，数名を対象としたプリテストを実施し，その結果を踏まえて，市民側2名と研究者2名で討議を重ねて改訂していった．調査の手続きで述べたように，本インタビュー調査はインタビュアーが4名（市民側2名，研究者側2名）で交代して実施したため，なるべくインタビュアーによる差が出ないように質問項目についてはかなり細かく作りこんだ．

内容としては，大きく6つのトピックについて尋ねている．

「1．導入（基本的属性等）」で，出身地や家族構成，引退経験の時の気持ちや影響など重要なライフ・イベントなどを簡単に尋ねた．

「2．現在のグループとの関わり」については，参加のきっかけなど，社会参加活動の規定因に関わる部分と，参加している活動に対してどのくらい熱心であるかを，参加頻度や関与の程度等でたずねた．

「3．グループの特徴」では，グループ内の構造や地位・役割，リーダーの特徴やグループの雰囲気などについて質問し，グループの特徴と個人の参加の様子の相互的なダイナミクスを捉えようとした．

「4．グループ内の人間関係」は，「社会関係からの視点」を捉えるための質

問である．主としてグループ内で形成された人間関係についてたずねた．

「5．グループ外との関わり」は，「社会の視点」を捉えるための質問項目であった．社会活動への参加が，所属するグループ以外のグループや組織，行政とどのような関係を持っているか，活動が社会から評価されているかを聞いた．また「社会関係からの視点」として，家族からの評価も尋ねている．

「6．結果」については，社会参加活動に参加して，何がもたらされているかを「個人の視点」，「社会関係の視点」，「社会の視点」の3点から把握することを企図した質問をした．

表 4-1　社会参加活動についてのインタビュー・ガイド

グループ参加者用インタビュー・ガイド			
1 導入	基本的属性等	居住歴	○○にいつから住んでいるか．越してきた理由はなにか
		出身地	出身は
		家族歴・生育歴	家族は何人．家族構成は 生まれたときの家族は何人
		職歴	現在仕事をしているか．これまでどんな仕事をしてきたか． 定年はいつ　定年したときが引退したときだったか
		引退の意味	引退とはどういう意味があるか（あったか）
		その他印象に残っている出来事	仕事や結婚，転居以外に，大きな出来事はあったか これまでで印象に残っている出来事や強く影響を受けた人はいるか
2 現在のグループとの関わり	参加のきっかけ	きっかけ	このグループに参加したきっかけは何だったか
		参加の期間	いつ頃から参加しているか
		現在の活動	現在他のグループに参加しているか． （している場合）何をしているか（ボランティア的 or 趣味的-社会参加度・社会貢献度の確認）
		社会参加活動歴	このグループ以外で，初めて社会参加をした，あるいはしようと思ったり興味を持ったのはいつ頃か 現役時代には何かしていたか それ以前のボランティア活動との関わりは（たとえば興味を持ったのはいつ頃からどんなことに，学生時代の経験の有無，その他の活動の経験）
		参加の目的	このグループに参加した目的は（価値観，理解，自己実現，成長，社会のため等）
	優先度・参加の程度	参加頻度	どのくらいの頻度でグループ活動に参加しているか ここ3ヶ月で何回くらいグループの集まりに出席したか

表 4-1 社会参加活動についてのインタビュー・ガイド（続）

2 現在のグループとの関わり	優先度・参加の程度	関与の程度	今以上にこのグループに関わりたいと思うか 知り合いの人をこのグループに誘いたいか
		家族・家事での制約	家事や家族のことが気になったりして早めに帰ったりするか
			長く活動をしているといろいろなことがあると思うが，活動の日に配偶者が具合が悪かったことがあるか （ある場合）どのくらいの具合が悪かったのか，そのとき会合に出席したか，それは何故か
			家庭で家事分担はしているか
			配偶者がグループ活動をしていて，家に帰ってくるのが遅くなったり，夕飯の支度をしなかったりしたらどう思うか
		時間的制約	1週間のスケジュールはどのようか
			他にどんなことをやっているか（仕事，趣味など，他のグループへの参加）
		経済的制約	グループへの参加費用は家計に影響を与えるか
3 グループの特徴	地位・役割	グループの構造	グループの活動や方針について意見をいうことはどのくらいあるか その意見は通ることが多いか グループ内の役割はどう決まっているか 世話人をしている人とそうでない人達の確執はないのか （そうでない人への配慮が欠けないか）そうでない人達に気を遣っていることは
		リーダー	リーダーはカリスマ型か，あるいは皆が平等か（ピラミッド型か水平型か） 優れたリーダーとはどんな人だと思うか 今度誰に（どんな人に）リーダーを引き継いで欲しいと思うか 今後，この活動のリーダーになる予定があるか，なりたいか？ならない（なれない）理由は
	集団風土	雰囲気	グループ全体としてはどんな雰囲気だと思うか． リーダーが変わって，グループの活動内容，活動方針，雰囲気など何か変わったことがあるか
		規則・規範等	暗黙のルールがあるか－例：組織の論理を守る，過去に触れないなど．

表 4-1 社会参加活動についてのインタビュー・ガイド（続）

3 グループの特徴	ジェンダー	ジェンダー	女性も会員になれるのか．女性の会員は募集しているか 女性の会員が少ない理由は 女性会員がいたらグループの雰囲気や活動内容が変わると思うか 女性の会員がいる方がいいか もし女性がリーダーになったら，やりにくいと思うか グループの中で性別による役割の違いはあると思うか グループの中で男女でなにか（意識の）違いがあると思うか グループ活動をするなかで男女の役割が違うか
		ジェンダーとリーダーシップ	女性（男性）のリーダーについてどう思うか ジェンダーでリーダーシップは異なるか 　グループ内のリーダーシップ（責任感・気配り・人間関係調整能力） 　グループ外（対外的評価・交渉相手の反応）
4 グループ内の人間関係	ネットワーク	どんな関係か？	グループの人たちとどんな付合いをしているか ふだんの活動以外のイベントや行事はあるか 何人くらいが参加するか，あなたはどのくらいの頻度で参加するか 家族や，友人などを誘って参加するようなことはできるか，あなたは誘うか
		活動の人間関係	グループのメンバー同士は仲が良いか．仲良くしやすい雰囲気はあるか リーダーと他のメンバーとの関係はどうか
		親しい関係	グループの中で特に親しく付き合っている人がいるか 　（親友がいるなら）その人とはグループ活動以外でも付合いがあるか 　　その人との付合いは，他のそれほど親しくないメンバーとの付合いとどのような点が異なるか 　（親友がいないなら）グループのメンバーとそれほど親しくならないのはなぜか ふだん親しくしている人たちの中に，この活動のメンバーは含まれるか
		広いネットワーク	グループのメンバーを他の人に紹介する時は，何と呼ぶか（友だち，仲間，○○会のメンバー，等の例をこちらから出して尋ねる） （広いネットワークの意味）グループの人たちとの付合いがあるとどんな点がいいか あるいは付き合っていてよくないと思う点はあるか
		連絡方法	グループ内の連絡方法は　インターネットを使うか　電話連絡網など

表 4-1 社会参加活動についてのインタビュー・ガイド（続）

5 グループ外との関わり	グループ外との関わり	他のグループとの関係	同じような活動をしているグループと協力していくつもりがあるか ある場合はどのように連携するか ない場合はなぜか
		社会・他者からの評価	グループの活動は周りの人からどう評価されていると思うか グループの活動は喜ばれていると思うか （ボランティアの場合）ボランティアをする相手の方はグループの活動についてどう感じていると思うか（変化はあったか？）
	集団活動に対する家族の評価	配偶者・子ども	配偶者は，このグループに参加していることをどう思っているか 配偶者をこのグループに参加するように誘ったりするつもりはあるか 子どもは，このグループに参加していることをどう思っているか
6 結果	参加への評価／態度変化	自己の評価	グループに参加してよかったと思うか（満足・報われる・楽しい・面白い・重要・不満・やりがいがある・退屈等） どんな点がよかった点か　逆に不満な点はあるか　改善して欲しい点はあるか
		グループ活動への評価	グループの活動をどう思うか．グループの考え方に賛成しているか あなたにとってこのグループ存在はどんなものか このグループが生活の中で占める位置はどのくらいか 　　──いつも考えている，とか
		集団内メンバー	グループの人たちと馴染んでいる（に溶け込んでいる）と感じるか 自分たちのグループはどんな人たちだと思うか．特徴があるか
	現在の活動によって得られるもの	主観的幸福感	このグループ活動はあなたの現在の幸福や生きがい度に影響があるか 　（→NO なら）それは他のグループか，では何か （その活動も含めて）現在の生活に満足しているか──何％ or 5 点尺度（満足～不満） その理由は何故か
		参加継続の意思	このグループにこれからもずっと参加したいか──いつ頃まで続けるつもりか 辞めたいと思ったことはあるか．それはどういう時か 続けたい場合──その魅力は何か 続けたくない場合──辞めたい理由は何か

表 4-1 社会参加活動についてのインタビュー・ガイド（続）

6 結果	効用感	自尊心	グループ活動を始めてから生活に張りが出たように思うか
		社会的	グループ活動は社会で（地域で）役に立っていると思うか
	ボランティア活動で得たもの	心理的／生活／物理的影響	活動によって，なにか得たと思うもの，影響を受けたと思うものがあるか
	グループの重要性		このグループがたとえば解散してしまったら，どう思うか 別のグループに参加するか
	今後やってみたいこと	個人として／グループとして	個人として——今後の方向性はこのままいくのか（元気で老後まで，楽しければいい，あるいはボランティア系に変化することがありうるのか） グループとして今後やってみたいことはあるか．その中で自分は何をしていきたいか

4　グループ・調査参加者の特徴

　質問調査データの分析に入る前に，まず，調査参加者の特徴とグループの特徴を見てみよう．

参加者の特徴　本調査の対象者の特徴を表 4-2 にまとめた．男性 21 名（引退者 18 名，現役 3 名）と女性 5 名（引退者 2 名，現役 3 名）であった．経済状態が悪い人が 1 名，あまりよくない人が 4 名，健康状態が悪い人が 3 名，あまりよくない人が 5 名，学歴では大学卒が 19 名，高校卒 4 名，旧制中学卒 2 名であり，回答者のうち，経済的に良くない人 19.2％，健康がよくない人 30.8％，大学卒 73.1％と，基本属性としては比較的恵まれた人に偏る結果となった．男性は現役で働いている人も引退者も全て会社での被雇用者あるいは元被雇用者であった．婚姻状況は男女 1 名ずつ死別，女性 1 名が独身の他は全て既婚者であった．

社会参加の状況　社会参加に関してはインタビュー対象者全員がとても活発で，平均 4.2 のグループに参加していた．しかし，複数の社会参加活動の全てに積極的に参加しているわけではない．参加グループ数には，年 1 回の学校関係の同窓会や会社の同窓会まで含まれているため，平均数を押し上げていると考えられる．

　定年前から社会的活動をしていたのは 9 名と半分に満たず，定年前の参加に

表 4-2　インタビュー参加者のプロフィール

特徴ID	リーダー・役員	性別	現役 a)	定年前社会活動	社会参加数	年齢	経済 b)	健康 b)	学歴	婚姻状況
A1	元リーダー				3	70歳代	○	○	大卒	既婚
A2					5	70歳代	◎	×	高卒	死別
A3			○	○	2	60歳代	△	◎	大卒	既婚
A4	事務局			○	8	60歳代	○	○	大卒	既婚
A5	リーダー				10	70歳代	○	◎	大卒	既婚
A6	事務局				8	60歳代	○	◎	大卒	既婚
A7	事務局				3	70歳代	◎	○	大卒	既婚
B1	リーダー				9	60歳代	○	○	大卒	既婚
B2	係				7	60歳代	○	△	大卒	既婚
B3	係	女性			2	60歳代	○	○	旧中卒	死別
B4	係				2	70歳代	◎	◎	大卒	既婚
C1	リーダー				2	60歳代	△	△	大卒	既婚
C2					3	60歳代	△	△	大卒	既婚
C3		女性	○	○	1	60歳代	◎	○	?	既婚
C4	リーダー				3	60歳代	○	○	大卒	既婚
C5	リーダー	女性	○	○	8	60歳代	◎	×	高卒	既婚
C6	リーダー				2	70歳代	○	△	大卒	既婚
C7	リーダー				3	60歳代	○	◎	大卒	既婚
C8		女性	○	○	3	50歳代	○	○	高卒	既婚
C9		女性			4	60歳代	○	○	大卒	独身
C10	リーダー			○	2	60歳代	○	○	高卒	既婚
C11	役員		○	○	2	60歳代	△	○	大卒	既婚
C12				○	4	60歳代	○	◎	大卒	既婚
D1	リーダー		○	○	2	50歳代	×	×	大卒	既婚
D2	役員				5	60歳代	◎	◎	大卒	既婚
D3					5	70歳代	○	△	旧中卒	既婚

注：a) 現役者以外は無職．
　　b) ◎はとてもいい，○ふつう，△少しよくない，×よくない．

は，自治会への強制的加入等も含まれていたことから，全体としては定年前の活動は活発ではなく，定年退職後に社会参加が活発になった人たちであったということができよう．

　定年退職後に初めて参加したグループで地域デビューを果たし，地域社会のグループに参加することに適応し，その後に最初のグループ参加で形成された地域社会ネットワークにより，別のグループの活動を紹介されたりして，いろいろなグループに活動が拡大していった人がほとんどであった．

グループの特徴　表4-3には，調査を行ったグループの活動内容と特徴をまとめている．全てのグループが1990年代に設立されている点が共通している．1989年に「濡れ落ち葉」という言葉が流行語大賞を受賞していることから，その頃から，定年後の夫の生き方が社会問題として浮かび上がってきたことに応じての動きなのかもしれない．また1990年代からは東京都等の地方自治体がシルバー・ボランティア事業への取り組みを開始し，シニア向けセミナーなども盛んに開催されるようになったという時代背景を反映していると思われる．

　通常任意団体であるボランティア・グループは，なかなか10年は持続しないと言われているが，その点，2つのシニア・グループA，Bは組織がしっかりしていることが特徴であった．退職シニア中心に組織されているため，組織の運営には現役時代に培ったノウハウが生かされていた．例えば，両グループとも一般参加者の参加意欲を高めるための工夫を凝らしていた．湘南地域のシニア・グループAでは，毎回交代で講師となり現役の時の仕事で得た専門知識などを披露するというシステムを作り，参加者の関与を高めていた．東京都のシニア・グループBでは，いろいろな活動メニューを設置し，それぞれの活動メニューの世話人を特定せず，交代で責任者とするシステムをとることで，誰でも運営にかかわることのできるシステムを作ることで参加者のモチベーションを高めていた．

　また，グループが持続するための大切な要素である新メンバーのリクルートに関しては，東京都練馬区のシニア・グループBでは，毎年3月に区役所と連携して新たに定年を迎える人向けの「シニア・セミナー」を開催し，この退職シニア向けのシニア・セミナーを新規会員のリクルートの場としていた．セミナーの中で新規会員を募り，新規会員で同期の新しいグループを形成させる．うまく活動できるようになるまで先輩たちが援助する，という形で，毎年新しい「〇〇年度入会者」のグループを誕生させていった．それら毎年形成されるグループの間で緩い連合組織である「シニア・ネットワーク」を形成していた．つまり，上位の「シニア・ネットワーク」に年度ごとに形成されたグループがぶらさがる形で，「シニア・ネットワーク」全体としては毎年拡張する大きな組織を築いていた．各年度のグループは日頃は別々に活動しているが，例

表 4-3 グループの特徴

	湘南地域のシニア「A」	東京都練馬区のシニア・グループ「B」	東京都練馬区のNPO「C」	全国組織のNPOの首都圏にある支部「D」
目的	生涯学習・健康でボケない会員同士の相互学習 互いが講師を順番に務めることによる学習と地域会員同士の親睦	学習・趣味・遊びなどの仲間作り、生きがい活動と社会貢献活動が活動の中心	地域としてシニア世代の人的資源を生かして、シニアの地域社会における自立生活と福祉を自らの問題として捉え、高齢者や障害を持つ人々に対して広く福祉に関する事業を行うと共に、シニア世代に対する生きがい・文化事業を実施する	自立：いつまでも健康で、精神的に自立し、「質の高い」人生を 奉仕：ボランティアを生き甲斐にし、社会と人に貢献する 助け合い：会員相互が時間預託制度で助け合い、生活を豊かにする
会員の特徴	ほとんどが会社を定年退職した男性	地域への社会参加の実績の少ない定年退職男性／子育てを終えた女性	ほとんどが会社を定年退職した男性	定年退職した夫婦、独身女性などさまざまだが、中心はシニア
活動内容	会員の発案と協力により、会員の親睦・健康・生涯学習と地域の発展のため、会員主体の楽しく有意義な活動を積極的に行う	ボランティアや親睦をはかる活動（例：歩こう会や男性向け調理教室）など、退職シニアが地域社会に溶け込むために、グループに多様な活動メニューを考える	1) 移送サービス 2) ケアサービス 3) 配食ボランティア 4) シニアライフ充実講座 5) シニア住まい改修サービス	会員向け／外部向けボランティア活動が中心。親睦会も行う 全国組織であり、各支部により活動内容や会員数、活動状況などは異なる
運営方式	世話人中心	全員参加型：役員を決めない持ち回りによる役割分担により参加を促す	事務局中心	事務局中心
特徴	会員による輪番講師／外部講師による講習会。会員の伝手による企業や工場の見学会の実施	拡張ネットワーク型：毎年新しいグループを創設。グループ間のゆるい連合	地域への福祉サービスの提供 有償ボランティア会員と無償ボランティア会員（事務局）	できるだけ夫婦で参加
リーダーシップ	コーディネーター型リーダー	コーディネーター型リーダー	コーディネーター型リーダー（中心的リーダーは二人。現役者リーダーが活動方針を主導、引退者リーダーが実行に移す）	全国組織のリーダーはカリスマ型。各支部のリーダーはカリスマ型からコーディネーター型リーダーまでさまざま
リクルート	特になし	シニア・セミナー、料理教室の参加者に対してリクルート	東京都練馬区のシニア・グループの中でボランティアやNPOに関心をもつ者が参加することが多い	マスコミの報道で入会者が増加
行政との関係	グループ結成のきっかけは行政が開催したシニア・セミナー。その後は特に行政とは無関係	毎年のシニア・セミナーの開催等で行政や社協とタイアップ	特になし 立ち上げ時数年間 行政の補助金	厚生労働省レベルから地域行政まで幅広く連携をしている部分あり
創設	1993年	1992年	1998年	1994年

えば「シニア・セミナー」を開催するなど何か大きなイベントをする際などは互いに協力し，情報交換や人的交流もする，というシステムであった．

もう1つの調査対象グループである練馬区のNPO（グループD）は，この「シニア・ネットワーク」のメンバーに呼びかけて，ボランティア活動に協力してくれる人をリクルートしていた．

シニアの団体は参加者の平均年齢が高く，病気などで辞めていく人も多い．また古参の会員ばかりになるとどうしても閉鎖的になり，新規の会員が入りにくくなるということもある．よって常に新しい会員を確保するシステムは必須と思われる．「全国ボランティア活動実態調査」（全国社会福祉協議会，2010）の調査結果においても，活動を困難にしている原因として「メンバーが高齢化していること」（65.3％），「新しいメンバーが集まらない」（56.7％）が指摘されている．

この巧妙なリクルート方法を採用していたシニア・グループを2010年7月に再訪した折には，「シニア・ネットワーク」に所属するグループは15，全体の会員数は450名を超える大きな組織に発展していた．

退職シニア中心のグループの特徴を理解するために，退職シニア以外の7つのグループのメンバーにもインタビューを実施した．これらのグループはすべて現実の問題の必要性からグループが形成されており，活動の目標は明確であり，利害関係者自身やその問題について関心の高い人が参加していた．このようなグループと退職シニアを中心とした調査対象者のグループとの違いは，まさにこれらの点にあった．

すなわち，退職シニアを中心としたグループの形成の目的は，社会問題の解決など現実的必然性から形成されたというよりは，退職シニアの社会での活躍の場をつくること，会員同士の親睦を深める，あるいは成長を促すというように抽象的で曖昧なものであった．明確な目的意識を持って参加した人もいるが，家にいても仕方がないから，とにかく何かをしたい，というように曖昧な動機の人，あるいは「奥さんが申し込んでしまったから」といった他者の働きかけに応じる受動的な参加者も存在した．退職シニアの場合はまさにこれが特徴で，何かはしたいけれど，何をしたいかはわからないがとにかく参加してみる，その後，グループ活動の中で徐々に自分の好みや目的をみつけるというパ

ターンが多く観察された．しかし明確な目的意識がない状態での活動参加は，参加する必然性が低いために，退職シニアの社会参加を難しくしている固有の要因と思われる．

5 インタビュー・データの分析手続き

インタビューは全てテープおこしをした（対象者 A5 のデータの一部が機械トラブルで消えてしまった部分があるが，記憶やメモによりできるだけ内容を再現して，データとして用いた）．その後，グループ参加に関連する部分を取り出し，できるだけ1つの段落が1つの内容を意味するように，段落を分けた．

コーディング・スキーマの作成

グループ参加に関連すると思われる内容についてコードをふった．それをインタビュー対象者7名分実施した時点でコードを整理し，初期コード表を作成した．それを元にさらにコーディングを行い，コード表を改善していった．

コーディング・ルールは，1段落につき2種類のコードを振るというものであった．ひとつは話の対象についてのコード（当該社会参加活動，他の社会参加活動，会社に関連したもの，グループ活動に関連しない一般的規範などの4つ）であり，もう1種類は話の内容についてのコード（例：自己効力感，情報収集力，積極性など）である．

コーディングの信頼性

経験ある社会心理学の大学院生のコーダーA，Bの2人に依頼し，著者とあわせて3人のコーダーでコーディングを実施した．はじめに練習として，テープおこしをしたA4用紙10ページに対し，3人のコーダーがそれぞれコーディングを実施した．不一致の点を話しあい，コード表を改訂する作業を3回実施した．なお練習用にはインタビュー・データの中から背景の異なる人を選出した（男性定年者，男性現役者，女性定年者）．

この時点でコーディングの一致率が十分高くなったと判断し，コーディングの一致率を確認するためにインタビュー対象者1人分（但し，それまでに使用したものとは別の男性定年者）のテープおこし（A4用紙18ページ分）のコーディングを3人のコーダーが別々に実施した．その結果，コードすべき箇所は108であり，そのうちコーディングが一致したものは98となり，一致率は

表 4-4　分析ワークシートの作成の仕方（木下, 2003a, p.188, 図 2-9 を改変）

概念名	定義を凝縮表現したコトバを記入 ・単語かそれに近い短い表現 ・仮の形でいいが概念名を記入しておく ・命名がうまくいかないときにすでに研究概念として確立されているものを借用することはやめる
定義	検討の結果，採用することにした解釈を記入 ・自分が解釈した意味を短文で記入 ・解釈内容は名詞的でなく動詞的に考える ・条件的内容をいれて記述しておくと後にヴァリエーションの内容と比べながら概念としての完成度を高めていくときに条件部分を調整することで効率よく作業を進めることができる ・複数の解釈を検討しその中から選択するので，採用されなかった解釈例の主要なものを理論的メモに記入しておく 　→解釈可能性のオープン化
ヴァリエーション	データの着目箇所——最初に記入 ・もとのデータがたどれるよう，発言者をアルファベット化するなどして，誰のデータか識別できるようにしておく ・具体例ごとに書き出す ・全体あるいはデータの始まりと終わりの部分を抜き出す ・特に関連性が高いと考えられるデータには下線，波線，他色，網掛けなどを利用して一目でわかるようにしておく ・記入するデータは厳選し，その部分を見れば自分の解釈が思い起こせるくらいはっきりしたものでなくてはならない ・分析を進めていく上でヴァリエーションがあまり出てこなければ，その概念は見込みがないと判断し，他の概念に包含されるように調整するか，概念化を断念する．対蹠的にある程度の多様性が整ってくると，概念として有望 ・ヴァリエーションがありすぎるときは全体を再検討し，解釈内容を絞りこむ方向で定義や概念名を再考する
理論的メモ	使用した解釈案以外のもので重要なものを記入 ・解釈の思考プロセスがもっともよく記録された欄．定義とはならなかった他の解釈案や解釈の際に浮かんださまざまな疑問，アイデアなどを記入していく ・継続的比較分析の具体的な進め方として，生成した概念とその元になった具体例について推測できる対極例や類似例についてもその都度記入

90.7％に達したので，コード表の信頼性および著者の行うコーディングの信頼性は十分に高いと判断した．よって残りのインタビューのコーディングについてはすべて著者が行った．

M-GTA に基づく分析

M-GTA（木下，1999，2003a）は分析手順がはっきり示されており，質的分析が恣意的であり，データから結果の間がブラックボックスでどういう分析をしたのかわからない，という批判への反証をあげうることを利点とした方法であ

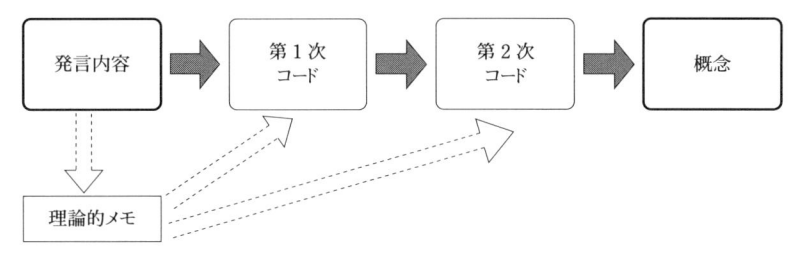

図 4-1　M-GTA に基づいたモデル作成フローチャート

る．木下は分析ワークシートの作成を推奨している（表4-4）．実際の分析ではこの分析シートを基礎として，質的分析支援ソフト Atlas.ti（version 5.0）を使用して分析を進めた．

Atlas.ti. は，同じコードを付した箇所を表示させることが容易であり，テープおこしの原文をみながらコーディングをすることが可能であり，文脈を考慮しながらコーディングができるという利点がある．コードごとにコメントをまとめた表を作り，1つのコードとして矛盾がないかなどをチェックして第1次コードを作成した．容易に調査対象者のコメントを特定できるように，各コードでは，26名分を通して番号をふった（例：コード「M2-3」はネットワーク志向（コード：M2）に関する3つめのコメントであることを意味する）．各コメントには木下の分析ワークシートを応用して，理論的メモを付し，第1次コードとしてまとめていった．

第1次コード間の関係を考慮し，発言者が特定のグループに偏っていないか，偏っていた場合はそのグループの特徴のみと関連していて一般性が低いと考えられる場合は（例：グループへの参加の目的が，そのグループの独自の活動目的に合致する場合），コードから削除するなどしながら，第2次コードを作成し，概念を作成した（図4-1）．

第2節　3つの志向性の定義 ［研究1］

本研究の目的は退職シニアにとって社会参加が心理的にどういう意味を持つのかを探り，また社会参加の規定因とその効果を考慮するのに有効な分類軸を発見することである．全体のコメントの中から社会参加に心理的に何を求める

かという志向性に関するコメントを抜き出し，第1次コード，さらに第2次コードを作成していった．コメントからどのように第1次コード，第2次コードと抽象化し，また志向性の定義としてまとめていったかをネットワーク志向を例にとって説明したものを巻末資料1に付した[4]．

　第1次コードをまとめて第2次コードとして分析した結果，社会参加活動に対して3つの志向性が析出され，「利己的志向」「ネットワーク志向」「社会貢献志向」と名付けた（図4-2）．

1　利己的志向

　析出された第2次カテゴリーは「楽しみの追求」「健康志向」「自己向上」の3つである（例としてコメントの原文を付す）．

①「楽しみの追求」

　楽しみには娯楽的楽しみと精神的満足が含まれ，生きがいをも含むカテゴリーであった．よって，「楽しみの追求」とは「生きがいや精神的満足，あるいは娯楽的な楽しみの追求」と定義する．

B3　「自分が楽しければいいんです」[5]

C1　「ボランティアは趣味の延長じゃないですか．たまたま趣味がボランティアだったということです．それ以上ではない．趣味でスポーツで遊ぶことと，ボランティアは一緒のレベルだと思います．趣味で2時間，ボランティアで2時間という時間の割き方であって，こっちのほうがウェートが高いというものじゃないと思います．それはやはり精神的な満足感です．それが得られれば，別にボランティアでなくてもいいわけです」

A1　「深慮遠謀というよりも，ひと月のうち土曜日の半日を，みんなで気持ちよく，楽しく過ごす会にしよう」

A5　「飲み会をやろうとなると，俄然元気が出てくる人がいる．これに意義があるんだ，2次会をやるとね，私はこれを楽しみに来るんだ，という人がいますしね」

②「健康志向」

　これは「健康維持と呆け防止を求める志向」と定義できよう．

A1　「基本はわれわれはだんだん年を取っていく．そのときにいま病院を建てなけれ

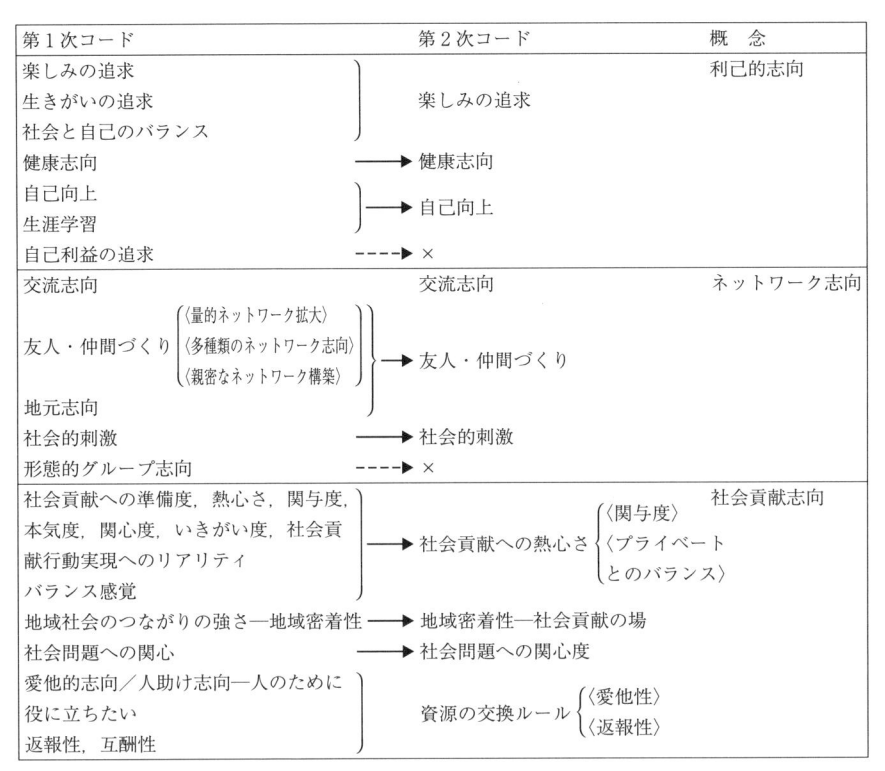

第1次コード	第2次コード	概　念
楽しみの追求	楽しみの追求	利己的志向
生きがいの追求		
社会と自己のバランス		
健康志向	→ 健康志向	
自己向上	→ 自己向上	
生涯学習		
自己利益の追求	----▶ ×	
交流志向	交流志向	ネットワーク志向
友人・仲間づくり〈量的ネットワーク拡大〉〈多種類のネットワーク志向〉〈親密なネットワーク構築〉	→ 友人・仲間づくり	
地元志向		
社会的刺激	→ 社会的刺激	
形態的グループ志向	----▶ ×	
社会貢献への準備度，熱心さ，関与度，本気度，関心度，いきがい度，社会貢献行動実現へのリアリティ バランス感覚	→ 社会貢献への熱心さ 〈関与度〉〈プライベートとのバランス〉	社会貢献志向
地域社会のつながりの強さ—地域密着性	→ 地域密着性—社会貢献の場	
社会問題への関心	→ 社会問題への関心度	
愛他的志向／人助け志向—人のために役に立ちたい 返報性，互酬性	資源の交換ルール 〈愛他性〉〈返報性〉	

図4-2　3つの志向性の第1次コード，第2次コードと概念

ばいけないとか介護の体制がないなどいろいろ問題になっているけれども，なるべく他人様の手を借りないで最後まで生き延びてぽっくり死ぬ．あまり国家の金を使わないで，健康で生き抜いて，ぽこっと死ぬのが理想で，そのためには地域に友達もいない，励ましてくれるやつもいないでは寂しいから，そういう会をつくろうじゃないか．7人はみんな賛成で，7人が発起人でやろうということで始めました」

③自己向上

「自己向上」はボランティア活動と生涯学習を行うことによって自己の活性化を求める心性である．よって「自己向上」は「ボランティアや学習活動に従事することで自己向上や自己啓発を求める志向」と定義する．

C4 「一番大きいのは，自己満足，自分が活性化させられる，自己啓発．ボランティ

ア は，この中で最後はここに帰結するような感じがしています」

これら3つの第2次コードから「利己的志向」の定義を行うと，「利己的志向」とは，「社会参加によって自らの健康を維持し，生きがいや精神的満足，娯楽的な楽しみを追求し，自己向上や自己啓発を求める志向」である．

これまでのボランティアのモチベーション研究（Clary et al., 1998等）と比較すると，第2次カテゴリー「健康志向」はこれまでにない概念である．欧米でも高齢者を対象としたモチベーション研究が行われているが，若い年代の研究から導かれたモデルの高齢者サンプルへの適応性の可否を確認したり，若い年代と比較したりする目的で行われてきたために，そもそもの内容は若者が基準であり，それと比較して高齢者はどうかという視点で行われてきた．本研究は退職シニアを対象にして導きだしたために，新しい概念が浮かび上がってきたと思われる．

2　ネットワーク志向

析出された第2次カテゴリーは以下の3つである．

①「交流志向」
A4　「やはり群れたいということでしょうね」
B3　「その後うちにいましたが，あんまりうちにいて快適な生活をしていると外との接点がなくなってくると感じて，ちょうど60歳のころにシニア（クラブのこと）が区報に出ていたので入りました」

これらの言説からは，人との交流を求めている様子がうかがわれる．よって第2次コード「交流志向」として「積極的に人とかかわりあい，人との交流を求めること」と定義する．

②「友人・仲間づくり」
A3　「いつも同じ仲間と接触していたら，いい意味でも悪い意味でもそれ1つになってしまいますからね」
A4　「（今のグループが解散したら）グループをつくるかどうかは別として，やはり群れる仲間は必要だから，見つける努力をするかもしれませんね．あるいは私もも

う 70 に手が届きますし，だんだん外に出るのがおっくうだから，うちにこもるかもしれません（笑）」

A2 「やはり地域に輪を広げたいということ」

これらの言説は，人と交わりたいという交流志向に止まらず，いつも同じ人たちと交流するだけではなく，違う人たちとの交流をしたいという欲求を示している．よって第2次カテゴリー「友人・仲間づくり」として「ネットワークの拡大・親密化志向を表し，量的な拡大，異種のネットワークへの拡大，付き合いの質的深化を求める志向」と定義する．

③「社会的刺激」

A2 「そうです．地域の輪を広げて，お互いに刺激を与え合う」

これは人との交流により得たいものについて言及である．人との交流により得られるものは様々あるが，その中でも新しい刺激を得たいという．よって第2次コード「社会的刺激」は「新しい人々や新しい世界との出会いへの期待」と定義する．これはネットワーク拡大の結果としてもたらされるものである．

以上3つの第2次コードから「ネットワーク志向」の定義を行う．単に人との交流を求めるだけでなく，新しい人との出会いを通して，それまで知らない新しい世界との出会いを期待し，新たな刺激を求める，という点がこれまで扱われてきた対人志向性などと異なる点である．そこで，「ネットワーク志向」を，「積極的に人との関わりあいや交流を求め，ネットワークの拡大や新しい人や世界との出会いを期待する志向」と定義することとした．

3　社会貢献志向

析出された第2次カテゴリーは以下の4つである．

①「社会貢献への熱心さ」

社会貢献的な活動に対する熱心さである．退職シニアの場合はプライベートを犠牲にしてまで社会貢献活動に取り組むのではなく，プライベートとのバランスをとった上で活動へ関与するというのがうまくいくコツのようである．プライベートとのバランスをとった上での活動への関与は，活動への不熱心さを表すのではなく，活動を促進するものである．よって，「社会貢献的活動に対

する熱心さ」は,「プライベートとのバランスのとれた活動状況であること」と,「活動に対する関与度」をサブカテゴリーとして設定した.

 A2 「だからそれには,自分の楽しいことと社会人として少しでも社会のためになることをバランスよく,これがずっと僕の方針です.だから自分の私生活を捨てて,ボランティアにガーッということは僕にはできません.もうこの年になったし,自分の人生を楽しみたい.いままで40年近く一生懸命働いて,社会に対してもある程度貢献してきた.でも,いまは年金生活者で税金も納めませんから,自分の好きなこともやりながら,その余白は少しでも社会のためになればな,そこのバランスを取ってということです」
 A6 「結構両刀遣い,いまは3つ使っているわけです.仕事3分の1,ボランティア3分の1,遊び3分の1,3分割でやっています」
 C1 「われわれは趣味の世界とボランティアの世界のバランス,要は分散投資をしているということでしょう.私は分散投資はしたいと思います」

②「地域密着性」

若い時であれば,活動の場はどこでもかまわないのかもしれないが,退職シニアは定年後に初めて地域社会は「ただ寝に帰る所」から,「自分たちがこれから生きていく場」となる.初めて自らが住む地域社会と向き合うのである.そこで自分たちの住む地域をよくしたいという志向が芽生えるのではないか.よって「地域密着性」とは「定年後の活動は自分たちの住む地域をよくすることをしたい」という志向と定義する.

 A3 「いまはどうしたらいいかわかりませんが,よくも悪くも自分がそこに生活しているわけですから,自分の生活の場をもっとよくしたいと思います」

③「社会問題への関心度」

活発に社会参加をしているインタビュー対象者たちは,社会への視線も忘れない.「社会問題への関心度」は「常に社会の問題に関心を失わない態度」と定義した.特に存在する社会問題に対して,退職シニアの潜在的な人的能力を社会の資源として生かしたいという考えが多くみられるのが特徴であった.

 A1 「昭和63年の7月で64歳になって,来年退くからそろそろ地域のことを考えな

ければならないと思って，市役所，教育委員会の社会教育課へ行きました．僕などはまだ古いほうだと思うけれども，B市はこれから私のようにリタイアしてくる人がだんだん増えてくる．そういうリタイア男性に対して社会として受け入れるというか，なじませるための教育について考えているのかと質問したら，『実はそれを考えている．どのように組んだらいいか相談に乗ってくれないか』というので，『いいですよ．僕にできることは相談に乗りましょう』」

④資源の交換ルール

　社会参加活動に参加するには，時間や労力などなにかしらの資源を投入することが求められる．退職シニアは社会的な活動に従事する自己の資源投入を，「人のために役に立ちたいという愛他性」と，「これまで社会の世話になったのでそのお返しがしたい」という返報性のルールによって行っていた．

　A2 「生活するには，電気だって何だってみんな社会の恩恵を受けているのだから，自分のできることで社会に奉仕なり還元しないといけない．在職中は，私はあくまでも税金だった．仕事があったから，一生懸命稼いで，税金というかたちで社会に返すことしかできないわけです．それがなくなって，いまはもうあまり税金を納めていないから，せめて体で少しでも還元しよう」
　A6 「B市は私が世話になっているところだし，何か社会的に貢献したい．私は年金をもらっているのは給料だと思って，働くべきだと思っています．年寄りはボランティアをやればいいと思う」
　C9 「いまはお年寄りに少しでも力を貸して差し上げることができるのがいいかな．特に私は母親に孝行したいと思っていたのに，いなくなってしまったものですから」
　C12 「私は遊びが好きで，いろいろな遊びをやっていました．両手くらいのいろいろなことをやっていて，いまでもやっていますが，こんなことをやっていていいのだろうか．体は元気なので，楽しすぎてしまってちょっと申し訳ないので，何かしたいと思ったんです」

　これら4つの第2次コードから，「社会貢献志向」とは，「人の役に立ちたいという愛他性と自分も社会の世話になったのでそのお返しをしたいという返報性から，自分たちの住む地域や社会を良くしたいという志向」とする．第1次カテゴリーでの「バランス感覚」を内包するように，自分のできる範囲で自分の楽しみとバランスをとりながら社会貢献をする，という姿勢がこれまでの知

見にはない視点であろう．

　社会関係資本の要素とされる返報性・互酬性は，社会関係資本の理論からはグループに参加した結果高まるとも考えられている．しかし，質的データから浮かび上がってきた返報性は，人生の後期になってそれまでの来し方を振り返り，自分の人生が恵まれてきた，だからその分を世の中にお返しするために社会貢献をしたい，ということを意味しており，それが社会参加行動を行うきっかけになっていた．

　これらの3つの志向性は，社会参加に求める機能を反映していると解釈できる．よって，本研究では社会参加活動を「自己のために行う，家族・親族などの親しい関係にとどまらない広い対人関係を基盤とし，社会と積極的にかかわりをもつ行動」と定義する．なお仕事に関しては，関連する要因がかなり異なることが予期されるので，本研究では社会参加活動の範囲に含めないこととする．

　この3つの志向性についての発言の有無と，明らかにいずれかの志向性が社会参加のきっかけになっていると判断されるコメントを発言者ごとに整理したものが表4-5である．3つの志向性は4つのグループで偏りなくみられ，特に参加の直接のきっかけとなったコメントも3つの志向性で偏りがみられない．よってこれらの3つの志向性は全て社会参加行動に関連する要因であると考えられる．

　グループ間での違いを比較すると，Aグループに発言が多くみられるのは，質的調査実施の手続き上の差異によると考えられる．Aグループでは，すべてインタビュー対象者は1人ずつであり，さらにインタビュアーが2名（研究者側1名と市民側1名）であったため，他のグループメンバーに対するインタビューよりもインタビュー時間が長くなったのに対し，「B2，B3，B4」と「C1，C2，C3」は3人でのグループ・インタビュー，「C6とC7」が2人のグループ・インタビューであり，結果として1人1人の回答量が少なくなってしまった．このように調査実施の状況が異なったために，グループAの発言時間が長く，発言が多くなったために志向性に関するコメントも多くなったと考えられる．

表 4-5 志向性と発言の有無

概念 ID	利己的志向			ネットワーク志向			社会貢献志向			
	楽しみ追求	健康志向	自己向上	交流志向	友人・仲間つくり	社会的刺激	熱心さ	地域密着性	社会問題関心	資源の交換
A1	○	★a)			★a)		○		○	
A2	○	○	○	○	○	○	★a)	○		○
A3	★a)	★a)	★a)	○	○	★a)	○	○		○
A4	○	○		○	○					
A5	○	○							★a)	
A6	○		○		○		○	★a)	○	
A7		○			★a)	★a)	○			
B1	○		○	○	★a)		○	○	○	
B2	○									○
B3	○			○						
B4	○						○			
C1	○			○			○	×	○	×
C2	○			○			○	×		
C3	○			○			○	○×		○
C4	○		○		○		○	○		
C5	○				○					
C6					○			○		○
C7	○						○		○	
C8	○			○			○			
C9	○						○			
C10	○			○			★a)	○	○	○
C11				○		○				
C12	○			○			○			○
D1	○						○		★a)	
D2	○				○			○	○	
D3	○	○		○						

注：a) は明らかに社会参加のきっかけになったと判断できるコメントがあったとの意味．

4 社会参加活動と3つの志向性

次に3種類の志向性が社会参加活動の内容とどのように関連しているのかを調べるために，各調査対象者がボランティア活動をしているかどうかを検討した．グループCとグループDはもともとボランティアを活動の目的としたNPOであるため，全員ボランティア活動をしている．グループBは活動メニューにボランティア活動を含んでおり，このインタビュー対象者は全てボラ

ンティア活動をしている人たちであった．グループAでは，このグループではボランティア活動を活動内容としていないが，このグループ以外のところでボランティアをしている人が多く，ボランティアをしていない人は結果として全調査対象者中3名のみであった（A3, A4, A7).

つまり，調査対象者26名については全員グループ活動参加者であり，しかも3名を除いてボランティア活動者である．よってこのデータから推測できるのは，グループでボランティア活動をしている人には3つの志向性がみられるということである．しかし，何も活動をしていない人，一人でする活動，ボランティア以外のグループ活動をしている人については3つの志向性を持つのかどうかなどは明らかにならなかった．

第3節　スムースな社会参加のために——仮説「社会参加位相モデル」

［研究1］では，社会参加活動に関する3つの志向性が析出された．この志向性は，社会参加活動の分類の有効な手掛かりとなるのではないか，と考えた．

今までの研究の知見において，社会参加活動として取り上げられてきた活動の内容は様々で，多岐に亘る社会参加活動の中でどのような活動にどのような規定要因が関わり，どのような影響をもたらすのかという観点からの整理がされてこなかったという問題があったことを指摘した．さらに主観的幸福感に対する効果については，社会参加行動の種類と主観的幸福感の間の関係を整理し，1人で行う行動では，「うれしさ」はもたらすが，人生満足感にまでには影響しないことや，人生満足をもたらすにはボランティア活動が有効であることを指摘したが，社会参加の内容に対して適切な分類軸を提供すれば，活動の種類によりもたらされる結果の違いを理解することが可能になると考えられる．

第2章で取り上げた社会参加活動に関する議論で浮かびあがった大きな問題点は，第1にサクセスフル・エイジングの第3の基準「人生への積極的な関与」に関して，いかにしてこれを達成するかという議論があまりされてこなかったこと，第2には，社会参加活動の先行要因やそのもたらす影響を捉えることを目的としたために，広範な社会参加活動を分類するための有効な軸が検討され

提案されてこなかったことである．社会参加活動を参加の先行条件から参加の効果という結果までの一連の行為として考える必要性と，規定因と社会参加の結果を考えるのに有効な分類軸の必要性が示唆された．

よって本節では，「サクセスフル・エイジングの第3の基準を実現するための社会参加活動」という観点から社会参加活動の分類を提案する．それはこれまでの社会参加研究でみられた問題点を克服する分類でもある．

1　社会参加活動の4つの位相

サクセスフル・エイジングの「(c) 人生への積極的な関与」の2つの下位概念，「(ⅰ) 他者との交流の維持」「(ⅱ) 生産的活動の維持」（本書 p.33）はどのような社会参加活動において実現すると考えられるだろうか．「(ⅰ) 他者との交流の維持」については，もちろん親しい関係の人との交流において実現できる．しかし，それにとどまらず，グループ活動に参加することで，さらに大きなネットワークの中に入り，他者との交流の機会が広がることになる．

「(ⅱ) 生産的活動の維持」は，親密な人との間のインフォーマル・サポートの授受においても達成できるが，ボランティア活動などの社会貢献活動によって，相手を限定しない広い世界を対象として生産的活動を実施することができる．つまり，グループ参加，ボランティア・グループ等での社会貢献活動への参加では「他者との交流の維持」が容易になるのに加えて，社会貢献活動に従事することによって，「(ⅱ) 生産的活動の維持」を図ることができる．逆に言えば，グループ参加の状態では，「(ⅰ) 他者との交流の維持」が達成され，ボランティア・グループ等での社会貢献活動を行えば，「(ⅰ) 他者との交流の維持」「(ⅱ) 生産的活動の維持」の両方を実現できるということになる．

これに対して，趣味などの個人的活動では，趣味を行うのは個人であってもその作品を公表するなど何かしらの「(ⅰ) 他者との交流」が図られるケースもあるが，他者との接触がほとんどない個人活動の形態もあり得る．

さらに趣味活動も何も活動をしない状態では，他者との交流も図られず，生産的な活動も行われず，この2つの下位概念の達成は最も困難になるといえよう．つまり，ボランティア活動などによる社会貢献活動への参加，グループ参加，趣味などの個人活動，何も活動をしない，という4つの状態でサクセスフ

ル・エイジングの基準「(c) 人生への積極的な関与」の達成度合いが異なると考えることができる．

ここから，社会参加行動の4分類を提案する．「何もしない状態」「趣味などの1人でする活動」「グループ参加」「ボランティアなどの社会貢献活動」の4種類である．

2 社会参加活動の4つの位相に関わる心理的要因

社会参加活動のもたらす効果から，社会参加活動の4分類を提案したが，では，この社会参加活動の4分類に関わる先行条件として，［研究1］で得られた3つの志向性を結び付けられないだろうか．

先行研究からは社会参加行動に関連するのは自分のために行うという「利己的志向」と仲間づくりといった人とのつながりを求める「ネットワーク的志向」の2軸が抽出されている．ボランティア活動に関しては必ずしも愛他的考えからだけ行うだけではなく，自己向上などの自分のために行う「利己的志向」，仲間作りやクライアントとのつながりを求めるといった人とのつながりを求める「ネットワーク的志向」もみられるという指摘がある（Clary et al., 1998）．もちろんその基礎には，社会や人のためという社会貢献をしたいという利他的な「社会貢献志向」が存在し，この3つの志向性が同時に存在することを指摘した研究が多い（Morrow-Howell & Mui, 1989；西浦，1999）．

次にこれらの3つの志向性と先程提案した社会参加活動の4分類との関係を考えてみよう．グループ活動への参加には，グループに参加することによって自分の楽しみを追求する「利己的志向」と，知り合いや友人を作りたいという「ネットワーク志向」が関連していると考えられるだろう．ボランティアに関する先行研究の結果を踏まえると，社会貢献活動に関連しているのは「利己的志向」と「ネットワーク志向」に加えて利他的な「社会貢献志向」の3つが全て関連していると考えるのが妥当である．逆に趣味などの個人的活動は個人の楽しみを追求する「利己的志向」が関連しているが，グループに入らず個人的な活動を好むという点から，「ネットワーク志向」は低いと考えられる．最後に，何も活動をしていない人は，楽しみも求めないし，仲間も欲しくない，社会貢献にも興味がないということになり，3つのどの志向性も低いために何も

しない，と敷衍できるだろう．

翻って［研究1］の結果をみるとどうであろうか．前出の表4-5で，ボランティア活動に従事していない3名A3，A4，A7の発言内容をみてみよう．A4の発言には確かに社会貢献的な志向はみられなかった．A7は社会貢献志向のうち「熱心さ」の発言のみがあった．A3は「社会問題関心」以外の社会参加志向の3つの内容を発言に含んでいる．

逆にこの3名以外のボランティア活動を行っている人23名についてはどうだろうか．社会貢献志向的な発言が見られないのは2名B3，C11のみ，8.7%に過ぎない．つまりボランティアをしていないA4には社会参加志向の発言がなく，ボランティアをしている21名には社会貢献志向に関する発言があったことになる．ここから結論を導くのはいささか乱暴ではあるが，上記で指摘したような活動内容と3つの志向性は関連がありそうに思われる．

ここから，「何もしない状態」では3つの志向性がどれも低く，「趣味などの1人でする活動」では「利己的志向」のみ高い，「グループ参加」では，「利己的志向」と「ネットワーク志向」が高い，「ボランティアなどの社会貢献活動」では3つの志向のどれもが高い，つまり「利己的志向」，「ネットワーク志向」，「社会貢献志向」がいずれも高い，という社会参加活動に対する「志向性」と社会参加活動の分類に対する仮説を導き出すことができる．

さらに，この個人の社会参加活動を社会（マクロ）から眺めてみると，ボランティアなどの生産的活動に従事している場合は貨幣には換算されないとはいえ社会からみた公共的な利益が高い．ボランティア以外のグループ活動をしている場合は，活動に従事することにより健康を保つことができ，医療費・介護費用などの社会的費用を減じることができるという社会にとってのメリットがある．さらに，グループの仲間での飲み会やグループ活動に行く際の交通機関の利用や，グループ活動に必要な道具の購入などの消費活動も期待できる．これに対して何も活動しない状態というのは，健康を損なうリスクも高く，社会に対して不利益をもたらす可能性が最も高い．つまり社会参加活動を何もしない状態から，ボランティア活動等を行う社会貢献活動をするという状態まで社会にとっての利益――これを「社会的効益性」と呼ぶことにする――からみた違いを想定できる．つまり，サクセスフル・エイジングの2つの下位概念の達

成しやすさの程度と社会的効益性の程度から,「何もしない状態」から「ボランティアなどの社会貢献活動」まで,ある程度の階層性を仮定することができることになる.

3 「社会参加位相モデル」の提案

以上の議論から,「社会参加位相モデル」を提案する(図4-3).

「社会参加位相モデル」では,社会参加の状態について,「何もしない状態」「趣味などの1人でする活動」「グループ参加」「ボランティアなどの社会貢献活動」という4つの分類にし,それぞれ「フェーズ0」から「フェーズ3」というラベルをつけた.

さらにそれぞれのフェーズの活動について,関連する心理的要因が異なることを仮定した.つまり,

「フェーズ0」では,3つの志向性全て低い
「フェーズ1」では,利己的志向のみ高い
「フェーズ2」では,利己的志向とネットワーク志向が高い
「フェーズ3」では,3つの志向性全て高い

という仮説を導出した.

さらにこれらのフェーズでは,社会参加のもたらす結果にも違いがあると想定した.個人に対する効果でみれば,フェーズの低い状態の方がサクセスフル・エイジングの達成度が低く,フェーズの高い方が達成度が高いと予想した.社会にもたらすプラスの効果「社会的効益性」についても,同じようにフェーズの低い方が社会的効益性が低く,フェーズの高い方が高いと想定した.

このモデルの利点は,これまで指摘してきた問題点,

1) サクセスフル・エイジング理論は第3の基準「人生への積極的な関与」に関していかにしてこれを達成するかという議論を欠く

2) 社会参加活動の先行要因やそのもたらす影響を捉えるために,広範な社会参加活動を分類するための有効な軸が検討され提案されてこなかった

3) 社会参加活動の先行要因からもたらす結果までのダイナミクスが検討されてこなかった

のうち最初の2つを解決しうるモデルであるという点にある.1つめについて

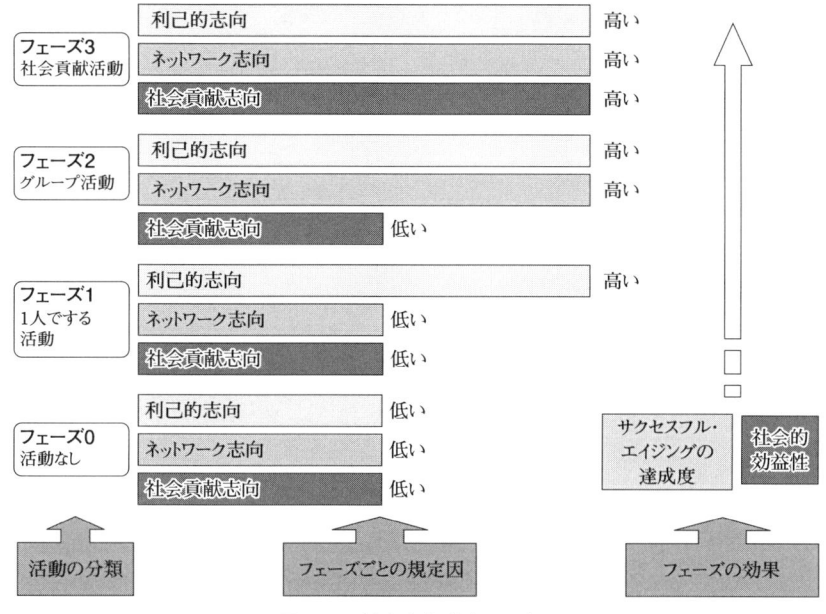

図4-3　社会参加位相モデル

は，サクセスフル・エイジングの達成の手段として社会参加を提案したこと．2つめには，社会参加活動を4つのフェーズに分類することで，その各フェーズで関連する規定因と効果が異なる．フェーズが高いほど，サクセスフル・エイジングの基準を達成するレベルが高いと想定することで，社会参加活動をサクセスフル・エイジングの実現度の観点から捉えることを可能にした．

なお，3つめの問題点については，このモデルをさらに発展させることで解決していくこととする．

第4節　社会参加活動を促す要因 [研究2] ——社会参加の促進要因

1　目的と方法

［研究2］では，退職シニアの社会参加を促進・阻害する要因について，［調査1］のインタビュー・データを用いて検討することを目的とした．第2章において，これまでの社会参加とボランティア行動に関わる先行研究の知見を整

表 4-6　参加者の基本的属性

ID ＼ コード	健　康	経済的基盤	時間の余裕
A1			
A2		○	
A3			○
A4		○	
A5	○	○	×
A6		○	
A7			
B1			
B2			
B3			
B4			
C1	△		○
C2		○	
C3			
C4	○	○	
C5	×		
C6			
C7	○	○	
C8		○	×
C9		○	
C10		○	
C11			
C12	○	×	○
D1			
D2	○	○	
D3		○	

注：○は当てはまる旨の発言．×は当てはまらない旨の発言．△はまあ当てはまる旨の発言．

理したが，この知見を参考にして半構造化したインタビュー・ガイド（前出表 4-1）項目を作成し，インタビュー・データのコーディングを行った．大きく基本的属性，個人的要因，社会関係的要因，社会制度的要因に分類して検討した．

2　個人的要因

個人的属性は「基本的属性」と「心理的要因等」の2つに分けて検討した．

表 4-7　個人的要因のコード表

概念 (概念の詳細な説明)	第2次カテゴリー	第1次カテゴリー
精神の若さ (表 4-8)	積極性	積極性 チャレンジ精神・好奇心 前向き 度胸
	柔軟性・開放性	柔軟性・開放性
	過去への固執(−)[a]	過去へのこだわり(−)[a]
規範 (表 4-9)	平等規範	グループ内相互扶助 男女平等規範 メンバー間の平等 一般的平等規範
自立・明確性 (表 4-10)	道具的自立	道具的自立
	精神的自立	精神的自立 引き際の良さ
	自己決定	自己決定・自主性
	定年退職者役割の受容	引退者としての自覚
	目的の明確性	目的の明確性
能力 (表 4-11)	仕事で培ったノウハウ	組織運営ノウハウ うち解けたきっかけ 仕事で培った能力・技能
	ソーシャル・スキル	メンバー間の気遣い 暗黙のルール
	自己効力感	自己効力感
	情報収集力	情報収集力
認知 (表 4-12)	ボランティア多様性認知	ボランティアの多様性認知 ボランティア参加へのハードル(−)[a]
	役割期待認知	参加の大義名分
ライフ・ヒストリー	社会参加のライフ・ヒストリー	現在の社会参加活動 過去の社会参加活動

注：a)　"−"をつけたものは社会参加に阻害的に働いた要因である．

基本的属性

基本的属性の中で，社会参加に関連する要因として言及されたのは，健康状態，経済的基盤，時間の余裕である．健康状態がよく，ある程度の経済的余裕もあり，時間の余裕もある．つまり，リソースが多いということであり，これまでのボランティア研究の知見と一致する結果であった（表 4-6）．

基本的属性以外の個人的要因

基本的属性，社会参加の3つの志向性以外の心理的な要因などで，社会参加

活動に関連する要因として析出されたのが,「精神の若さ」,「規範」,「自立・明確性」,「能力」,「認知」,「ライフ・ヒストリー」, の6つの概念であった(表4-7).

個人的要因1――精神の若さ

「精神の若さ」の第1次カテゴリーは以下の6つである(表4-8).
①「積極性」――定年退職後,あるいは退職前から自分に合うような社会参加の場を探す,自分に合うグループが見つからない場合は,みずから新しいグループを設立する,グループに参加してから後は,積極的に役割を果たし熱心に参加するなど,活動に自ら熱心に取り組む態度である.表4-8は,発言の有無とそれが社会参加に促進的あるいは阻害的に働いているかをまとめたものである.表4-8からわかるように,積極性がマイナスの場合は,ほとんどが本人についてのコメントではなく社会参加をしない他者についてのものである.誘ってもグループに加入しない,あるいはグループにとりあえずは加入しても,加入するだけで実際には活動に参加しようとしない他者に関するコメントであった.積極性がないとそもそも社会参加をしようとしないのである.
②「チャレンジ精神・好奇心」――定年後,あるいは定年前から退職後の生活について計画を立てる,いろいろなことに好奇心を持つなど,退職後の人生を仕事から解放された時間と位置づけ,なにか新しいことに挑戦しようという態度である.全て自分自身についてのコメントであった.
③「前向き」――会社時代は過去のこととすっきりと割りきり,過去は振り返らない,これからの人生をどう生きようかという前向きな姿勢である.
④「度胸」――ビジネスの世界から地域社会という,異質の人からなる仕事社会とは異なるルールや規範がある世界に入る「地域デビュー」は簡単なことではない.地域のグループという新しい未知の世界にはいる勇気が必要だということである.

> B2 「一番初めは,私は見に行っても部屋に入るのを躊躇しました.あのときはYさん,Iさん,Sさんなど何人かいましたが,さっきの話ではないけど,初めて地域の中へ入っていくということですから,「どうしようかな.やめようかな,入ろうかな」と躊躇したけど,それではいかんと自分に言い聞かせて(笑)」
> ―「勇気が要りますよね」

表4-8 概念「精神の若さ」についての言及

第2次カテゴリー	積極性				柔軟性・開放性	過去への固執			
第1次カテゴリー	積極性		チャレンジ精神・好奇心	前向き	度胸		柔軟	過去へのこだわり[c]	
社会参加に対して	促進的	阻害的	促進的	促進的	促進的	阻害的	促進的	促進的	阻害的
A1	○						○	△[b]	△
A2	○			○					
A3	○	○[a]							
A4									
A5	○	△					○		
A6	○	△	○						△
A7	○								
B1	○								△
B2	○				○	○△	○		△
B3	○								△
B4					○	○△		○	△
C1	○	△							△
C2		△						○	△
C3	○	△							△
C4							○		△
C5	○								
C6									
C7									
C8	○						○		
C9	○	△							
C10	○	△							
C11	○	△	○				○		
C12	○		○				○		
D1	○								
D2	○		○	○				○	
D3									

注：a) ○は本人についてのコメント．
　　b) △は他者についてのコメント．
　　c) は過去へのこだわりがないことは社会参加に促進的であり，過去へのこだわりがあることは社会参加に阻害的に働く．

B2 「要りますね．一番そこですね．私もセミナーなどで司会をしたり，OBの会でそういう話をしましたが，きっかけをどのようにつかむか．いろいろなチャンスがあるので，入っていく勇気というか度胸というか，そういうものが要る」

⑤「柔軟性・開放性」——社会参加のメンバーには会社の人たちと異なり，様々な社会的属性をもち異なる価値観を持つ人がいる．グループのメンバーとして男女や国籍を問わず，様々な前職の人を受け入れようという開放的な態度や，自己を開示して親しくなろうとする態度をもてるかどうかが，グループに溶け込めるかどうかの要となる．

⑥「過去へのこだわり」——過去の会社の地位や肩書，仲間，仕事のやり方などに固執する態度であり，過去にこだわることは社会参加に非常に阻害的である．過去へ固執してグループに溶け込めない人の例は，ほとんどが他者の例として語られた．逆に過去にこだわらないことはグループへ適応するための基本となる．

これら第1次カテゴリーのうち，「②チャレンジ精神・好奇心」も，「③前向き」な態度も「④度胸」もそもそも「①積極的」でないと生じないものである．よって①から④はまとめて第2次カテゴリーとして「積極性」とした．また「柔軟性・開放性」は多様なものを受け入れられる精神の柔軟性や開放性を示すので，第2次カテゴリーとして「柔軟性・開放性」をたてた．

また社会参加を阻害する要因として言及された「過去へのこだわり」は，引退後も会社人生以外にアイデンティティを見いだせないために，頑なに過去にしがみつく態度を示す．過去にしがみつくあまり，社会参加をしようとしなかったり，グループに加入した場合でも，過去の自分の会社での地位を自慢したり，過去の自分のやり方を押しつけようとしたり，過去にプライドを持つあまり他のメンバーと諍いをおこしてぎくしゃくしたりしてグループにうまくとけ込めなくなったりするなど，社会参加を阻害する大きな要因である．よってその頑なさを表すために「過去への固執」という第2次カテゴリーを設けた．

この結果「精神的若さ」に3つの第2次カテゴリーを設定した．それぞれの定義は以下の通りである．

（1）「積極性」——前向きにいろいろなことに好奇心を持ち，自ら積極的に社会参加の場を探して飛び込む勇気があり，活動に熱心に参加する態度．

（2）「柔軟性・開放性」——多様な人を受け入れようという開放的な態度や，自己を開示して親しくなろうとする態度．

（3）「過去への固執」——過去の会社の地位や肩書，仲間，仕事のやり方な

どに固執する態度.

　これらの3つのカテゴリーをまとめると，新奇なものに挑戦し，多様なものを受け入れる柔軟性があり，過去へ固執せず前向きな態度を表すので，これらの上位概念として「精神の若さ」と名づけた.

個人的要因2——規範

　社会参加活動に関連してあらわれた規範は4つあった.

①グループ内の相互扶助——グループ内のメンバー間では相互に助け合うべきであるという考え方.

②男女平等規範——男女は平等であるべきであるという規範

　男女平等規範についてのコメントをみると（表4-9），過去の現役時代は伝統的性役割規範であったものが，定年退職後に社会参加をして，男女平等規範に変わった人が少なくないことを示している．男女の平等を重んじるよう変化してきた時代の流れを受けての可能性もあるが，定年により一家を扶養するという役割が無くなったため，ことさら男性の役割を主張する必然性が無くなったため，あるいは，社会参加活動の中で平等を重んじるグループの雰囲気に感化されたためとも解釈できる．以下のコメントはインタビュー対象者A2とA3の過去から現在への男女平等観の変化を物語るものである.

　　A2「男は一生懸命働く．その代わり家のことは女房に任せる．だから文句も言いません．決してよくはなかったのですが，そういうことでいいと僕は思っていたんですね．時代的にも高度成長のちょうど忙しいときに生活していましたからね」：（過去の自分は男女平等規範が低かったという発言）

　　A2「そう．それは家庭家庭の問題で，奥さんが働かなくてはいけないということではない．専業主婦でよければそれでいい．要は二人の合意で動けばいいんです」：（現在）

　　A3「サラリーマンのときは家事はしませんでした」：（過去の自分は男女平等規範が低かったという発言）

　　A3「もし家内が帰ってくるのが遅くて，予定の時間にまだ帰ってきていないとします．そうすると私は夕飯のご飯を炊き始める．お米を研いでセットして，材料があれば時間になったら魚を焼き始める．子供が食事が要らなくて二人だけだったら，帰ってきてから始めればいいやとか，ある程度の下準備をしておいて，あとはバトンタッチして，家内が料理をしている間に僕は風呂の準備をすればいいわけです」：

表 4-9　概念「規範」についての言及

第2次カテゴリー	平等規範							
第1次カテゴリー	グループ内相互扶助		男女平等⇔伝統的性役割規範		メンバー内平等		一般的平等	
社会参加に対して	促進的	阻害的	促進的	阻害的	促進的	阻害的	促進的	阻害的
A1			○[a]		○	△[c]		
A2			○	●[b]	○		○	
A3			○	●				
A4			○	○	○			
A5			○	○				
A6			○		○		○	
A7				○				
B1			○					
B2								
B3			○					
B4			○	●	○		○	
C1								
C2					○			
C3	○				○			
C4	○			○	○			
C5	○		○					
C6					○			
C7	○							
C8			○		○			
C9	○							
C10					○		○	
C11			○		○			
C12					○			
D1					○			
D2				○				
D3								

注： a）○は現在の状況．
　　b）●は過去の状況．
　　c）△は他のグループについてのコメント．

（現在）
③メンバー内平等志向——グループ内のメンバーはグループ内の役職の有無にかかわらず，対等であるべきであるという考え．
④一般的平等規範——人間は本質的に平等であるという考え．

このうち，①のグループ内相互扶助は，グループＣの目的であり，しかもそのグループのメンバーにしか発言がみられないので，第２次カテゴリーとしては採用しないことにした．

「男女平等規範」，「メンバー内平等志向」については，人間は本質的に平等であるべきという考え方が中心にあり，その具体化としての男女平等，メンバー間の平等という考え方としてあらわれていると考えられるので，第２次カテゴリーとして，「平等規範」としてまとめ，その第１次カテゴリーとして，「男女平等規範」，「メンバー間の平等」，「一般的平等規範」の３つを設定する．これにより第２次カテゴリー「平等規範」とは「男女や役割にかかわらず，人間は本質的に平等であるべきであるという考え」と定義する．

「平等規範」は，社会参加を始めるときに関連するというよりは，むしろ，グループに参加してからグループにうまく溶け込むことができるかどうかに関連している．例えば過去の地位にこだわり他のメンバーを見下すような態度をとる人はグループに溶け込めず，結局はグループからはじき出されていくことになる．つまり，「平等規範」は新たに社会参加をするエントリーの段階ではなく，グループに参加し，グループに溶け込むときに重要な規範といえよう．

個人的要因3——自立性・明確性
第１次カテゴリーの表す内容はそれぞれ以下の通りである（表4-10）．
①「道具的自立」——家事など身辺のことをできる能力
②「精神的自立」——いつまでも過去の会社での地位や役割にアイデンティティを求めるのではなく，個としてのアイデンティティを確立していること
③「引き際の良さ」——地位や過去の役割に執着せず，潔く退くことができること．新しい自己を受け入れることができると考えられるので，常に現在の状況に応じた自己を確立できる能力があると考えられる．
④「自己決定・自主性」——自分自身で選択し決定する能力
⑤「引退者としての自覚」——退職シニアとしての役割の受容ができているこ

表4-10 概念「自立性・明確性」についての言及

第2次カテゴリー	道具的自立		精神的自立				自己決定		退職シニア役割の受容		目的の明確性		×	
第1次カテゴリー	道具的自立		精神的自立		引き際のよさ		自己決定・自主性		引退者としての自覚		目的の明確性		組織としての自立	
社会参加に対して	促進的	阻害的	促進的	阻害的	促進的	阻害的	促進的	阻害的	促進的	阻害的	促進的	阻害的	促進的	阻害的
A1			○a)	△b)	○	△			○			△		
A2	○						○		○					
A3			○			○	○							
A4									○					
A5	○		○						○				○	
A6			○		○		○		○					
A7		○					○		○					
B1	○						○	△			○	△		
B2					○				○					
B3			○											
B4			○											
C1			○				○	△			○	△		
C2														
C3								△				△		
C4	○													
C5											○			
C6														
C7							○				○		○	
C8			○											
C9									○					
C10					○		○		○					
C11							○							
C12					○						○			
D1														
D2								△			○	△		
D3	○				○									

注：a)○は本人についてのコメント．
　　b)△は他者についてのコメント．

と
⑥「目的の明確性」――自分がやりたいこと，目的があること
⑦「組織としての自立」――グループが行政などに依存することなく，独立していること．個人の社会参加に関連する要因ではなく，グループの特徴であるので，第2次カテゴリーでは削除した．

以上の7つの第1次カテゴリーから第2次カテゴリーは以下の5つを設定し

た．

(1)「道具的自立」——家事など身辺のことをできる能力
(2)「精神的自立」——第1次カテゴリーの「精神的自立」と「引き際のよさ」をまとめた．「引き際のよさ」は，いつまでも過去の会社での地位や役割にアイデンティティを依存するのではなく，個としてのアイデンティティを確立するという意味であるので，精神的に自立していると解釈した．
(3)「自己決定」——自分自身で選択し決定する能力
(4)「退職シニア役割の受容」——退職シニアとしての役割の受け入れができていること
(5)「目的の明確性」——自分がやりたいこと，目的があること

これらの第2次カテゴリーから，「自立・明確性」は，「精神的・道具的に自立しており，退職シニアとしての役割をふまえ，自分で好きなことを明確にし，やりたいことを決定する能力があるということ」と定義する．

個人的要因4——能力

能力は7つの第1次カテゴリーからなる．①「組織の運営術」，②「うち解けたきっかけ—飲み会・旅行」，③仕事で培ったノウハウ，④メンバー間の気遣い，⑤暗黙のルール，⑥自己効力感，⑦情報収集力，である（表4-11）．

このうち①組織の運営のうまさや，②「飲みニュケーション」によって親しくなる，③議事録の作成など会社時代に培った能力や技能を，「仕事で培った知識・ノウハウ」として，第2次カテゴリーでは1つにまとめた．

地域のグループにおいては地位による差がないので，④お互いに平等に接するように「メンバー間で気遣い」をすることや，⑤会社時代の肩書きなどに触れないといった「暗黙のルール」がある．これらは，市民グループにおいて培った第2次カテゴリー「ソーシャル・スキル」とした．そのほか，新しい環境でもやっていけると思う「自己効力感」と「情報収集力」を第2次カテゴリーとして設定した．情報収集力とは，社会参加に関する情報をマスメディア，コミュニティ情報誌，区報・市報・行政，講演会などで頻繁にチェックして，必要な情報を収集できる能力である．

個人的要因5——認知

設定した第1次カテゴリーは①「ボランティアの多様性認知」，②「ボラン

表4-11 概念「能力」についての言及

第2次カテゴリー	仕事で培った知識・ノウハウ			ソーシャル・スキル			自己効力感		情報収集力
第1次カテゴリー	組織の運営術		うち解けたきっかけ—旅行・飲み会	仕事で培ったノウハウ		メンバー間の気遣い		暗黙のルール	自己効力感		情報収集力
社会参加に対して	促進的	阻害的	促進的	促進的	阻害的	促進的	阻害的	促進的	促進的	阻害的	促進的
A1	○		○a)	○		○					○
A2	○				○						○
A3									○		
A4	○	△b)		○							
A5	○	△	○	○				○	○		
A6	○										
A7						○			○		○
B1			○		○						○
B2				○				○			○
B3				○				○			○
B4				○				○			○
C1							△				○
C2											○
C3									○		
C4				○				○			
C5				○		○		○			○
C6				○				○			
C7				○							
C8				○				○	○		○
C9								○		○	○
C10					○						○
C11								○			○
C12				○				○			○
D1											
D2			○								
D3				○							

注：a) ○は本人についてのコメント．
　　b) △は他者についてのコメント．

ティア参加へのハードルの高さ」，③「参加の大義名分」である（表4-12）．
②「ボランティア参加へのハードルの高さ」とは，以前よりは増えたとはいえ日本ではボランティアはまだまだ一般的ではないため，周りにボランティアをしている人が少なく，さらに本人にもボランティア経験のない場合に，ボランティアという未知の世界に入ることの恐怖があること．またボランティアは非

表 4-12 「認知」についての言及

第2次カテゴリー	ボランティアの多様性認知			役割期待認知	
第1次カテゴリー	ボランティアの多様性認知		ボランティア参加へのハードルの高さ	参加の大義名分	
社会参加に対して	促進的	阻害的	阻害的	促進的	阻害的
A1					
A2					
A3		○			
A4	○				
A5					
A6					
A7					
B1			○	○	○
B2			○	○	
B3					
B4			○	○	
C1					
C2					
C3					
C4					
C5	○				
C6	○				
C7		○			
C8					
C9	○				
C10				○	
C11			○		○
C12			○		
D1					
D2	○			○	
D3			○		

常に奇特な人がする大変なことだというステレオタイプ的なボランティア・イメージが根強く，そのようなイメージを持っていることは，自分などにはとてもボランティアはできないと，最初からあきらめてしまうことを意味する．

　現実のボランティア活動とは，奇特な人柄で非常に熱心な活動の中心となるような人から，身近で簡単にできるボランティアをする人まで多様性があり，

最近は無償ボランティアばかりでなく，有償ボランティアも多い．そのようにボランティアにも多様性があり，自分の関わり方もいろいろ選択できると認知することは，ボランティア活動に対して感じるハードルを下げ，ボランティア参加に促進的に働くことが判明した．よって，第1次カテゴリーで設定した①「ボランティアの多様性認知」，②「ボランティア参加へのハードルの高さ」は第2次カテゴリーではまとめて「ボランティアの多様性認知」とし，ボランティア参加に促進的に働くとする．

③「参加の大義名分」は，人に請われてある役割を果たすときは，期待された役割があるから活動をする，という形になり自らの活動の目的が明確になるという意味である．特に男性は自分から進んではしない活動でも人から頼まれれば行うという．老人施設でのオムツたたみというボランティア活動を例にとれば，自分一人ではやろうと思わなくても，その施設から自分の所属するグループに依頼があると自分の果たすべき役割として認識しオムツたたみをするということである．活動をする理由が明確になりその活動をすることを他者が自分に期待していると認知することを意味するので，第2次カテゴリーでは「役割期待認知」というカテゴリーとした．

B1 「男性というのは，頼まれたらやるんですよ」
B1 「意外と自分からはやらない．頼まれると，『じゃあ，やろう』．こういう性格があるんです」
B4 「いままで長年勤めてきた会社や仕事を離れて，新しい社会へ入るわけですよね．男と女の違いや主婦と旦那の違いは，女性の場合はよくわからないけど，われわれは大義名分がつかないと飛び込めない．理屈が合わないとね」

個人的要因6――ライフ・ヒストリー

定年退職後はその前の会社人生から断続して突然陥る時期ではない．最近は定年後の生き方に関する本やセミナーなど情報もいろいろ提供されているので，50歳代から着々と定年後の準備を始めていた人もいた．現在の社会参加活動との関連を考えると，過去から継続してボランティアをしていたという「継続型」3名，定年を控えた50歳代からセミナーに通うなど趣味をみつけようと努力した「準備型」3名，定年退職してから社会参加の場を探し始めた「定

年後型」10名であった．退職前から活動をしていた，あるいは準備をしていた人は，定年退職後によりスムースに社会参加活動に従事することが可能になっていた．

3　社会関係的要因

社会関係要因の中からは，第2次カテゴリーとして「ネットワークの多様性」と「濡れ落ち葉忌避」，「グループの魅力」の3つの概念が析出された．

社会関係的要因1──ネットワークの多様性（193コメント）

社会関係要因の1つめは多様なネットワークが存在するかどうかということである．ネットワークの存在は，誘ったり誘われたりする直接的な効果と，その人の生き方を手本としてロール・モデルとなったり，逆に反面教師になる，というような間接的な効果があり得る．個人的要因の分析でボランティア認知の多様性というカテゴリーで指摘したように，多様なネットワークを持つことにより周りにボランティアをしている知り合いがいる場合は，ボランティアに対する親しみや知識が異なり，フェーズ3への障壁が低くなることが考えられる．表4-13は調査対象者の持つネットワークの種類についてまとめたものである．ここからみてとれるように，ネットワークが参加に促進的に働く影響は大きい．

ネットワークがどのように社会参加に促進的・阻害的に働くかに関してのコメントは以下のようにまとめられる．

1) 定年後に地域グループやシニア系ネットワークなどいくつか加入して，地域のネットワークを徐々に形成することで地域の情報を得て，自分に合っているグループを探し出す．

> A2　「どうやっていいかわからないのが，たまたま市政モニターになったことによって知り合いができて，その人たちがいろいろなボランティアをやっているので，声をかけられたりして，順番に広がっていった」

2) 家族関係では，ボランティアや人の助けをしていた父や祖父母の生き方を知らず知らずのうちにでも学んでおり，彼らの生き方がロール・モデルとなって社会貢献の意識が育まれていた．

表 4-13 「ネットワークの多様性」についての言及

ID	地域の行政関係者	行政関係グループ	地域グループ	近隣ネットワーク	シニア系グループ	会社ネットワーク	学校関連	趣味友達	配偶者	家族関係	ボランティア経験者
A1	★a)	◆b)	◆			◆	○c)				
A2			★◆			★			◆		
A3							○				
A4			★			○	○				
A5			○			○	○		○		
A6			○			○			○		
A7			★◆				○		○		
B1						○			○		
B2									★		
B3			○						★		
B4				○		◆			★		
C1						○			★		
C2					★	◆					
C3									○		○
C4					★				○		
C5		○	◆			○			★	○	★
C6						○			★		○
C7						○			★		
C8									○		★
C9						○				○	★
C10						○	○				
C11			○	○		○			★	○	
C12						○	○	○			
D1											
D2						○			★		
D3					★				★		

注：a）★は社会参加に促進的に働いたもの．
　　b）◆はうまく社会参加できていない人を知っていることを意味する．
　　c）○はネットワークの存在を示す．促進的か阻害的かは不明．

C5 「私は父のことは数少ない話しか聞いていないのですが，祖母がいつも言っていたのが，『もうおしゃれで，お酒が好きで，魚が好きで，遊ぶことも大好きだったけど，たとえば道にお年寄りがいたら，知らない方でも声をかける人だった．』小さいときはどういう意味かわかりませんでしたが，大きくなるにつれて，ああ，そうか，そういう優しさのある方だったんだ．32を過ぎてから，じゃあ，彼がいたらどうするかなといつも思うようになって，世の中には弱い人もいるということを感じるようになったと思います」

C6 「(ボランティア精神は奥さんの影響をうけたか？) あるでしょう．あるよ．現実にそうやって動いているのだから」

3) 会社関係ネットワークの中にうまく社会参加できない人の例が頻出した．ただし，グループCは設立当初のグループのリーダーが昔の仕事ネットワークに参加を呼びかけたという経緯から参加にプラスに働いていた．

A1 「身近にもいるんです．そういうのを見ていると，僕は自立していないんだなと感じる．全然自立していない．いつまでも会社，組織，昔の自分の地位に依存して，自分を位置づけていると思う」

C7 「だからあれはと言っていたけれども，そのころの会社の仲間に「放っておけないよ．お前も手伝え」と言われて，それで首を突っ込んだんですけどね」

社会関係的要因2——濡れ落ち葉忌避（56コメント）

配偶者，特に妻は夫を社会参加させるように積極的に関わっていた．表4-14は配偶者がどのように社会参加に関わっていたのかをまとめたものである．対象者別にみた場合，妻から夫への働きかけが，夫から妻への1.5倍であった．妻が夫の近所での活動を嫌がるケースを除いて，そのほとんどが配偶者の参加を促進するような働きかけであった．

直接的働きかけは参加の「機会」を与えるものと「活動の継続を支援」するものであった．例えば，妻が夫のために地域のグループへの参加申込をする（参加機会の提供），妻が夫の活動仲間からの電話の取次ぎをする（活動支援）などである．また，夫が参加しているグループに妻を誘った（参加機会の提供）ケースもあった．

間接的働きかけは，参加を促すような「きっかけ」を暗黙に提供するもので

表4-14 配偶者が社会参加活動に関わっている主なコメント

コメント総数			56
言及対象者		本人	42
		他者	14
配偶者からの働きかけ	促進的・阻害的	参加に促進的	41
		参加に阻害的	4
	方向性	妻→夫	33
		夫→妻	20
	直接的／間接的	直接的働きかけ	34
		間接的働きかけ	6
内容		参加のきっかけ	31
		活動維持へのサポート	11
参加動機		濡れ落ち葉忌避	8

あった．1つには配偶者の規範的影響である．例えば，妻が元々ボランティア活動に熱心な様子をみて，妻をロール・モデルにしたケースは妻から規範的影響をうけたと考えられる．もう1つは夫と妻の双方の「濡れ落ち葉忌避」である．これは妻の側からみて，「夫が退職後にずうっと家にいるような濡れ落ち葉になっては困る」という思いと，夫の側の「妻に濡れ落ち葉と思われたくない，濡れ落ち葉と邪魔にされたくない」という双方の思いにより，妻は夫が外に出るように夫の社会参加を促す一方，夫はとにかく外に出ることが目的で社会参加をする．つまり夫は純粋にしたいことがあって社会参加するわけではなく，家にいて濡れ落ち葉扱いされたくないために，外出の方便として社会参加を始めるのである．このような双方の思いを「濡れ落ち葉忌避」動機と名付けた．

A5 「入会なんか，なかには奥さんが主人を入れてくれ，というてくる人がいますよ」
B4 「たまたま女房が「あんた，行きなさい」と（シニアクラブの料理教室に）手紙を出したから，「じゃあ，行ってみようか」とびくびくしながら飛び込んで，そして包丁を握るのがやっとです」
C7 「最近は一生懸命に福祉のことをやりたいという奥さんがお入りになって，自分の旦那が定年になったので巻き込むという逆のケースも出てきて，これはいいことだなと思っています．「ぶらぶらしていても仕方がないから入りなよ」ということで，旦那を連れてくる人もいます」

表 4-15 グループの特徴と魅力

ID	メンバー	組織形態	リーダー	魅力となった活動内容など
A1	○			★
A2	○	○	○	○
A3	○	○	○	○
A4	○		○	○
A5	○	○	○	
A6	★			○
A7	○		★	○ 嫌なことがない
B1	○	★		
B2	○	○	○	★
B3	○			○ メニューがいろいろあり選択できる
B4	○	★		★
C1	○			○ 預託点数システム
C2	○			○ 預託点数システム
C3	○			○ 預託点数システム
C4		○		★ 預託点数システム／サラリーマン向けのグループ
C5	○		★	★ 預託点数システム
C6	○	○		○ 預託点数システム
C7	★	○		○ 預託点数システム
C8	○		○	○ 預託点数システム，いろいろな人と出会える
C9	○		○	預託点数システム，やりたかったことができる
C10	○	○	○	○ 預託点数システム
C11	○	○	○	○ 預託点数システム
C12				○ 預託点数システム
D1	○	○		○
D2	○			○ NPO，シニアセミナー
D3				○

注：★参加に対して特に魅力的だった点．
　　○参加に促進的だった点．

社会関係的要因 3 ―― グループの魅力（193 コメント）

　グループ C では全員が活動内容に惹かれて参加していたように，グループそのものの特徴に惹かれてグループに入ることももちろん多い．シニア・セミナーに参加して，その活動がおもしろそうだから参加する場合などである．メンバーと気が合うとか，参加のメニューが豊富で選択できる，リーダーの人柄

に惹かれるなど，グループの特徴が参加の継続や，関与の高さなどに影響を及ぼす（表4-15）.

4 社会制度的要因（マクロ）

社会制度的要因としてあげられたのは，「情報の少なさ」，「行政のサポートの無さ」，「受け入れ体制の無さ」，「仕事の魅力のなさ」である．

社会制度的要因1——情報の少なさ（34コメント）

社会参加に関する情報が得にくいという内容で，区報や市報などの広報紙に情報が少ないこと，ボランティア・センターにいってもなかなか思うような情報を探すシステムがないということで，行政による社会参加に関連する情報提供の不足を指摘するコメントと，グループ側の情報発信が足らない，下手だという，グループ側の情報発信の不足を指摘するコメントであった．

> C10 「それはボランティア団体もがんばらなくてはいけないけれども，PRするお金がない．新聞に出すにしてもマスコミに出すにしても，企業の広告費みたいなものはないんです．もっともっと行政にやってもらわないといけない．飛行機1台買うのを減らせば，そんなものいくらでもできます．防衛庁の飛行機1個減らすだけでいい」

社会制度的要因2——行政のサポートの無さ（105コメント）

行政がシニア向けセミナーの開催，グループのPRやイベントの開催への協力，場所や資金の提供といったサポートを提供している場合はあるが，グループ活動に対するサポートは決して十分ではないという指摘である．多くは行政に対する要望や不満であり，求めているのは以下のようなことであった．

・NPO事業のサポート体制整備
・資源の提供（場所，資金，紙・リソグラフ，広報等）
・グループ間ネットワーク創設の補助（グループ間の情報提供ツールの提供，どこにどんなグループがあるかお互いに知らず，住民も知らず）
・ボランティア・センター制度の充実（自分で何をしたいか決められない人に対して）
・社会福祉協議会とボランティア・グループの関係の改善（現在は対等な関係にない）

社会制度的要因3──受け入れ体制の無さ（35コメント）

受け入れ体制については，第1に「退職シニアが入りやすいグループの数の少なさ」という社会参加グループ自体の不足，第2に「社会全体のボランティアの受け入れ態勢の不十分さ」という社会制度的な不足，第3に「高齢者役割期待の不在」という規範の問題が指摘された．

1つめの「退職シニアが入りやすいグループの数の少なさ」とは，これまでは地域でのグループは主として女性が中心となって運営されてきたことに由来する．男性の退職シニアは女性が中心のグループには入りにくく，似たような退職シニア男性が多いグループの方が入りやすい．また無趣味の状態から社会参加を始めた人は，自分が何をしたいかよくわからないため，活動メニューが豊富なグループに入ってから探すという形が望ましいが，そのように豊かな活動メニューを揃えたグループはまだ稀である．

A5 「もうひとつのきっかけはね，なんかあの，B市というのはご承知のように女性のグループというのは，非常に活発にありますよね．でまぁこういう人たちが活発にうごいてますよね．（笑い）ところがね，男性のはなにもないんだよね．市役所の教育課も非常に苦労しましてね，時々おくさんがたから市役所に電話がありまして「やめただんなが家でごろごろして邪魔になる」っていうんですよね．（笑い）めざわりだし．それをなんとかっていう声もでてきましてね．それもひとつわれわれが引き受けようじゃないかということで」

2つめの「社会全体のボランティアの受け入れ態勢の不十分さ」とは，日本社会の病院や福祉施設などにおいてボランティアの受け入れ態勢が十分にできているとはいい難いということである．アメリカでは，例えば病院ではボランティアの存在を抜きには運営が成り立たず，ボランティアにある程度のレベルの仕事を期待している．そのためボランティアを教育するシステムもあり，ボランティアが担う仕事自体も幅広く，興味深い仕事も担当できることになる．しかし，日本では，病院や施設でボランティアを受け入れる体制があるところ自体が少なく，受け入れたとしても，シーツ交換やオムツたたみなど，単調な仕事がほとんどで，ボランティアを教育して育てようという積極的な姿勢があまりみられない．その結果ボランティアの仕事に楽しみが見いだせず，ボラン

ティア活動を持続できずにやめてしまう．これは病院・施設側からみれば，ボランティアをあてにできない，あてにしない，ということになり，ボランティアに期待しなくなり，教育もしない……，という悪循環が生じている．ボランティア側が責任をもって仕事をすることが必要だが，ボランティアをある程度教育して彼らに興味の持てる仕事を提供するようなシステム作りが求められている．

> B1 「それともう1つ，どこもそういう働く場を積極的につくろうとしないんです．たとえば施設のボランティアの受け入れの専門員は，向こうの職員でなくても，ボランティアの仕事を勉強して理解すればある程度専門的にできると思います．でも，施設のほうでそういう職をつくるかというと，なかなかそういう場所をつくらない．そういうのはだいたい生活指導員が兼務でやっていることが多いんです．そうすると，そうでなくても忙しいから，新しいボランティアをどんどん受け入れて教育するなんて面倒くさいことはしたくない．結局面倒くさくない定型的な仕事，おしめをたたむとか，決まったことをやらせるだけのボランティアになってしまうので，男性は行かない」

3つめの「高齢者役割期待の不在」とは，退職シニアは何をすべきだ，というような社会規範がいまだに存在しないため，仕事を辞めたときに何をしたらいいかわからないということである．

> B1 「活動する基盤が制限されているから，非常にやりにくいところがあると思います．行政だけではありませんが，病院や学校，施設，そういうところがシニア，高齢者を弱い者と見ないで，もっと高齢者に役割を与えるという考え方に変わらなければだめだと思うんです．そういう役割を与えれば，高齢者がもっと動くことはわかっています．たとえば瀬戸内海の小さい島では高齢化が進んでいますが，そういうところはお金もないし，やむをえず高齢の方が村の仕事をやっている．みんな喜んでやっています．そういうのが現実にあるわけです．だから，高齢者でも社会のために何かやるという場を自然につくっていけば，それなりに動くようになるし，そうすれば健康面でも精神的にももっと生き生きとしてくると思うんです」

社会制度的要因4――「第2の仕事」の魅力のなさ（13コメント）

現役の会社生活が終わり，定年を迎えた後に会社から提供される仕事や，高齢者向けに提供されているようないわゆる「第2の仕事」は，賃金が低く仕事

〔個人的要因〕　　　　　〔社会参加の位相〕　〔社会制度的要因〕

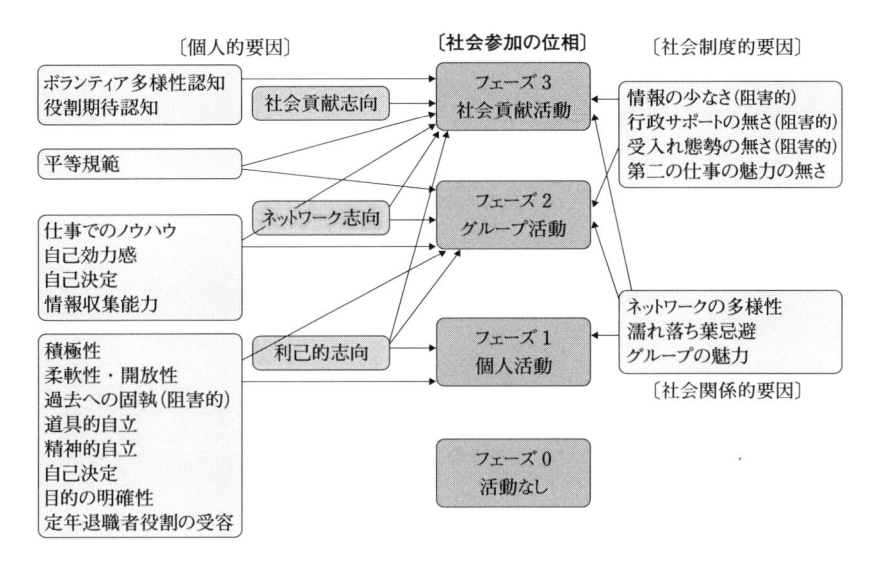

図4-4　社会参加位相モデル（促進モデル）

の中身があまりおもしろくなく，地位も低いため，魅力的な仕事ではないことが多い．第2の仕事がおもしろくなければ，社会参加活動に生きがいを見いだそうというという気持ちになることにより，社会参加に促進的に働くといういささか皮肉な状況がある．

つまり，現役自体の最後の頃，第2の職場に赴く前の50歳代に関連会社に出向させられたり閑職についたりして自分が出世街道から外れたとわかったときは，その時点では辛いけれども，のちに振り返れば会社と心理的に距離をおくためにいい時期であったという．つまり仕事が魅力的でないことは，社会参加を促す方向にはたらく．

B1 「定年前に第2の職場で働こうかと考えたこともあったんですが，自分の思ったような仕事は意外とないんです．地方に行くとか，自分のあまり得意でないものとか，なかなかマッチングしない．第2の職場で何年かやっても，自分の人生の最後のステップを充実しないまま終わってしまう．かえってだんだん意気がしぼんでしまう．そういうキャリアはあまりよくないんじゃないか．それよりも，自分の思っ

たことができる活動をやるほうがいいんじゃないかと考えました」

　この状況は高年齢者雇用安定法が改正され以前よりは60歳代前半まで働き続けることが容易になった現在でもそれほど変わっていないと思われる．第1章で述べたように，企業の高年齢労働者への期待はそれほど高くはなく，仕事の質や雇用環境は改善したとは言い難いためである．

　以上の質的分析結果からえられた社会参加活動に関わる要因をまとめたのが「社会参加位相モデル（促進モデル）」（図4-4）である．

　本モデルの特徴は3点ある．1点目が社会参加に関わる要因を個人内要因と社会関係要因と社会制度的要因の3カテゴリーに分けて考案していることである．2点目は社会参加活動を4つの位相に分類したため，それぞれの位相に関連する要因が異なっていることを予想するモデルとなっている点である．よって社会参加のどの位相にあるかにより，促進する要因や阻害する要因を明らかにできる点が3つめの特徴である．例えば，「ボランティアの多様性認知」は，グループ参加はしているけれど，ボランティア活動に参加していない人がいた場合に，ボランティア活動は奇特な人がする大変なボランティア活動ばかりではなく，自動車での送迎サービスを月1回するような簡単な活動まであるのだということを説明することで「フェーズ3」に進める可能性が高まる，というような予想を可能にするのである．

第5節　社会参加は「サクセスフル・エイジング」を実現するのか
　　　──社会参加の効果［研究3］

　本節では，社会参加行動のもたらす効果について検討する．前節の質的データを用いた分析において，社会参加活動に関連する要因として，個人的要因に加えて社会関係要因と社会制度的要因も重要な要因であることが明らかになったが，ここでも同様に社会参加活動が個人・社会関係・マクロにあたえる効果全体について検討する．

　「社会参加位相モデル」では社会参加活動を4つに分類したが，その理由は，4つのフェーズを規定する要因が異なるのみでなく，活動の与える結果も異な

ると想定したためである．例えば，フェーズ3のボランティア活動は利己的志向，ネットワーク志向，社会貢献志向の3つの志向性が満たされるために最も主観的幸福感が高いと予想される．はじめに個人に対する影響について詳しく検討する．

次に社会参加が社会関係に与える効果を検討する．社会参加の促進要因において，社会的ネットワークの要因が見いだされたが，ここでは本人の持つ社会的ネットワークへ社会参加が与える影響を取り上げる．そして最後に本研究の3つめの視点，社会に対する影響を見ていくこととする．

1　個人にもたらされる効果

［研究3］では社会参加が個人，社会関係，社会に与える効果を全体として把握し検討することを目的としている．用いるデータは［調査1］のインタビュー・データである．

インタビュー・データから社会参加に関連する要因を検討した方法と同様に，社会参加が個人・社会関係に与える効果を検討して，第1次カテゴリーから第2次カテゴリーを抽出し，第2次カテゴリー間の関係に想定される関係をまとめたものが社会参加位相モデル（効果モデル）（図4-5）である．以下，図4-5に取り上げている概念を順に説明する．

(1) ボランティア多様性認知

第2次カテゴリー「ボランティア多様性認知」は実際にボランティアをするようになって，ボランティアということは特別な人がするとても大変なことだというステレオタイプ的な認識から，ボランティアの仕事には大変なものから手軽なものまであり，ボランティアをしている人も，献身的な人からできる範囲で少し手伝いをする人までいろいろいるという多様性を認識するようにボランティアの認識が変化したということである．

C11 「ボランティアというと，障害者のお世話をしたり，東南アジアに行って飢餓の子供を救ったりと思っていました．実際は決してそんなものじゃなくて，すぐそこにある．すぐできる．手の届くところでできる．やってみると，非常に気持ちがいい．そういうふうに変わってきました」

C12 「いろいろな段階がある．ボランティアで地雷の除去など大変なことをやってい

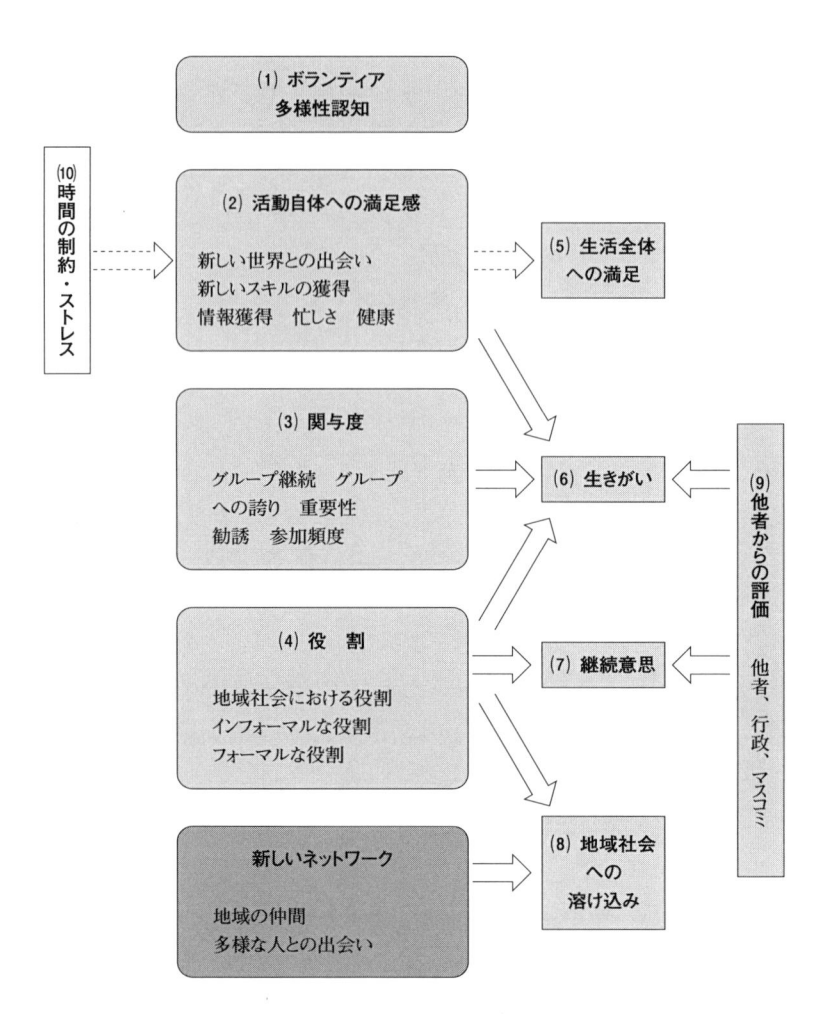

図 4-5 社会参加位相モデル（効果モデル）

注：(1)〜(10)のゴシック字は第2次カテゴリー，明朝は第1次カテゴリー．
　　第2次カテゴリー「新しいネットワーク」は社会関係への結果，それ以外は個人への結果．

る人もいらっしゃいますよね．そんなすごいことをやっている人から，僕みたいなほとんどボランティアにならないようないろいろな段階があるんだなと実感しました」

(2) 活動自体への満足感

「新しい世界との出会い」，「新しいスキルの獲得」，「情報獲得」，「健康」，「忙しさ」という第1次カテゴリーから，「活動自体への満足感」という第2次カテゴリーを設定した．

「新しい世界との出会い」はグループのメンバーがそれまでの会社時代との人と異なるという場合と，ボランティアをすることによってクライアントと出会い，これまでと異なる世界を知ったという認識であった．

A4 「A1さんは本当に考えに考えていて，それから頭の回転が速いと思います．私も会社人間で，40年同じ会社に勤めてきて，そういう方もいましたけれども，こういうクラブに入ってみると，やっぱり世の中広いなという印象を受けました」

C11 「ボランティアをしたら，自分の心が洗われたような感じがします．いままでは会社の仕事，仕事，仕事で非常に偏ったものでしたが，こっちの世界ということで，自分の世界が広がった．それによって自分がすっきりした，洗われたような感じがします」

「新しいスキルの獲得」とは，会社とは異なる地域のグループでのコミュニケーションの仕方と，活動内容により新しい技能（例：料理，介護のしかた，人への気配り）が取得できたということである．

C9 「本当に言われていましたけど，ちょっとだけ気配りができるようになったかな」

C9 「だからここに来てからは，つっけんどんにならないようになどとけっこう気を使って，電話などに出ています」

このように第2次カテゴリー「活動自体への満足感」は，活動の内容自体やグループで活動することによって自分が成長したり，新しい技能を獲得したり，健康が保たれる，忙しくしていられるなど自己にとっての利益が大きいことによる満足感を意味している．

第4章 「社会参加位相モデル」の構築

(3) 関与度

　第2次カテゴリー「関与度」は「グループ継続」「グループへの誇り」,「重要性」という3つの第1次カテゴリー，つまりグループの存在自体を継続させていきたい，グループのメンバーや存在に誇りを感じ，グループの存在が自分にとって重要なものであるという気持ちと，グループへの関与が高いために，新しい人を「勧誘」する，「参加頻度」が高いという行動として現れる部分として理解される.

(4) 役　割

　第2次カテゴリー「役割」は,「地域社会における役割」「インフォーマルな役割」「フォーマルな役割」の3つの第1次カテゴリーから設定した.

　「地域社会における役割」とはグループとしての存在が地域社会の中で認識されて，行政や他のグループから頼みごとをさせるなど，地域社会において一定の役割を期待されていることを意味する.

A1　「いろいろです．行政もあります．A5さんは『それじゃ，俺が行って話をするよ』などと，いろいろな公民館の行事に講師として行っています．A7さんも何かやっています．そのほか茅ヶ崎の女性プランにはA2さんなどが参加しているし，市の協議会などには参加している人がずいぶんいます」

C10　「みんな知っている．僕らが『へえ』と思うような人が,『聞いています．資料だけください』とか，とんでもないところの民生委員の団体から声がかかったり，いつの間にか口コミで知れ渡ったんだなと思っています」

　「インフォーマルな役割」「フォーマルな役割」とは，グループの中での役割であり，インフォーマルな役割はカラオケ部長，お茶係など公式でないが，グループの継続に寄与する部分の役割であり，フォーマルな役割とは会長や事務局長など公的な役割を指している.

(5)〜(8) 生活全体への満足・生きがい・継続意思・地域への溶け込みをもたらすもの

　第2次カテゴリーとしてこのほかに,「生活全体への満足」,「生きがい」，グループ参加への「継続意思」,「地域社会への溶け込み」を設定した.「生活全体への満足」は，グループ参加に限定してのコメントではなく，定年退職後の生活全体への認知であり，グループ参加が生活全体の満足感をもたらす要因の

1つであることが示された.「生きがい」は,グループへの参加が今の自分にとっての生きがいのひとつになっているという評価である.

- A5 「いやいや,その色んな会に行ってもね,色んな話をしてね,みなさんね,僕の話を聞きたいというんですよ.中国の話や色んな話が面白いというてね.それで行く度に皆さんに話するんだけどね,そのためには色々日ごろ本読んで勉強せないかんじゃない.ただの経験話じゃなくてね,そういうことでね,それ自身が僕の勉強になるし,ある程度生きがいになりますね」
- B4 「早いということは,オーバーな言い方になるけれども,シニアクラブが非常に楽しみ,生きがいになっている.僕はこれから先,残された人生の有意義な5年,10年だろうと思います.ですからたまたまうちの中に引っ込んでいらっしゃる先輩や後輩は,この間年賀状をもらいましたが,1日が長く1年が早いそうです.その1日が毎日短いんです.明日はこれに行かなければいけない.帰ってきたら歩こう会に参加しなければいけない.あるいはお料理教室の準備をしなければいけない.毎日忙しくて短い」
- C6 「要するにわれわれの生きがいです」
- D2 「3人ともそれぞれ変わっているからいいんですよ.全く同じではだめ.それぞれの性格があるから何とかなってしまう.定年後の生きがいにマッチしているから,私もいまこちらに全力を挙げています」

グループ参加への「継続の意思」は今後もいまのグループへの参加を継続したいということである.「地域への溶け込み」は地域のグループに入ることにより,地域社会に溶け込むことができたということを意味する.

- D2 「要するにそうやってセミナーに参加することが,会社人間から地域社会に溶け込む1つのステップだったんです」
- B4 「ですからシニアクラブとお料理教室のおかげで,会社人間から地域のお年寄りグループにうまく溶け込めました.これは本当に感謝しています」

また,(5)から(8)の第2次カテゴリーは相互に関連していると考えられる.「活動自体の満足」は,「生活全体への満足」の一部を構成するが,生活満足度は生活全体を総括して判断されることなので,「活動自体の満足感」から「生活満足度」には弱いプラスの効果があると考えられる.活動への満足やグループへの関与度の高さ,グループ内での役割があることで,生きがいにつながる.

また役割を持つことは，グループへの参加の継続を促す方向に働くだろう．社会参加を通じて得た新しい地域のネットワークの広がりは，地域社会への足がかりとなり，地域グループ内で得た役割とともに，地域社会へ溶け込んだという意識をもたらすのではないだろうか．

(9) 他者からの評価

社会参加行動の直接の結果ではないが，社会参加活動が他者から評価されるということもありうる．ここでの他者とは，配偶者や友人，マスコミや行政である．個人の社会参加についての評価（例：妻から活動をしていることを好意的に評価される）や，グループの活動についてマスコミにユニークなグループであると報道されたり，行政から存在を認知されて行政とイベントを共催したりすることは，本人の活動継続意欲や生きがいに影響を与えると考えられる．

(10) 社会参加のマイナスの効果

これまで社会参加のプラスの効果に言及してきたが，では社会参加によるマイナスの影響はないのだろうか．社会参加のマイナス面として語られたのは，「時間の制約」と人間関係・組織運営などの「ストレス」であった．しかし，それは会社時代に比べればたいしたことはないとの評価であった．つまり社会参加のマイナス面はあるが，グループへの参加を阻害するほどの影響はみられなかった．もちろん今回のインタビュー対象者が全てうまくグループ参加をしている人たちであり，実際は彼らのコメントにもあったようにグループにとけ込めずにグループを去っていった人も存在する．そのような人たちにはマイナスの効果が大きかったことが想定される．グループから離脱した人たちにもインタビューの依頼をしたのだが，拒絶されて実施できなかった．参加に対してマイナスに働く要因については本研究では検討しきれていないという点は留意しなくてはならない．

2　地域における友人の創出

社会関係に対する影響としてはグループの仲間という「地域の仲間」ができたこと，及び「多様な人との出会い」がもたらされたこと，つまり，グループの仲間やボランティアのクライアントなど，これまでの付き合いとは違ったタイプの人との出会いができたことを意味しており，それまでとは異なる「新し

いネットワーク」がグループ参加によって形成されているということが明らかになった．多くの人の言及があり，社会参加の効果として大きな効果であることがわかる．

特に，地域の仲間ができたことはグループに参加したことの一番の良い結果であると評価する人が多かった．現役時代，地域社会から乖離して暮らしてきた退職シニアたちが，退職してから老後に向けて地域社会に立ち戻ろうとしたときに，自分と地域社会との距離に愕然とする．この地域社会に溶け込むきっかけとなるのがグループ参加で得られた地域の仲間なのである．いろいろな社会参加をすることはもちろん推奨すべきことなのだが，退職シニアの場合はその中のグループの1つには，地元で活動するグループを含めておくべきだという教訓を得ることになる．

・「地域の仲間」に関するコメント例

A1 「地域へ帰ってきても昔は本当にねぐらで，駅を降りたら知っている人が誰もいないのだから．それでたまに会うといったら，昔会社が一緒だった人と『よう』と，そんなものでしょう．一般にはない．ところがいまは豊富です．『女房が里へ行っちゃったから，一人で飯を食うのもつまらないから付き合わないか』と言うと，『いいよ』」なんて付き合ってくれたりね．そういう意味では本当の友達というのかな」

C10 「ところが，Cには奉仕という共通の土壌があるから，1つの価値観を共有しているというか，ここがまとまりのベースになっていると思います．人間というのはそれぞれ人生観を持っていますが，煎じ詰めると何に価値を置いて生きているかという問題になってくると思うんです．たとえばボランティアということで，弱者に対して自分の暇な時間に無理のない範囲で手を差し伸べる．ほかに価値観はいっぱいありますが，その価値観の中にみんなが共通項を見出している」

・「多様な人との出会い」のコメント例

A2 「仲間が多士済々なんです．それなりのキャリアの人ばかりです．だから，オーバーにいえば大変勉強になるし，楽しい．技術屋さんがいたり，僕らが全然持っていないようなノウハウをお持ちの方が多い」

C7 「いままでの自分の付き合いの範疇とまたコロッと違いますので，違った人種と

いうとおかしいけれども，いままでとは違う新しい人の輪が出てきますよね．だから人の輪が広がるということでお入りになる方もいらっしゃいます」
C8 「世間が広くなったと思います．かかわってないと本当に練馬区のそのへんだけと，ベビーシッターのお客さんとだけだったと思いますが，Cに入っていたから他のグループともかかわれたし，ここはいろいろな方が出入りするので面白いんです」

最後に，社会参加活動を促進する方向に働いていた配偶者だが，配偶者に対する影響はあるのだろうかとインタビューで尋ねたが，配偶者へ与える効果についてのコメントをうまく引き出すことができなかった．特にこの年代の男性は面前の他者に配偶者のことを話すのは得手としないようである．

3 社会参加の社会に与える効果
最後に社会参加活動による社会に対する効果を検討した．
経済的効果
退職シニアの社会参加活動は経済的効果を持ちうることも明らかになった．グループ活動の中で，時折親睦会としての飲食や旅行が行われていた．このような消費行動により経済に貢献できる．さらにボランティア活動を行っていた人が多かったが，このようなボランティア活動は，金銭的に換算されない無報酬の労働を通じて経済的効果のある生産的活動を行っていることになる．
リソースの提供
グループがボランティア活動をしている場合は社会や他者にサービス等を提供しているが，たとえボランティア活動をしていなくても，グループが他の地域グループや行政に対して情報を提供・交換したり，人手を貸したり，技術的なノウハウを教えたり（例：NPO法人の会計のやり方）するなど様々な形で多くの場合は無償でリソースを提供していることも明らかになった．

第6節　社会参加活動の複層的な要因と効果——小括

第4章では，［研究1］において社会参加の持つ意味を検討し，社会参加活動の分類を行った．さらにサクセスフル・エイジング理論に基づき，個人にとっ

てのサクセスフル・エイジングの達成度と社会からみた効益性の観点から，社会参加活動の4つの位相をそれらの実現度の高さから位置づけた「社会参加位相モデル」を提案した．

　[研究2]では，社会参加に関連する要因を個人の要因，社会関係の要因，社会制度に関連する要因という3つの観点から分析し，それらが絡まり合って社会参加活動に関連している様子を明らかにした．

　[研究3]の質的な分析からは，社会参加活動が与える多面的な効果が浮かび上がってきた．予想通り，その影響は個人に与える効果から，対人関係，社会への影響に至るまで多面的なものであった．特に，グループの中での積極的な役割を得ることが生きがい創出へ関連していた．定年退職後に仕事に代わって関与できる役割を得ることが彼らにとっては重要であり，社会参加が単に時間の余裕があるから暇つぶしに行うことではない，積極的な意義がある活動であることが明らかになった．

　活動自体への満足感や，関与度，役割は個人にとっての利己的な志向を満たすものであるが，もうひとつ社会参加の効果として浮かびあがったのが，地域社会の人などの会社時代とは異なる人々との交流という新しいネットワークの創出である．これはネットワーク志向を満たすものであり，参加者にとっては何よりの報酬であると理解されていた．量的な調査で社会参加の結果ネットワーク数の拡大として示されることの質的な意味が明らかになったといえよう．新しいネットワークはただ量的に拡大したというものではなく，地域での仲間ができたということに意味があり，会社時代に地域社会から遊離してすごしてきたサラリーマンにとってようやく地域社会に溶け込む足がかりを得たということの意味が大きい．老後に向かい，地域社会で生きていく覚悟をした彼らにとっては非常に重要な社会参加のメリットということができよう．

　[研究2]からは，社会参加の場では，会社と異なり，グループとして目的を定め，活動を決め，活動場所などを確保する努力など細々したことまで自分たちで全てを自立的に行っていくうちに道具的自立，精神的自立が高まり，地域の対等な仲間とコミュニケーションをするうち，平等規範を学んでいくという変化が生じ，それは男女間の平等意識にも広がりうる可能性があることが明らかになった．このような社会参加の場での規範の変化や，自立性が高まると

いうことは，夫が社会参加により精神的自立を高め，道具的自立，すなわち家事などができるようになり，日常的な生活が自立的にできるようになるということを意味する．近年日本においては高齢期になり子どもが独立して配偶者に先立たれ，意図せず単身世帯になるリスクが上昇している．男性の場合，妻に先立たれると精神的な打撃ももちろんだが，妻に家事を任せていた場合すぐさま日常生活に差し障りが生じ，体調を崩すケースが多い．せめて精神的・道具的自立が出来ていれば単身生活への備えをし，高齢期の生活の変化に対処する力が高まるだろう．

また，夫が社会参加をすることで男女平等規範が高まり，夫婦で家事分担をする．さらに精神的にも妻から自立するようになれば，夫の世話から解放されて妻の主観的幸福感が高まるし，夫も妻も自立した生活をすることが可能になる．逆に夫が仕事もせず社会参加もしないと，夫の日常生活における自立はいつまでも達せられず，男女平等の考えも進まず，二重の意味で妻の生活満足度を低めることにもなりかねない．

さらに［研究3］からは，社会参加のマクロへの効果も明らかになった．ボランティア・グループ等が，他のグループや行政へのサポートの供給を今後も継続していけば，社会の中において行政と企業に並ぶ「市民」の力を高め，ひいてはソーシャル・キャピタルの蓄積がはかられていく可能性もある．

また社会参加活動をすることにより経済的効果が生じることも判明した．家にいて何もしないより，活動をすることには多少の費用がかかる．退職シニア本人からみれば費用であるが，国全体から見れば，貴重な経済活動である．高齢者人口が増加していく現在，高齢者の消費行動は日本経済にも大きな効果があると考えられよう．家にいて何もしない高齢者ばかりが増えるのでは，日本経済の停滞は避けられなくなるに違いない．

社会参加によって地域での知り合いや友人のネットワークが形成されるということは，夫に地域での知り合いができるということである．妻の地域ネットワークとの重なりができ，地域の知り合いの話題という夫婦の共通の会話のタネが生まれる可能性もある．本研究の対象は夫が60歳代であるから，子どもも大きくなり，仕事のみだった夫と妻の共通の話題は少ないのではないだろうか．ところが夫が社会参加をすれば，それによって夫婦の会話が促進され，コ

ミュニケーションが図られることによって妻の生活満足につながるということも考えられる.

これらの社会参加活動によりもたらされる結果の検討を経て，ついにこれまでの3つの社会参加活動研究の問題点を克服することが可能になった.

第3節の最後にふれたように「社会参加位相モデル」の利点は以下の3つの問題点に応えるものだと指摘した上で，このモデルで1つめと2つめは解決できることを説明した.

1) サクセスフル・エイジングの第3の基準「人生への積極的な関与」に関していかにしてこれを達成するかという議論を欠く

2) 社会参加活動の先行要因やそのもたらす影響を捉えるために，広範な社会参加活動を分類するための有効な軸が検討されず提案されてこなかった

3) 社会参加活動の先行要因からもたらす結果までのダイナミクスが検討されてこなかった

これまで3つのモデル「社会参加位相モデル」「社会参加位相モデル（促進モデル）」「社会参加位相モデル（効果モデル）」を提案したが，この3つのモデルを得て，3つめの問題点の克服が可能になる.

これらの3つのモデルに共通するのは社会参加活動の4つのフェーズと，個人，社会関係，社会制度という3つの視点である．これらによってこの3つのモデルは有機的につながり得る．例えば，個人的な要因において，「ボランティア多様性認知」がなく，ステレオタイプ的なよすぎるボランティア・イメージを持っていることがボランティア活動に阻害的に働くことを明らかにしたが，社会参加で知り合った人たちが行っている比較的負担の少ないようなボランティア活動をみて，自分でもちょっとやってみようかと簡単なボランティア活動に挑戦してみる．ひとたびボランティア活動を行うことに成功すれば，ボランティアの多様性を認識することができるのである．そうすれば，それ以降はボランティアの多様性を認識するために，ボランティアに対するハードルが低まり，それ以降はボランティア参加への促進要因になる……というような正のスパイラルが考えられるのである．つまり，社会参加の先行要因から社会参加活動が生起し，その結果としてある変化が生じるという一連の社会参加活動のダイナミクスを捉えることが可能になるばかりでなく，社会参加活動の結果に

よる変化がそれ以降の先行要因となるというスパイラルができあがる．これは第3の問題点の克服が可能になるにとどまらず，その後に続く社会参加活動までを射程におくことができるということを意味する．

　ここまで［調査1］の質的データを用いて，3つのモデルを提案してきた．これらのモデルは独立ではなく，中核をなすのは社会参加活動の分類を提案した「社会参加位相モデル」である．次章から，これらのモデルを量的なデータを用いて検証していくことにする．

　注
1) 三菱財団の研究助成金を得て実施した．
2) （財）日本興亜福祉財団社会老年学研究所の実施した調査．
3) 以下グループ名と番号でインタビュー対象者のIDとしている．「B2, B3, B4」，「C1, C2, C3」は3人のグループ・インタビュー，「C6とC7」は2人でのグループ・インタビューを実施した．
4) 実際の分析では，全てのコードに対して同じ作業を行った．
5) 調査対象者の発言．発言者ID,「コメントの内容」の順になっている．

第5章 調査データによる「社会参加位相モデル」の検討

　第4章では，質的調査［調査1］を用いて，仮説生成的なアプローチにより社会参加位相モデルを提案した．しかし仮説生成の基となったデータは26名を対象に実施したインタビュー・データであり，一般性は担保され難い．よって，第5章と第6章において，ランダム・サンプリングによる社会調査データで，提案したモデルの一般化可能性を探る．

　第5章では，2002年に実施した［調査2-1］の調査データを用いて，社会参加活動の位相の検討（［研究4］），関連要因の検討（［研究5］），社会参加の効果の検討（［研究6］，［研究7］）を行う．

第1節　社会参加活動の位相——［調査2］の概要

　［調査2］は，質的調査［調査1］との比較をする目的で，質的調査の重点地域であった神奈川県茅ヶ崎市と東京都練馬区にて量的調査を行った調査である．

調査票の構成

　調査票は［調査1］でのインタビュー・ガイドと同様，茅ヶ崎市民と研究者が討議して作成した．質問内容は，どのような社会参加活動・ボランティア活動を行っているのか，社会参加の3つの志向性に関する項目，社会参加活動の規定因に関連するもの（「RQ2：退職シニアの社会参加を促進・阻害する要因は何か」に関連する項目），社会参加の結果何がもたらされたかを問うという内容（「RQ3：退職シニアが個人，社会関係，社会に与える効果は何か」に関連する項目），そのほか基本的属性，及び市民側の関心事であるジェンダーに関する項目や，公共性に関わる項目から構成されていた．

　質問項目の作成に際しては，［調査1］のインタビューを数名実施した時点

でその結果を参考にし，先行研究の結果を踏まえて作成した．具体的には，社会参加志向性の項目については，[研究1]の結果析出された第1次カテゴリーをベースに既存尺度（Clary et al., 1998; Hill, 1987）を参考に作成した．またボランティアに対する良すぎるイメージ，積極性，情報収集力については，[研究1]の結果を踏まえて質問項目を起こした．そのほか，学歴や健康状態，経済状態，居住地域など基本的属性項目を加えて，調査票案を作成し，プリテストを実施して質問項目を改訂して完成させた（巻末資料2参照）．

調査対象者

第3章で説明したように，[調査2]には，2つの年齢層の母集団を対象にした調査が含まれていたが，退職シニアに焦点を当てて検討するために，本章では[調査2-1]神奈川県茅ヶ崎市，東京都練馬区の60歳代有配偶男性とその妻を対象にして行った調査のデータを用いた．

[調査2-1]は茅ヶ崎市と練馬区の2地点で住民基本台帳を用いた2段階確率比例抽出法により，60歳代有配偶男性を抽出し，その男性とその妻に対して訪問留置法にて2002年7月から8月にかけて調査を実施した．なお，平成12年国勢調査結果によれば，茅ヶ崎市と練馬区は労働力率がそれぞれ57.8％，57.1％，非労働力人口のうち家事をしている人の割合がそれぞれ54.1％，54.0％と就業関係について似た構造を持った地域であった．60歳代の有配偶男性は茅ヶ崎市1万1549名，練馬区3万141名であり，サンプリングの第1段階で茅ヶ崎市，練馬区の全域から人口に比例した確率で50地点ずつ抽出し，第2段階でそれらの地点から60歳代の有配偶男性を茅ヶ崎市では280人，練馬区では300人を抽出した．就労状況が類似しており，さらに本研究で着目する主観的幸福感に2地点で有意な差は見られなかったため，サンプルをあわせて分析することとした．

あらかじめ調査の依頼状と調査票を郵送し，調査員が調査対象者の自宅を訪問して調査票を回収した．欠票理由は転居1名，長期不在7名，一時不在28名，住所不明5名，拒否170名，その他5名であった．夫婦双方の調査票が回収された場合のみデータとして採用した．回収率は茅ヶ崎市で60.4％（280組配布，169組回収），練馬区で65.0％（300組配布，195組回収）であり，分析対象となったのは364組728人であった．

1　社会参加位相モデルの検証 ［研究4］

　［研究4］では，退職シニアの社会参加の問題に焦点を当てて検討するため，［調査2-1］のデータのうち，サブ・サンプルとして．会社での就業経験のある人を選択した．分析対象は，茅ヶ崎市142名（男性112名，女性30名），練馬区152名（男性111名，女性41名）となった．

　［研究4］では，社会参加位相モデルの位相性を検討するため，

　1）社会参加の3つの志向性の高低が確認できるか

　2）部分尺度分析法（partial order scalogram）（林・飽戸，1976；真鍋，1993）を用いた分析により社会参加活動の1次元性が確認できるかを検討することが目的である．

分析に用いた項目

1）社会参加の志向性——「利己的志向」，「ネットワーク志向」，「社会貢献志向」の3つの志向性は，本研究で提案した「社会参加志向」であるため，新しく測定項目を作成する必要があった．

　具体的には，「利己的志向」の項目については，［研究1］の結果析出された第1次カテゴリーをベースに質問項目を新しく作成した．「ネットワーク志向」については，対人志向尺度（Hill, 1987）を参考にした．「社会貢献志向」については，［研究1］の結果析出された第1次カテゴリーをベースにVFI（Clary et al., 1998）の測定項目を勘案して，新しく調査項目を作成した．事前にプリテストを行い，表現にわかりにくい点はないか，回答に偏りがみられないかなどを確認した．

　それぞれに使用した尺度は以下の通りである（すべての項目は，「あてはまらない」から「よくあてはまる」までの4点尺度である）．

　利己的志向　信頼性係数 α = .613

　　趣味やボランティアは自分自身を向上させる

　　趣味やボランティアをすることは健康のために大切だ

　　趣味がない人間はつまらない人だと思う（逆転項目）

　　趣味を持つことは生活を豊かにする

　ネットワーク志向　信頼性係数 α = .712

　　人と一緒にいると，元気が出てくる

いろいろな人と知りあうことは興味深い

　　人と付き合うのはわずらわしい（逆転項目）

　　自分の価値を認めてくれる人にそばにいてほしい

　　これからも人付き合いを広げていきたい

　社会貢献志向　信頼性係数 α = .782

　　地域活動に積極的に参加したい

　　地域に貢献したい

　　自分のできるかぎり社会の役にたつべきだ

　信頼性係数 α がそれぞれ十分に高かったので，それぞれ項目の平均値を利己的志向，ネットワーク志向，社会貢献志向とした（利己的志向では，項目のうち欠損値が2以上であったケース，ネットワーク志向では項目のうち欠損値が3以上であったケース，社会貢献志向では，項目のうち欠損値が2以上であったケースを除いて計算した）．

2）社会参加活動の項目——社会参加活動については，「自治会，町内会，老人会，婦人会」，「PTA」，「同業者の団体，農協，労働組合」，「生協・消費者団体・住民／市民運動の団体」，「ボランティア団体」，「宗教団体」，「学習会や習いごとのグループ」，「趣味や遊び仲間のグループ」，「仕事仲間のグループ」，「同窓会」，「その他」の11種類のグループや団体の選択肢を提示し，このようなグループ・団体に参加したことがあるかどうかを「現在参加している」，「過去にしたことがある」「したいと思うがしていない」，「したくない／関心がない」の4つの選択肢で問うた．「現在参加している」と答えた人にのみ，上記11種類のグループ・団体のうち，参加しているものすべてを選んでもらった．

　また，この1年間に行ったボランティア活動についてたずねた．7つの選択肢を示し，行った活動を全て選択してもらった．7つの選択肢は「高齢者や障がい者，子どもの福祉等に関するボランティア活動」，「地域の美化／掃除・安全防災運動・環境保全活動」，「地域の教育・文化活動・スポーツ・リクリエーション活動」，「リサイクル活動・消費者運動」，「日本にいる外国人の手助け・海外で支援活動」，「民生委員・保護司・行政相談委員などの公的な奉仕活動」，「その他」であった．

表 5-1 調査対象者の基本的属性 ($N=294$)

特　徴	n	%
性別		
男性	223	75.9
女性	71	24.1
就業の有無		
無職	144	49.0
有職	150	51.0
地域		
茅ヶ崎	142	48.3
練馬	152	51.7
学歴		
小・中学卒	46	15.9
高校卒	114	39.3
短大・高専／専門・専修卒	21	7.2
大学卒以上	109	37.6
住居状況		
持ち家	253	86.1
賃貸	38	12.9
社宅・官舎	2	0.7
その他	1	0.3
健康		
よくない	9	3.1
あまりよくない	22	7.5
ふつう	110	37.4
まあよい	57	19.4
よい	96	32.7
家計のやりくり		
非常に苦労	31	10.5
やや苦労	77	26.2
どちらともいえず	74	25.2
あまり苦労せず	81	27.6
まったく苦労なし	27	9.2

2　志向性と社会参加行動

1）基本的属性——対象者の基本的属性を表5-1にまとめた．なお年齢は54歳～69歳，平均年齢は64.1歳であった．

　なお，回答者について分布に偏りがみられないかを練馬区高齢者基礎調査（練馬区，2005）の結果と比較した（茅ヶ崎市では同様の調査がないため比較で

表 5-2　3つの志向性の平均値と標準偏差

	n	平均値	SD	最小値	最大値
利己的志向	285	3.038	0.597	1.5	4
ネットワーク志向	287	2.911	0.588	1	4
社会貢献志向	283	2.700	0.613	1	4

表 5-3　3つの志向性の相関係数

	1	2	3
1. 利己的志向	―		
2. ネットワーク志向	0.456	―	
3. 社会貢献志向	0.357	0.462	―

注：すべて $p < .001$ で有意．

きなかった）．ある程度家計の状況を表すと考えられる住居の状況について比較した．ただし，練馬区の調査の実施は 2004 年であり，［調査 2］より 2 年遅い．対象者も練馬区調査は 65 歳から 74 歳であるのに対し，［調査 2］は 60 歳から 69 歳と［調査 2］の方が若い．また練馬区では，全区民を対象としているが，［調査 2］では有配偶者のみである．このような調査設計に違いがあるので，単純には比較はできない点に留意が必要である．

　練馬区調査では，持ち家が 78.3％，賃貸 19.3％，官舎 0.5％（65 歳から 74 歳までの前期高齢者の場合）であった．一方［調査 2］は表 5-1 の通りであり，［調査 2］の方が，持ち家率が 86.1％と高く，やや経済的に豊かな層にサンプルが偏っている可能性があった．しかし，単身者を含む練馬区調査の方が持ち家率は低いことが予想されるため，分布に大きな偏りはみられないと考えてよいだろう．

2）社会参加の3つの志向性――3つの志向性の平均値と標準偏差を表 5-2 に示した．

　変数間の相関は表 5-3 の通りである．項目間には中程度の相関が観察された．

4）社会参加活動の状況――表 5-4 はグループでの参加の有無についてまとめたものである．現在社会参加活動をしている人は 54.8％であり，関心が全くない人は 11.6％に過ぎず，社会参加行動には高い関心がある様子がみてとれる．

　回答者全体の中で，活動の種類ごとに参加率をまとめたものが図 5-1 である．

表 5-4　グループ参加の有無

	n	%
参加している	161	54.8
過去にあり	42	14.3
したいとは思うがしていない	43	14.6
したくない／関心がない	34	11.6

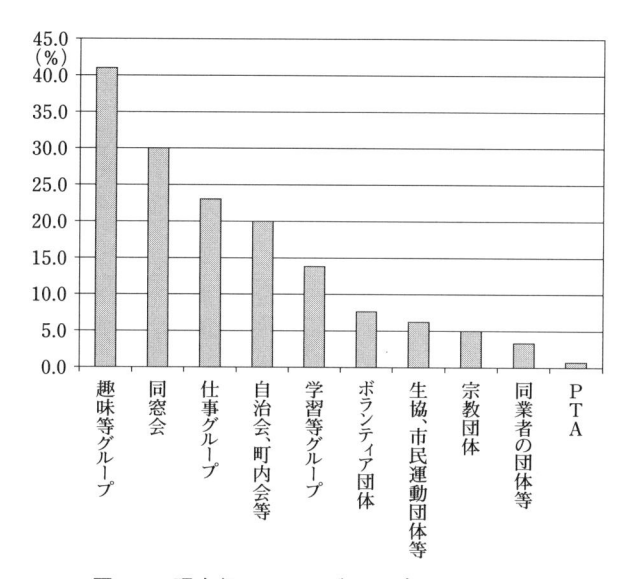

図 5-1　現在行っているグループ活動の参加率

　趣味や遊び仲間のグループと同窓会に参加している人が最も多い．ボランティア団体への参加率は7.5％であった．

　次に，この1年間に行ったボランティア活動について，有無をたずねたところ，どれもしなかった人が67.7％と約3分の2を占めていた．最も多く行われていたのは地域の美化／掃除・安全防災運動・環境保全活動で19.2％，高齢者や障がい者，子どもの福祉等に関するボランティアは7.8％であった．日本にいる外国人の手助け・海外での支援活動，民生委員，保護司，行政相談委員などの公的な奉仕活動を行っていた人は非常に少なかった．

　次に社会参加位相モデルの検討に入ろう．第4章第3節で提案した社会参加

位相モデルにおける仮説は以下の4つであった.

　　フェーズ0では,3つの志向性全て低い
　　フェーズ1では,利己的志向のみ高い
　　フェーズ2では,利己的志向とネットワーク志向が高い
　　フェーズ3では,3つの志向性全て高い

　これらの仮説を検証するために,まず調査対象者が社会参加活動の4つのフェーズのうちどのフェーズに属するのかを以下のように決定した.

　1人でする趣味活動のみを行っている人もいれば,1人でする趣味もあるし,同時に趣味のグループにも参加し,ボランティア・グループにも参加しているような人もいることが想定される.このように複数のフェーズにわたって活動を行っている人は,その中で,最高のフェーズに属するものとした.つまり,ボランティア・グループにも趣味グループにも参加している人は,フェーズ3,と分類した.なぜなら社会参加位相モデルでは,ボランティア活動を行っている人は,3つの志向性が全て高いと想定しているため,利己的志向のみが高い場合に行うと想定する1人でする趣味活動や,利己的志向とネットワーク志向が高いと想定するグループでの活動は容易に行い得ると考えたためである.同様にボランティア活動はしていないが,何かしらのグループに参加していればフェーズ2に,グループには参加せず1人きりでしている趣味があればフェーズ1に,ボランティア活動も,グループ参加も,1人でする趣味もいない人はフェーズ0に分類した.

　フェーズの分類は背反的に行った.フェーズ3はグループでボランティア活動を行っている人,フェーズ2はボランティア以外のグループ活動を行っている人,フェーズ1は,趣味など1人で行う活動を行っている人,フェーズ0は社会参加活動を行っていない人とした.その結果フェーズ0は43人(15.1%),フェーズ1は80人(28.2%),フェーズ2は67人(23.6%),フェーズ3は94人(33.1%)となった[1].

　次にフェーズと志向性の関連を検討するために,分散分析を行った.3つの志向性全てで有意差($p < .001$)がみられた.その後の検定(Duncan)で,利己的志向では,「フェーズ0」と「フェーズ1～フェーズ3」の間に,ネットワーク志向では,「フェーズ0,1」と「フェーズ2,3」の間に,社会貢献志向

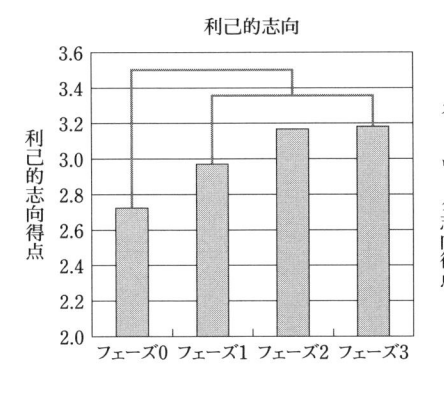

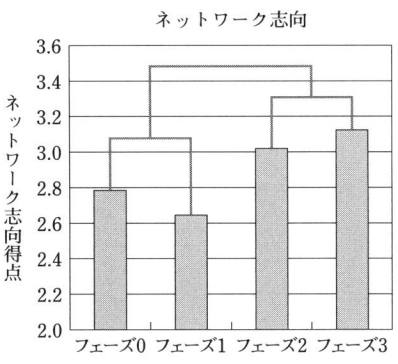

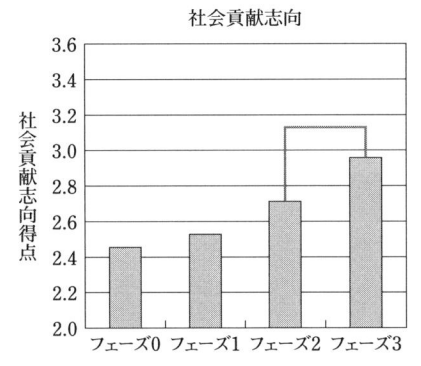

図5-2　社会参加のフェーズと3志向性

では,「フェーズ2」と「フェーズ3」の間で, フェーズの高い方が志向性が高いという統計的に優位な差が観察された（図5-2）.

次にフェーズの違いにより3つの社会参加志向に差がみられるのかを検討する. フェーズ0と他のフェーズを比較すると, 利己的志向がそれ以外のフェーズより低く, ネットワーク志向はフェーズ1との差はみられなかったが, フェーズ2, フェーズ3より低くなった. 社会貢献志向は有意差はみられなかったものの, すべてのフェーズで最も低くなった.

フェーズ1に着目すると利己的志向はフェーズ0より高く, ネットワーク志向はフェーズ2より低い, 社会貢献志向は有意差はみられなかったがフェーズ2より低くなった.

フェーズ2では, ネットワーク志向がフェーズ1より高く社会貢献志向は

フェーズ3より低かった．最後にフェーズ3は利己的志向・ネットワーク志向・社会貢献志向のどれもが他のフェーズより高くなった．よって社会参加位相モデルの4つのフェーズに関する仮説は概ね支持されたといえよう．

3　部分尺度分析法による位相の検討

前項で3志向性とフェーズ間の関係について検討したが，4つの社会参加活動がはたして社会参加位相モデルで想定するように1次元で捉えられるかには疑問が残る．そこで，部分尺度分析（林・飽戸，1976；真鍋，1993）を実施して，4つの社会参加活動の一元性を検討した．「部分尺度分析法は，多次元度解析法の系列に属し，Guttman scaleにおける1次元性についての基本的な考え方を多次元分析にまで広げたもの」（真鍋，1993，p.121）であり，多次元をなすものの中から部分的に1次元性を見いだそうとする方法である．いくつかの質的なカテゴリーに対する回答を得た際，それらの背後に1次元性を仮定しうるのかどうかを検討し，仮定できるとする場合，どのような順序になるのかを検討する分析法である．

部分尺度分析法について，林・飽戸（1976）の説明を簡単に紹介しよう．アラブの日常生活の近代化を測る「尺度」を作る例である．質問は4つある（括弧内は，その回答を表す比率）．

- A　あなたの家に寝室は別にあるか
    1　ない（48%）　　2　ある（52%）
- B　あなたの家に台所は別にあるか
    1　ない（33%）　　2　ある（67%）
- C　あなたの家に洗面所はあるか
    1　ない（20%）　　2　あるが家の外にある（37%）
    3　家の中にある（43%）
- D　あなたの家に，洗濯の設備はあるか
    1　ない（44%）　　2　あるが別の部屋にない（14%）
    3　ある，浴室にある（42%）

これらの回答から回答の少ないものを除いて回答パターンを表すと図5-3のようになる．

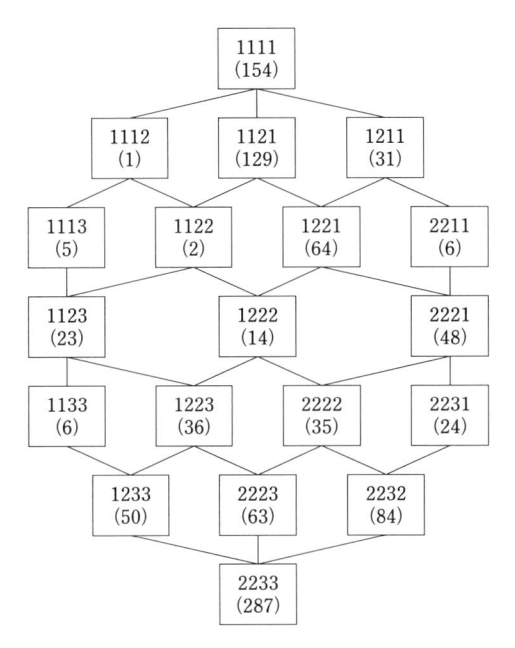

```
            1111
            (154)
    1112    1121    1211
     (1)    (129)   (31)
  1113  1122  1221  2211
   (5)   (2)  (64)   (6)
     1123   1222   2221
     (23)   (14)   (48)
  1133  1223  2222  2231
   (6)   (36)  (35)  (24)
     1233   2223   2232
     (50)   (63)   (84)
            2233
            (287)
```

図 5-3 部分尺度分析例（林・飽戸，1976, p.203, 図 10.6）
注：4つの数字は左からABCDの回答を示す．括弧内は人数．

　この図で縦に並んでいる部分は1次元性尺度を構成しているというのが部分尺度分析の結果である．つまり，この例では，一番上の（1111）は最も近代化しないもの，一番下（2233）が最も近代化したものを表す．一番上部の1111の組み合わせはAからDの設備がすべて「ない」パターンなので，一番近代化していないのは明らかであるが，その左下の1112（A，B寝室・台所は別になく，洗面所はないが，D洗濯の設備が2：「あるが別の部屋にない」）と1113（D洗濯の設備が3：「ある，浴室にある」で，他はない），という回答の近代化程度を比べると，この結果からは，下に位置する1113の方が近代化している，という解釈になる．部分尺度分析は「頻度の少ないものを捨て，可及的に再現率を高く次元を低く抑えることが方法の核心」（林・飽戸，1976, p.204）であり，多分に試行錯誤的要素が多いと指摘されている．

　本研究のケースに戻ろう．社会参加活動を3つの活動の有無（個人でする趣味の有無，グループ活動の有無，ボランティア活動など社会貢献活動の有無，

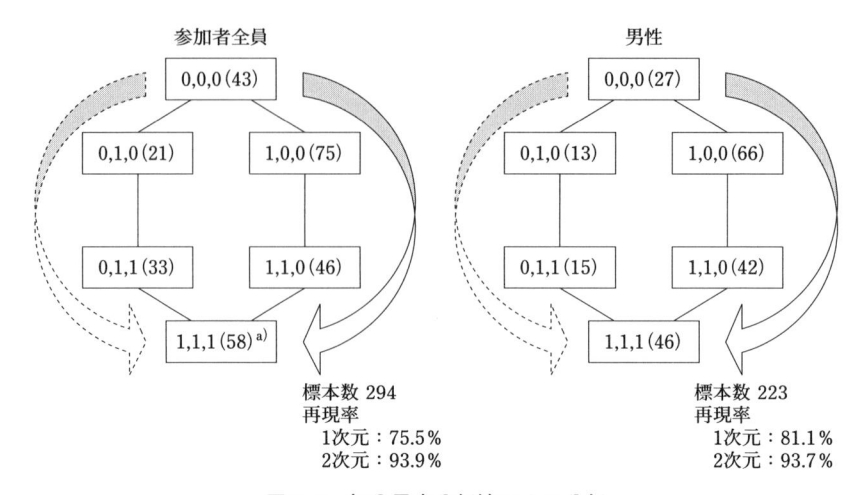

```
           参加者全員                                男性
          ┌─────────┐                         ┌─────────┐
          │ 0,0,0(43)│                        │ 0,0,0(27)│
          └─────────┘                         └─────────┘
     ┌─────────┐ ┌─────────┐             ┌─────────┐ ┌─────────┐
     │ 0,1,0(21)│ │ 1,0,0(75)│           │ 0,1,0(13)│ │ 1,0,0(66)│
     └─────────┘ └─────────┘             └─────────┘ └─────────┘
     ┌─────────┐ ┌─────────┐             ┌─────────┐ ┌─────────┐
     │ 0,1,1(33)│ │ 1,1,0(46)│           │ 0,1,1(15)│ │ 1,1,0(42)│
     └─────────┘ └─────────┘             └─────────┘ └─────────┘
          ┌─────────┐                         ┌─────────┐
          │ 1,1,1(58)a)│                      │ 1,1,1(46)│
          └─────────┘                         └─────────┘
```

標本数 294　　　　　　　　　　　　　　　標本数 223
再現率　　　　　　　　　　　　　　　　　再現率
1次元：75.5%　　　　　　　　　　　　　　1次元：81.1%
2次元：93.9%　　　　　　　　　　　　　　2次元：93.7%

図 5-4　部分尺度分析法による分析

注：3つの数字は左から趣味の有無（無0，有1），グループ参加の有無，ボランティア・グループ参加の有無．括弧内は人数．

1＝参加有，0＝参加無）で表し，部分尺度分析を用いて，社会参加活動の1次元性を検討した．本研究では，フェーズの順序はあらかじめ社会参加位相モデルにより仮定しているため，モデルに従って，社会参加活動の位相性という1次元を想定しうるのかどうかを検討した．

　図5-4の左の図は，調査対象者全員294名を対象に部分尺度分析を行った結果である．四角の中の3つの0か1かの数字は，左から趣味活動をしていれば1，していなければ0，次の真ん中の数字は，グループに参加していれば1，参加していなければ0，一番右は，ボランティア・グループに参加していれば1，参加していなければ0，となっている．よって，一番上の四角は（0，0，0）で趣味もグループ参加もボランティア・グループ参加もどれもしていない状態であり，フェーズ0を意味する．一番下の四角は（1，1，1）なので趣味もグループ活動もボランティア活動もすべて行っている状態になる．すべての組み合わせでは，2×2×2＝8通りのパターンができるが，そのうち頻度の低かった（0，0，1）と（1，0，1）を除くと図5-4のような2ルートが現れた．

　上と下の四角を結ぶ左右のルートをみてみよう．左ルートでは［（0，0，0）→（0，1，0）→（0，1，1）→（1，1，1）］となり，最初何もしない状態から，

1人での趣味活動はしないでグループ参加をし，趣味はせずグループ参加とボランティア参加をし，最後に趣味活動もグループ活動もボランティア活動もする，というルートである．

右ルートは［(0, 0, 0) → (1, 0, 0) → (1, 1, 0) → (1, 1, 1)］というルートであり，何もしない，趣味活動のみ，趣味とグループ参加，趣味とグループ参加とボランティア参加をしている，すなわち［フェーズ0→フェーズ1→フェーズ2→フェーズ3］という次元に呼応している．この現れた2つのルートを社会参加の2つの次元と考えれば，2次元を想定した場合の再現率は276名（＝43＋75＋46＋58＋21＋33）をサンプル数294名で割った93.9％になる．

一方，社会参加位相モデルで仮定する右ルート［(0, 0, 0) → (1, 0, 0) → (1, 1, 0) → (1, 1, 1)］だけでみれば，この次元上に位置する人は222名（43＋75＋46＋58）であり，全体のサンプル数294で割ると再現率75.5％になる．

図5-4の右の図は男性のみについて分析を行ったものである．同様に左右のルートを合わせると再現率93.7％，右ルートのみでの再現率は81.1％になり，男女合わせたサンプルより男性のみのグループでの分析の方が，想定順序［(0, 0, 0) → (1, 0, 0) → (1, 1, 0) → (1, 1, 1)］の1次元性がさらに強くあらわれた．

ただし，左のルート上に位置する (0, 1, 0) (0, 1, 1) に分類された人も，サンプル全体では約4分の1，男性サンプルでは19％存在する．この人たちは趣味を持たずにグループ参加をしている人たちになる．では，この2つのグループの人たちは右ルートの人に比べて何か異なる特徴があるのだろうか．

部分尺度分析の結果図5-4上に表れた6グループについてどのような差があるのか検討するために，社会参加の3つの志向性得点の差を分散分析で検討した．左上の (0, 1, 0) のグループの人たち（趣味なし，グループ参加あり，ボランティアなし）は，志向性の得点の傾向が (1, 1, 0) のグループの人たち（趣味とグループ参加，ボランティアなし）と類似していた．すなわち，両グループとも利己志向は (0, 0, 0) グループより有意に高く，ネットワーク志向は (0, 0, 0) グループ及び (1, 0, 0) グループの人に比べ有意に高かっ

た．さらに社会貢献志向は（0，1，0）（1，1，0）のグループの間に差がみられなかった．つまりこの両グループの社会参加活動の内容は，両グループともにグループ参加はしているがボランティアをしていない点が共通し，違う点は一人でする趣味があるかないかであり，志向性のパターンは類似していた．

また左下（0，1，1）グループ（趣味はないがグループ参加とボランティアあり）と（1，1，1）（趣味もグループ参加もボランティア参加もあり）グループを比較すると，（0，1，1）グループの方が利己志向は低いが，（0，0，0）グループと比較して利己志向が有意に高いという点では（0，1，1）グループと（1，1，1）グループは類似している．またネットワーク志向が（0，0，0）グループと（1，0，0）グループに比して高い点，社会貢献志向が（0，0，0）グループに対して有意に高いという類似した傾向を示しており，両グループの差は1人でする趣味があるかないかという点にある．これらから，両グループの人たちは自分の好みに合う活動をしているという点で共通している．ただし（1，1，1）グループの人たちは1人でする趣味も持っているという点が（0，1，1）グループの人たちと異なるだけで志向性のパターンも類似していることが明らかになり，両者をそれほど区別する必要はないと考えられる．つまり（0，1，0）は（1，1，0）に，（0，1，1）は（1，1，1）のカテゴリーに含めることに大きな問題はないと考えられ，社会参加活動位相モデルの4つのフェーズは大きくは1次元をなすとみなしてもいいと考えられる．

4　インタビュー・データによる位相の解釈

では，4つのフェーズは何を意味するのだろうか．それらの違いを理解するために［研究1］の質的データに立ち戻った．コメント中で，趣味から始めて，グループに参加して，ボランティア活動へと参加する，つまりモデルでいえば，フェーズ0からフェーズ3という順番で社会参加をしていくのが，趣味も無く仕事一途だった退職シニアにとって試みやすいルートであるとの趣旨のものがあった．つまり，無趣味な状態から趣味を始めて自分の好みの活動を見つける，それから自分の好みの活動を行っているグループに参加し，そののちボランティア活動にも参加するというのが，退職シニアにはボランティアをしやすい道筋であることを述べたコメントであり，筆者の提案するフェーズ0から

フェーズ3という位相性の考え方の流れと一致するものである．

C2 「趣味の会というと怒られるかもしれないけど，趣味が仲間づくりを呼んで，それが奉仕活動につながっていく部分もありますからね」
B1 「そう．特にいまの60代以上の人は，企業の中でそういう活動の歴史が何もないから，いきなり（ボランティアやNPOにいくのは）は難しいと思います．そういう意味で，2段階にしてあるわけです」

先行研究においても，木下（2003b）は60歳以上のシニア・ボランティアを対象とした調査において，趣味グループの活動が外部からの依頼でボランティア活動をするように発展していく様子を記述し，「趣味や特技を一気にボランティア活動に結びつけるところにハードルの高さがある」と指摘し，「自分たち自身のための活動として行っているものが，外部からの依頼やメンバーやリーダーの発案があれば，かなり自然なかたちでボランティア活動へと発展していることを示している」と指摘している．さらに「一人でのいきなりの参加よりもハードルは低いし，通常の活動の延長線で行える点も重要であろう」と結論づけている．これは，趣味や特技があり，自分の楽しみとしてやっていた人に，それらを発展させてボランティア活動につなげる，という視点である．さらにボランティアを対象にして実施された実態調査（全国社会福祉協議会，2010）においても，ボランティア活動参加の動機として「自分自身の関心や趣味の活動から自然につながった」とする回答が約4割観察された．本研究の結果と木下の指摘，ボランティアの実態調査からは，日本の退職シニアの場合，ボランティア活動だけをとりだして考えるのではなく，趣味やグループ活動からの発展というルートを考えることの意義が指摘できよう．

グループ参加への障壁――「地域デビュー」への恐怖

最後にフェーズの間の違いに注目する．もちろん社会参加活動をそもそもするかどうか，あるいはどんな社会参加活動をするのかは，個人が自由に決めることであるが，高齢者の実態調査では常にボランティアをしたい人と実際にしている人の間に乖離がある（内閣府，2002b）．つまり，したいという気持ちはあっても実際にはボランティアをしていないという人たちが多く存在する．本調査においてもグループへの参加もしてみたいのにしていない人が14.6%存在し

た（表5-4）．では，したい気持ちはあってもその実現を阻む原因は何なのだろうか．［研究1］の質的データに立ち戻って検討する．

B4 「それは全く違います．グループに入ろうとするのは非常に怖いんです」
B2 「怖いのかもわからないね」
B4 「怖いんです．不安なんです．不安であり怖い」
B2 「不安というか怖い」
B4 「学校を出てサラリーマンになるのは当たり前と思うでしょう．ですから一生懸命になります．そういう社会を卒業して，今度はフリーな立場でいまのグループなりに参加しようとするというか，怖くて，参加しようなんて気持ちはさらさらないです」
B4 「いま新しく定年になった僕らより一回り若い60歳の人も同じ気持ちだと思います．口で説明するとわかるのですが，一歩踏み出せない人がごろごろいます」

これは，グループBのグループ・インタビューのときのコメントである．調査対象者B4が，定年後に初めて地域のBグループに入ろうとしたときの恐怖感を思い出して語ったところ，もう一人の退職シニアB2もその恐怖感を味わったことを認めた．これらのコメントからは，会社人間だった人が定年退職後に未知の地域のグループに入ろうとする，つまり俗に言う「地域デビュー」を果たすことはかなりの恐怖心を伴うものであることを見事に表している．会社時代のようにルールが共有され，おおよそのメンバーもがわかっている世界から，ルールもメンバーもわからない未知の地域社会の世界に入る，すなわち「地域デビュー」するのは容易なことではないことの謂である．定年退職後に地域のグループに入るということにはかなりの勇気が必要であり，そのことがグループ参加への1つの障壁となっていると考えられる．

ボランティア活動への障壁――「良すぎるボランティア・イメージ」

次はフェーズ3，ボランティア活動への障壁である．第4章第4節の社会参加に関連する「個人的要因5：認知」の第2次カテゴリー「ボランティアの多様性認知」でも簡単に説明したが，調査対象者のコメントを参照しよう．

B1 「僕もしょっちゅうみんなに言っているのですが，ボランティアといっても構えて人のためにやるということでなく，シニア・セミナーをやるとか料理塾をやると

か，こういうこともみんなボランティアなんです．これをやろうと思ったら，14,
　　　15人の人間がかかわっていろいろ準備するわけですから，それが大事なんだよと
　　　言っています」
　B1 「しかし，まだ経験したことのない人には，そういう壁が厚いですね．偽善者が
　　　やっているという見方をする人もいる．特に男性の場合はそうで，それでなかなか
　　　進まないんです」

　これらの言説からは，日本においてはボランティア活動がまだまだ一般的なことではないために，ボランティアがどんなものであるかが具体的にわからず，ボランティアをすることは大変なことであると思い込んでしまい，ボランティアに踏み出せない様子が語られている．逆にいったんボランティアをしてみると，大変なボランティアばかりではなく，簡単にできる気軽なボランティア活動もあることがわかり，自分にもできる簡単なボランティアをしようという気持ちに変わる．

　C11 「ボランティアというと，障害者のお世話をしたり，東南アジアに行って飢餓の
　　　子供を救ったりと思っていました．実際は決してそんなものじゃなくて，すぐそこ
　　　にある，すぐできる，手の届くところでできる．やってみると，非常に気持ちがい
　　　い．そういうふうに変わってきました」
　D3 「そうですね．町を歩いていたら，若い人が車椅子を押しているんです．学生さ
　　　んみたいな感じだなと思って見ていたんですが，そうか，ああいうことをやっても
　　　ボランティアになるんだなと思ってね」

　日本においてボランティア活動が普及していないことは，上記のようなボランティア活動の内容に対するステレオタイプだけでなく，ボランティアをする人に対するステレオタイプをも生んでいる．つまり，「ボランティア」を「特殊で奇特な人がするとても大変なことだ」というボランティアに対する良すぎるステレオタイプ的な考えも，ボランティアをすることを妨げている様子が明らかになった．特殊で奇特な人がする大変なことだから，"普通"の私はできないし，大変なこと過ぎてとてもできない，という形でボランティア活動から遠ざけてしまうのである．
　部分尺度分析の結果みえてきた社会参加活動の4つのフェーズ，さらに社会

参加のフェーズを進んでいこうとする際に，フェーズにより立ち現れてくる障壁が異なるということ結果は，提案した4つのフェーズが意味のある分類であることの傍証となろう．さらにこれらの結果からは，フェーズごとに活動を促進あるいは阻害する要因が異なっていることが示唆された．

第2節　社会参加位相モデル（促進モデル）の検討
　　　──社会参加の促進要因［研究5］

1　目的と方法

　［研究5］では第4章において提案した社会参加位相モデル（促進モデル）に基づき，モデルの一部を［調査2-1］の量的データによって検討することを目的とする．それにより「RQ2：退職シニアの社会参加を促進・阻害する要因は何か」に答えることを目的としている．

　使用したデータは［研究4］と同じである．ただし，ここでは男性に限って検討することとする．それは男性と女性を取り巻く社会参加の環境はかなり異なり，同じ要因が働くとは想定しにくいからである．本研究の焦点は会社人間だった人が定年退職した後にいかに社会参加するかであり，いまの60歳代では，定年退職を経験した女性はきわめて少ないため，男性サンプルで検討することとした．

　分析には［調査2-1］のデータを用いるが，茅ヶ崎市と練馬区ではサンプルの抽出率が異なるので，［研究4］ではウェイトをかけたデータを用いた[2]．

説明変数

　社会参加位相モデル（促進モデル）のうち，質的調査で多くの人がコメントしていた概念や，質問紙調査になじみやすい変数について検討した．すなわち，［研究4］で使用した3つの志向性尺度，心理的リソースの中からで最も多くの人がコメントをしていた積極性，これまでの研究で検討されたことのない情報収集力，これまでのボランティア研究では指摘されることのなかった日本特有のボランティア阻害要因と考えられる特殊な人がする大変なことだというボランティア・イメージ．社会関係的要因では，退職シニアでボランティアを行っている知り合いの有無，社会制度的要因として居住地について検討した．

1）個人的要因

志向性：社会貢献志向，ネットワーク志向，利己的志向（詳しい項目については第5章第1節第1項参照）

積極性：以下の3つの項目（それぞれ「そう思わない」〜「そう思う」の4点尺度）．信頼性係数クロンバックの $\alpha = .670$ と高かったので，平均値を積極性尺度とした（3変数のうち，欠損値が1つ以下のケースのみ分析に用いた）．

　　時間ができたらいろいろやってみたいことがある
　　趣味をしていると気がまぎれる（逆転項目）
　　新しいことを始めるのはおっくうだ（逆転項目）

情報収集力：次の項目で測定した（「そう思わない」〜「そう思う」の4点尺度）．

　　何か新しい趣味などをはじめるとき情報をどうやって手に入れたらいいかわからない（逆転項目）

ボランティア・イメージ：下記の2つの質問項目を使用した．2項目の相関係数は.504（$p < .001$）と高かったので，足し合わせてボランティア・イメージ尺度とした．（それぞれ「そう思わない」〜「そう思う」の4点尺度）

　　・ボランティアをする人は献身的な人だ
　　・ボランティアにも安心して専門的なことが任せられる

2）社会関係的要因

ネットワーク・サイズが大きいなど豊かなネットワークを形成していることが社会参加に促進的に働くことが知られている（片桐，2006）．ネットワーク・サイズが大きければ，それだけ誘いを受けたり，情報を得たりすることが容易になるためと考えられる．ここでは，ロール・モデルとしての存在に着目した．身近に自分と同じように定年を経験した人でボランティアをしている知り合いがいれば，ボランティア活動に対して，自分とは違う人がすることだといった，ボランティアに対する良すぎるステレオタイプが薄れ，ボランティア活動が身近になる可能性がある．またボランティア活動をしている人にボランティア活動に誘われる可能性も生じると考えられる．よってここではフェーズ3のボランティア活動への促進要因として，「知り合いで定年を経験した人で，ボランティア活動をしている人の有無」を社会関係要因として分析に用いることとし

た．

3) 社会制度的変数

木村（1999）が指摘したように，居住地域によって，社会参加活動を取り巻く環境は異なる可能性がある．本調査では，首都圏近郊の都市であるか（神奈川県茅ヶ崎市），東京都23区内地域（練馬区）であるかどうかという居住地の変数を投入した．

4) 基本的属性変数

社会参加活動に関連していると指摘されてきた学歴，主観的健康状態，主観的経済状態を投入した．

従属変数

社会参加活動の4分類を従属変数とした（「フェーズ0」（＝0）から「フェーズ3」（＝3））．

2　結果と考察

1) 基本的属性

分析にもちいた男性データの基本的属性は表5-5のとおりである．分析対象となったのは［研究4］のサンプルの中の男性サンプルである．茅ヶ崎サンプルが112人，練馬サンプルが111人，計223人であった．就業状況では，119人（53.4％）が無職であり，104人（46.6％）は何らかの仕事をしていた．

行っている社会参加活動を分類したところ，「フェーズ0」27人（12.5％），「フェーズ1」71人（32.9％），「フェーズ2」55人（25.5％），「フェーズ3」63人（29.2％）であった．平均年齢は64.9歳であった．

2) 多項プロビットモデル分析

社会参加を促進する要因を検討するため，質的変数である社会参加活動の4分類（フェーズ0からフェーズ3）を従属変数とした多項プロビットモデル分析（堀内，2001）を行った．準拠群はフェーズ1とした（表5-6）．

フェーズ1の人に比べて，フェーズ2（グループ参加者）の人はネットワーク志向が高く，フェーズ1の人に比べてフェーズ3（ボランティア・グループ参加者）の人は，社会貢献志向が高かった．

この結果からは，趣味など1人で活動している人に比べて，グループ参加者

表 5-5　回答者の基本的属性

	n	%
健康状態		
よくない	8	3.6
あまりよくない	16	7.2
ふつう	82	36.8
まあよい	41	18.4
よい	76	34.1
やりくり		
非常に苦労	22	10.0
やや苦労	56	25.3
どちらともいえず	51	23.1
あまりよくない苦労なし	70	31.7
まったく苦労なし	22	10.0
学歴		
小・中学卒	32	14.6
高校卒	73	33.3
短大・高専／専門・専修卒	10	4.6
大学卒以上	104	47.5

表 5-6　社会参加行動を予測する多項プロビットモデル分析

	Coef.	SE		Coef.	SE		Coef.	SE	
	フェーズ 0			フェーズ 2			フェーズ 3		
利己的志向	-.209	.217		-.054	.181		.005	.229	
ネットワーク志向	.443	.275		.455	.234	*	.324	.286	
社会貢献志向	.106	.288		.244	.240		.563	.265	*
積極性	.053	.223		.129	.177		.827	.263	***
情報収集力	.279	.157		.171	.140		.092	.197	
ボランティア・イメージ	-.505	.207	*	-.561	.185	***	-.821	.236	***
知り合いにボランティア	.225	.270		.508	.218	*	.933	.257	***
地域（1＝茅ヶ崎, 3＝練馬）	-.469	.884		-.497	.749		-2.846	.997	***
経済状況	.080	.098		.060	.079		.031	.098	
健康状態	.061	.118		-.037	.094		-.046	.121	
定数	-.929	.536		-1.014	.477	*	-.072	.542	

注：参照グループはフェーズ 1．$N=168$，Wald chi^2(30) = 53.52, $p = .0052$
　　*$p < .05$, ***$p < .001$

はネットワーク志向が高く，趣味など1人で活動している人に比べて，ボランティア・グループに入っている人は社会貢献志向が高いという，社会参加促進モデルに沿う結果となった．利己的志向については有意な結果とならなかったが，そもそも全員の利己的志向の値が高く，分散が低かったためと考えられる．

　3つの志向性以外の要因として，個人的要因では，積極性とボランティア・イメージが有意になった．フェーズ1の人にくらべて，フェーズ3の人は積極性が高かった．ボランティア・グループに参加するにはかなりの積極性を必要とすることが確認された．

　ボランティア・イメージについては，フェーズ1の人に比べてフェーズ2とフェーズ3の人はボランティア・イメージが低かった．個人的な活動しかしていないフェーズ1の人は，ボランティアをしている人やボランティア活動の様子を直接見る機会が少ないために良すぎるボランティア・イメージを持っているのに比べて，フェーズ2の人は，参加しているグループにボランティアをしている人がいる可能性が高く，フェーズ3の人たちは実際のボランティア活動をしているため，ボランティアのイメージが現実に沿ったイメージに修正され，つまりボランティア・イメージが過度に高くはなく，ボランティアを特殊で奇特な人とは思っていないと解釈できよう．

　情報収集力については有意にならなかった．これは1項目「何か新しい趣味などをはじめるとき情報をどうやって手に入れたらいいかわからない」のみで測定したものであり，多面的な情報収集力を測定する尺度としては不十分だったためと考えられる．

　社会関係的要因では，フェーズ1の人よりフェーズ2とフェーズ3の人は定年を経験した知り合いにボランティアをした人が多かった．フェーズ3については，本人がボランティア活動をしているわけであるから当然の結果といえる．しかし，フェーズ2の人がなぜ退職シニアのボランティアの知り合いがいる確率が高いのだろうか．

　これはフェーズ2の人は参加しているグループのメンバーとのつきあいの中でボランティア活動している人に出会う，あるいは他のグループとの知り合いが増えることでボランティアをしている可能性のある人との出会いの機会が増

えるということを意味するのではないか．つまり，グループに参加することでボランティアの知り合いができ，偏ったボランティア・イメージが現実に即したものに変化することにより，ボランティアへの心理的障壁が低まり，将来はボランティア・グループへ参加するという可能性を示唆する結果と解釈できよう．定年を経験した知り合いでボランティアをしている人がいることがフェーズ2，フェーズ3になる確率を高める方向に働くことは，社会参加促進モデルに沿う結果である．

社会制度的要因として投入したのは居住地域であり，茅ヶ崎市の方が練馬区の人より，ボランティア・グループへの参加が高かった．

質的調査の［調査1］と量的調査の［調査2］の実施地域をなるべく比較可能な形で実施したのは，地域を巡る状況を［調査1］により明らかにする意図があった．［調査1］からは，茅ヶ崎市は以前から社会教育に熱心な地域として有名であることが明らかになっており，地域の社会参加をめぐる状況が地域差をもたらしたのではないか．つまり，地域によりグループやボランティア・グループを巡る状況や歴史が異なることが社会参加の状況に影響を及ぼすと考えることができる．行政や地域の状況などマクロ的要因が社会参加に影響を与えることを示唆する結果であり，社会参加を個人的要因や社会関係的要因のみで論じることの不十分さを示唆する結果となった．

最後に，基本的属性要因として投入した経済・健康状態が有意にならなかったことは，日本において支配的地位モデル（Lemon et al., 1972）が有効でないことを支持した結果といえる（学歴と経済状態は相関が高かったので，学歴はモデルに投入しなかった．また，全員60代の男性であるため，年齢もモデルには投入しなかった）．

小括　社会参加促進・阻害要因は何か——質的調査と量的調査から見えたもの

質的研究［研究2］からは，退職シニアの社会参加に関連する要因を個人的要因にとどまることなく，社会関係的要因と社会制度的要因という3つのカテゴリーから検討することで，退職シニアの社会参加には，様々なカテゴリーの要因が関っていることが明らかになった．個人的要因と社会関係的要因は基本的に参加を促進する方向の要因が浮かび上がってきたが，社会制度的要因に関

しては，主として阻害要因として退職シニアの前に立ちはだかっていた．政府の高齢者の参加を推進する施策にもかかわらず，現在の社会制度は退職シニアの社会参加に対してまだ十分とはいえない状況にある．

量的研究［研究 5］では，インタビュー・データの分析から得られた全ての要因を検討することはできなかったが，重要ないくつかの要因は質的分析を支持する結果となった．

すなわち，良すぎるボランティア・イメージがボランティア活動への参加を躊躇わせてしまうことは，日本社会のボランティア事情を反映していて，欧米の知見にはない日本特有の阻害要因であろう．日本特有といえば，質的分析から析出された社会参加の「濡れ落ち葉忌避」動機も日本の中高年夫婦の定年後の不安を反映したものとして興味深いものである．

また，支配的地位モデル（Lemon et al., 1972）が支持されない結果になったことも，日本の社会参加活動やボランティア活動には欧米とは異なる要因が働いていることを示唆する結果である．

第 3 節　社会参加活動により高まる主観的幸福感
―― 社会参加の効果［研究 6］

1　目的と方法

［研究 6］には 2 つの目的がある．1 つは社会参加活動の 4 つのフェーズによって個人の主観的幸福感に与える効果が異なるかどうかを検討することである．もう 1 つは，社会参加が社会に与える影響として，社会参加により社会関係資本が醸成されるのかを検討することにある．

社会関係資本研究では，社会参加が一般的信頼を高めるという議論がある（Putnam, 2000; Paxton, 2002 等）．一般的信頼は社会関係資本を構成する要素とみなされることから，社会参加により一般的信頼が醸成されていれば，社会に対して社会関係資本の形成という効果を与えていることの目安として用いることができよう．本書のモデルでは，社会参加活動のフェーズが進めば，一般的信頼が高くなると想定される．よって社会貢献志向が最も高いフェーズ 3 においては，グループ参加のフェーズ 2 より，信頼感が高いと予想する．

なお［研究6］では，［研究4］と同じサブ・サンプル，すなわち就業経験のある茅ヶ崎市142名，練馬区の152名のデータを用いて分析を行い検討した．

調査項目

社会参加活動が多面的に主観的幸福感に及ぼす影響を検討するために，自尊心，孤独感，生活満足度について検討を行った．

主観的幸福感に関しては自尊心尺度（Rosenberg, 1965），改訂版UCLA孤独感尺度（工藤・西川，1983），生活満足度尺度K（古谷野・柴田・芳賀・須山，1989, 1990）を用いて，主観的幸福感の異なる側面における違いを検討することとした．

一般的信頼感についてはYamagishi & Yamagishi（1994），山岸（1998）らの尺度を用いた．

各尺度の項目と信頼性係数は以下の通りである．

自尊心尺度（Rosenberg, 1965）（5点尺度）信頼性係数 $\alpha = .799$
　私にはいくつも良い点がある
　私は少なくとも他人と同じくらいには価値のある人間だと思う
　私には誇れるものがあまりないと思う（逆転項目）
　全体として，自分自身に満足している
　私は全く役に立たないと時々思う（逆転項目）

孤独感尺度（改訂版UCLA孤独感尺度，工藤・西川，1983）（4点尺度）信頼性係数 $\alpha = .825$
　私は人とのつきあいがない
　私の社会的なつながりはうわべだけのものである
　私には知人はいるが，気心の知れた人はいない

生活満足度尺度（生活満足度尺度K，古谷野他，1989, 1990）（2点尺度）信頼性係数 $\alpha = .469$
　最近になって小さなことを気にするようになったと思いますか（逆転項目）
　あなたの人生は他の人にくらべて恵まれていると思いますか
　これまでの人生で，あなたは求めていたことのほとんどを実現できていると感じますか

一般的信頼感尺度（Yamagishi & Yamagishi, 1994；山岸, 1998）（4点尺度）信頼性係数 α = .605
　ほとんどの人は信頼できる
　知らない人よりも知っている人の方が信頼できる
　一般に，長くつき合っている人は，必要なときに助けてくれることが多い

　以上の項目につき，それぞれの平均値をスコアとした（自尊尺度は欠損値が3つ以上ある場合，孤独感尺度，一般的信頼感尺度，生活満足度尺度では欠損値が2より大きいときには分析から除外した）．

仮　説

　本研究で検討する仮説は2つあり，H1は主観的幸福感に関する仮説，H2は一般的信頼に関する仮説である．

　H1-1：社会参加のフェーズが高いほど，孤独感が低い
　H1-2：社会参加のフェーズが高いほど，自尊心が高い
　H1-3：社会参加のフェーズが高いほど，生活満足度が低い
　H2　：社会参加のフェーズが高いほど，一般的信頼感が高い

　社会参加の4分類（フェーズ0からフェーズ3）を独立変数として自尊心，孤独感尺度，生活満足度，一般的信頼を従属変数とした分散分析を行った．

2　フェーズによる主観的幸福感の違い

1) 主観的幸福感

　社会参加活動のフェーズにより分散分析を行った結果，生活満足度を従属変数にした分析では，有意な差がみられなかった．自尊心尺度と孤独感尺度では有意差がみられたので，その後の検定を行った（Duncun）ところ，自尊心では，フェーズ0とフェーズ1以上の間に，孤独感ではフェーズ0とフェーズ3との間に有意差がみられた（図5-5）．

　生活満足度には差がみられなかったが，生活満足感は比較的安定的で変化しにくいといわれる尺度であり，本調査でも比較的値が高く分散が少なかったために有意な差が生じなかったと考えられる．

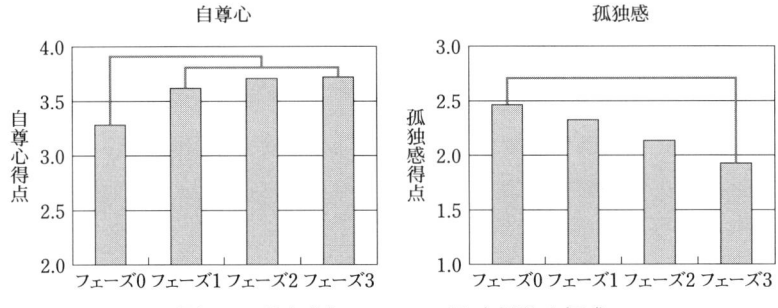

図5-5 社会参加のフェーズと主観的幸福感

　主観的幸福感の3つの結果をまとめれば，フェーズ0は，自尊心も低く孤独感も低い状況で，最も主観的幸福感が低い状態にあるといえる．フェーズ1からフェーズ3までは，自尊心に差がみられないものの，孤独感ではフェーズ3とフェーズ0と有意な差がみられたので，3つの主観的幸福感の尺度を総合すれば，フェーズ3の方が，フェーズ1と2より，主観的幸福感が高い傾向にあるといえるだろう．

　しかし，フェーズ1（個人で趣味）とフェーズ2（グループ参加）の間に差がみられなかったため，社会参加活動をしているかどうかで2分類して，グループ加入の効果を検討するためにグループ加入の有無で主観的幸福感を比較したところ，グループ加入者の方が自尊心が高く（$|t|(286) = 2.736, p = .07$），孤独感（$|t|(272) = 4.023, p = .001$）が低いという有意な差がみられた．

2）一般的信頼感

　一般的信頼感に関しても4フェーズ間で有意な差がみられなかったため，主観的幸福感での分析と同様，グループ加入の有無で検討したが，有意な差はみられなかった．平野（2002）は，一般的信頼感を高めるには，ただの参加ではなく積極的な参加であることが必要であることを指摘している．今回の分析では，グループ参加の関与度は問わず単純にグループ加入の有無で分析したために，差がみられなかったと考えられる．

第4節　社会参加活動と夫婦の関係——社会参加の効果［研究7］

　社会参加活動の高齢者本人に対する様々なポジティブな効果は明らかになってきたが，ここでは社会参加活動が夫婦に与える影響を検討する．かつて流行した定年後の男性を揶揄した「粗大ゴミ」や「濡れ落ち葉」という言葉には，定年退職後に外に出かけず家でごろごろしている亭主に対する妻のいらだちが込められている．近年精神科医は定年になった夫が家にいるようになったことでストレスを感じ，身体に変調をきたす妻たちのことを「主人在宅ストレス症候群」と名づけている（黒川，2005）．これは定年後の夫の生活のありようが夫本人にとどまらず長い時間を一緒に過ごす妻の健康にも影響を与えることを示している．この状況に対する解決策の1つが夫の外出であろう．夫が社会参加活動を活発にして外出が多ければ，一緒にいる時間が減り，夫の世話をする必要が減少することになるわけであるから，夫の社会参加活動は妻にプラスの影響を与えるのではないかと考えられる．つまり社会参加活動の効果を検討するには，これまでの研究のように本人に焦点をあてるだけでは不十分であり，配偶者に与える影響も視野に含める必要がある．

1　研究の目的と方法

　［研究7］の目的は，定年退職期にある夫の社会参加活動が本人及び配偶者の主観的幸福感に与える影響を検討することにある．特に夫の社会参加活動が妻に与える影響について明らかにすることが本研究の課題である．

　なお，ここで扱う社会参加活動は，夫が外出することに意味があると想定するため，家にいて個人でするような趣味活動は対象としない．よって［研究7］では，フェーズ2のグループ参加とフェーズ3のボランティア・グループへの参加をあわせて社会参加活動として扱う．

　［研究7］では，［調査2-1］のペア・データを使用した．これは有配偶の夫とその妻を対象にしたペア・データであり，夫の社会参加活動の妻に対する影響を検討することが可能となる．

分析項目

1）独立変数——社会参加活動の有無については，11種類の社会参加活動（自

治会・町内会等，PTA，同業者の団体，生協・消費者団体・住民運動の団体等，ボランティア団体，宗教団体，学習等のグループ，趣味や遊び仲間のグループ，仕事仲間のグループ，同窓会等，その他）を例示し，そのような活動を行っているグループや団体に現在参加しているかどうかで，社会参加活動の有無のダミー変数（1＝社会参加活動あり，0＝社会参加活動なし）を作成した．

　就業の効果を検討するために，「週30時間以上の就業」，「週30時間未満のパートタイマー」，「自営業主」，「家族従業・内職をしている」のいずれかに当てはまる人を「就業」，それ以外の働いていない人を「非就業」とし，就業の有無のダミー変数（1＝非就業，0＝就業）を作成した．なお，本研究の目的の1つは男性が退職後に就業の代替として社会参加活動のために外出することにより，家に不在であることの効果を検討することにある．よって，男性の場合は外出を伴わない「家族従業・内職をしている」1名および就業の様子が不明である「その他」2名は分析の対象からはずすこととした．

　2）従属変数――片桐（1998）は，定年退職の経験は男性にとって仕事からの解放といったポジティブな影響がある反面，自尊心や生活満足度の低下，うつ感情の上昇といった主観的幸福感にマイナスの影響も多くみられたことを，現役時の職業が事務管理系・技術系・現業系であった退職シニア27名を対象としたフォーカス・グループ・インタビュー調査の結果から報告している．さらに片桐（1998）は社会参加活動が及ぼす影響について，文京区の選挙人名簿に記載されている20歳以上の文京区民から2段階確率抽出法で無作為抽出した文京区民男女1600名を対象にした社会調査のうち102名の引退者をサブ・サンプルとして実施した研究結果から，社会参加により自尊心の上昇や孤独感の低下がみられたことを報告している．これらの研究からは，社会参加活動をすることにより定年退職による主観的幸福感の低下というマイナスの影響が緩和され，定年退職に対する適応が促進されることが示唆される．

　このように社会参加活動は退職シニアの主観的幸福感に様々な形で影響を与えると想定される．そこで本研究では，主観的幸福感の指標として自尊心及び生活満足度の2つの側面について検討した．

　自尊心はRosenberg（1965）の自尊心尺度から以下の5項目を用いた．（「そう思わない」から「そう思う」までの5点尺度）．

- 私にはいくつも良い点がある
- 私は少なくとも他人と同じくらいには価値のある人間だと思う
- 私には誇れるものがあまりないと思う（逆転項目）
- 全体として，自分自身に満足している
- 私は全く役に立たないと時々思う（逆転項目）

信頼性係数は男性 α = .777，女性 α = .781 と十分高かったので，加算平均して自尊心尺度として用いた．

生活満足度は，生活満足度尺度Kから以下の3項目を使用した（「いいえ」「はい」の2点尺度）（古谷野他，1989，1990）．

- 最近になって小さなことを気にするようになったと思いますか（逆転項目）
- あなたの人生は他の人にくらべて恵まれていると思いますか
- これまでの人生で，あなたは求めていたことのほとんどを実現できていると感じますか

信頼性係数は男性 α = .467，女性 α = .461 であり，加算平均して生活満足度得点とした．

分析には夫と妻の自尊心及び生活満足感を従属変数とした4つの階層的重回帰分析を行った．独立変数には，モデル1にて夫の社会参加活動の有無，妻の社会参加活動の有無，夫の就業の有無，妻の就業の有無を投入し，モデル2では夫の社会参加活動の有無と就業の有無の交互作用項，妻の社会参加活動の有無と就業の有無の交互作用項を加えて投入した．

統制変数としては主観的健康感（「1. よくない」〜「5. よい」の5点尺度），暮らし向きの程度（「1. 毎月のやりくりに非常に苦労している」から「5. 全く苦労していない」の5点尺度），学歴（「1. 中学校卒」〜「5. 大学・大学院卒」の5点尺度），地域（1. 茅ヶ崎市，2. 練馬区）を投入した．また，本データは夫婦のペア・データであり，夫婦の主観的幸福感の相関は高いと想定される．よって，頑健な標準誤差（robust standard error）を用いて分析を行った．

2 社会参加と就業の様子

基本的属性

就業状況について，男女別と年齢別にまとめたものが表5-7である．男性は210名（58.3%）の人が就業しており，そのうち98名（46.7%）に辞職経験があり，辞職理由は71名が定年によるものであり，会社都合が19名であった．非就業者150名（41.7%）は全員辞職経験があった．女性の就業者は141名（39.6%）であり，非就業者215名のうち32名（14.9%）は就業経験を持たなかったことから一度も働いたことのない専業主婦であったと推察される．

男女別に基本的属性についてまとめたものが表5-8である．主観的健康状態についてはふつう以上の人が9割弱，家計のやりくりは夫と妻でほとんど回答の分布は同じであり，苦労している人と苦労していない人がともに4割弱であった．

学歴については男女とも中学校卒が2割弱，高校卒が男性で37.6%，女性は56.4%，大学卒以上は男性の約4割であった．また平均年齢は男性65.0歳（$SD = 3.0$）女性61.6歳（$SD = 4.4$）であった．

社会参加活動の状況

社会参加活動については男性の53.1%，女性の60.6%が何らかの社会参加活動に参加しており，男女とも就業の有無による有意な差はみられなかった．男女ともに最も参加が多かったのは「趣味などのグループ」であり，約3分の1の人が何らかの趣味グループに参加していた（表5-9）．夫と妻でそれぞれ年

表5-7 就業状況（$N=720$）

	夫				妻			
	60〜64歳		65〜69歳		夫60〜64歳		夫65〜69歳	
	n	%	n	%	n	%	n	%
週労働時間30時間以上の役員・従業員・派遣社員	51	14.2	20	9.9	7	4.4	13	6.6
週労働時間30時間未満のパートタイマーなど	19	5.3	29	14.4	37	23.4	23	11.6
自営業主	44	12.2	47	23.3	9	5.7	4	2.0
家族従業	—	—	—	—	21	13.3	27	13.6
働いていない（専業主婦・主夫，求職中など）	44	12.2	106	52.5	84	53.2	131	66.2

表 5-8　基本的属性 （$N=720$）

	夫		妻	
	n	%	n	%
健康				
よくない	9	2.5	7	1.9
あまりよくない	34	9.4	38	10.6
ふつう	138	38.3	149	41.4
まあよい	67	18.6	72	20.0
よい	112	31.1	94	26.1
家計のやりくり				
非常に苦労	36	10.1	36	10.1
やや苦労	98	27.5	102	28.6
どちらともいえず	86	24.2	81	22.7
あまり苦労せず	105	29.5	112	31.4
まったく苦労なし	31	8.7	26	7.3
学歴				
小・中学校	66	18.5	61	17.0
高校	134	37.6	202	56.4
短大・高専	10	2.8	32	8.9
大学・大学院	141	39.6	27	7.5
専門・専修学校	5	1.4	36	10.1
住居形態	356		358	
持ち家	310	86.1	—	—
賃貸	47	13.1	—	—
社宅・官舎	2	0.6	—	—
その他	1	0.3	—	—
居住地域				
茅ヶ崎	167	46.4	—	—
練馬	193	53.6	—	—

齢を60歳代前半と後半で比べると，男性で比較的大きな差がみられたのは「趣味などのグループ」への参加が60歳代後半の方が多かった（37.7％）．女性では「同窓会」への参加が60歳代後半の人たちで高くなっていた（23.4％）．

3　社会参加活動と主観的幸福感

1) 社会参加活動と自尊心

夫と妻のそれぞれの自尊心を従属変数とした階層的重回帰分析を行った．本研究では特に夫の社会参加活動が妻の主観的幸福感に与える影響を検討するこ

表 5-9 社会参加活動の内容 （複数回答） （％）

	夫		妻	
	60～64歳	65～69歳	夫60～64歳	夫65～69歳
自治会，町内会等	14.1	19.4	21.6	27.5
PTA	1.0	0.5	2.3	1.8
同業者の団体等	12.0	11.0	3.2	2.3
生協，市民運動団体等	1.0	6.8	8.7	8.3
ボランティア団体	5.8	6.3	10.1	7.8
宗教団体	3.1	4.2	7.3	6.4
学習等グループ	7.3	9.4	13.3	13.8
趣味等グループ	25.1	37.7	33.0	37.6
仕事グループ	19.9	25.1	12.4	9.2
同窓会	22.0	33.0	14.7	23.4

とを目的としている．フルタイム就業から徐々にパートタイム就業への移行が進む60歳代の前半と後半では夫の就業の意味やそのもたらす影響は異なると想定されるため，夫の年齢により年金の完全な受給が始まる65歳以上と64歳以下の2グループに分けて分析を行った．モデル1では，本人と配偶者の社会参加活動の有無と就業の有無を独立変数とし，主観的健康状態，暮らし向き，学歴，居住地域を統制変数として投入した．モデル2では，加えて本人と配偶者の社会参加活動と就業の有無状況の交互作用項を投入した（表5-10）．

モデル1においては，夫の自尊心を従属変数とした分析において，60歳代を通じて社会参加活動の主効果がプラスに有意であり，社会参加活動をしていることは本人の自尊心の高さと関連していることが確認された．また，60歳代前半グループにのみ，妻の就業の主効果がみられ，妻が就業していない方が夫の自尊心は高くなっていた．

妻の自尊心を従属変数とした分析では，60歳代後半の人にのみ本人の社会参加活動の主効果がみられた．

モデル2では，夫の自尊心を従属変数とした分析において，夫の社会参加活動と就業の有無の交互作用項が有意になったので，社会参加活動と就業の有無による自尊心スコアを60歳代前半，60歳代後半の2グループに分けてグラフに示した（図5-6）．2つのグラフとも就業者の方が社会参加活動の有無による自尊心に大きな差があり，非就業者より就業者の方が社会参加活動をしている

表 5-10　自尊心を従属変数とした重回帰分析

	夫（60〜64歳）(N=148)				夫（65〜69歳）(N=186)			
	モデル1		モデル2		モデル1		モデル2	
	β	RSE	β	RSE	β	RSE	β	RSE
夫の社会参加（1=有，0=無）	.218	.582 **	.346	.724 ***	.147	.551 *	.331	.733 ***
妻の社会参加（1=有，0=無）	-.007	.567	.146	.793	.008	.569	-.004	.817
夫の就業（1=非就業，0=就業）	.023	.557	.167	.830	-.008	.540	.187	.784
妻の就業（1=非就業，0=就業）	.212	.666 *	.429	.881 ***	.121	.537	.112	.708
健康	.280	.272 ***	.274	.276 ***	.249	.241 ***	.259	.246 ***
暮らし向き	.094	.277	.070	.283	.119	.259	.147	.257
学歴	.140	.280	.149	.270	.095	.218	.075	.220
地域（1=茅ヶ崎，2=練馬）	.015	.275	-.001	.281	.162	.284 *	.126	.283
社会参加＊就業（夫）			-.229	1.156 *			-.327	1.069 *
社会参加＊就業（妻）			-.311	1.185			.031	1.043
定数			1.569 ***	1.458			1.125 ***	1.178 ***
R^2	.264		.311		.213		.241	

	妻（夫60〜64歳）(N=150)				妻（夫65〜69歳）(N=187)			
	モデル1		モデル2		モデル1		モデル2	
	β	RSE	β	RSE	β	RSE	β	RSE
夫の社会参加（1=有，0=無）	.018	.565	.061	.660	-.075	.499	-.092	.698
妻の社会参加（1=有，0=無）	.125	.580	.239	.735 *	.164	.514 *	.226	.907
夫の就業（1=非就業，0=就業）	.075	.606	.082	.962	-.014	.545	-.034	.692
妻の就業（1=非就業，0=就業）	.103	.579	.285	.963 *	.057	.560	.109	.826
健康	.151	.315	.154	.314	.172	.257 *	.186	.258 *
暮らし向き	.095	.251	.083	.258	.153	.229 *	.150	.223 *
学歴	.140	.316	.125	.317	.261	.386 ***	.260	.387 ***
地域（1=茅ヶ崎，2=練馬）	-.116	.284	-.131	.288	-.095	.263	-.091	.271
社会参加＊就業（夫）			-.024	1.268			.038	1.004
社会参加＊就業（妻）			-.254	1.161			-.096	1.104
定数			1.403 ***	1.440 ***			1.397 ***	1.499 ***
R^2	.144		.158		.204		.207	

注：* $p<.05$，** $p<.01$，*** $p<.0001$．

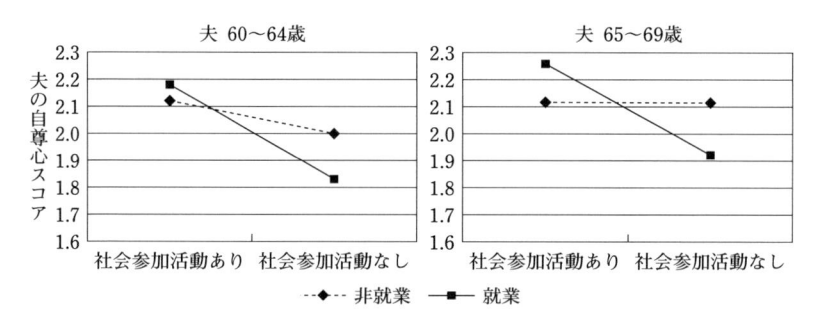

図 5-6　夫の就業と社会参加の交互作用—夫の自尊心を従属変数とした分析

表 5-11 生活満足度を従属変数とした重回帰分析

	夫（60〜64 歳）(N=150)				夫（65〜69 歳）(N=189)			
	モデル 1		モデル 2		モデル 1		モデル 2	
	β	RSE	β	RSE	β	RSE	β	RSE
夫の社会参加（1＝有，0＝無）	.152	.156	.235	.186 *	-.008	.132	.016	.202
妻の社会参加（1＝有，0＝無）	-.001	.161	.113	.212	.085	.135	.141	.226
夫の就業（1＝非就業，0＝就業）	.053	.153	.139	.220	-.056	.132	-.034	.188
妻の就業（1＝非就業，0＝就業）	.044	.151	.212	.236	.019	.136	.066	.197
健康	.185	.072 *	.181	.072 *	.211	.053 **	.215	.054 **
暮らし向き	.077	.063	.068	.066	.333	.054 ***	.337	.053 ***
学歴	.109	.067	.111	.067	.037	.057	.034	.058
地域（1＝茅ヶ崎，2＝練馬）	-.005	.073	-.014	.073	058	.066	.054	.067
社会参加＊就業（夫）			-.138	.330			-.038	.250
社会参加＊就業（妻）			-.236	.311			-.083	.270
定数			.405 ***		.396 ***		.275 ***		.310 ***
R^2	.104		.126		.221		.223	

	妻（夫 60〜64 歳）(N=145)				妻（夫 65〜69 歳）(N=180)			
	モデル 1		モデル 2		モデル 1		モデル 2	
	β	RSE	β	RSE	β	RSE	β	RSE
夫の社会参加（1＝有，0＝無）	-.066	.136	-.127	.172	.006	.135	-.153	.185
妻の社会参加（1＝有，0＝無）	.059	.141	.091	.212	-.107	.146	-.225	.243
夫の就業（1＝非就業，0＝就業）	.183	.147 *	.073	.238	-.119	.142	-.270	.182 **
妻の就業（1＝非就業，0＝就業）	-.026	.145	.013	.245	.137	.148	.033	.236
健康	.205	.067 **	.209	.067 **	.257	.061 ***	.269	.063 ***
暮らし向き	.349	.064 ***	.355	.066 ***	.276	.056 ***	.257	.057 ***
学歴	.081	.101	.081	.101	.140	.087 *	.146	.085 *
地域（1＝茅ヶ崎，2＝練馬）	-.008	.068	-.025	.069	.032	.066	.063	.069
社会参加＊就業（夫）			.165	.292			.267	.273 *
社会参加＊就業（妻）			-.069	.300			.165	.289
定数			.332 ***		.346 ***		.352 ***		.372 ***
R^2	.237		.248		.226		.252	

注：*$p<.05$，**$p<.01$，***$p<.0001$.

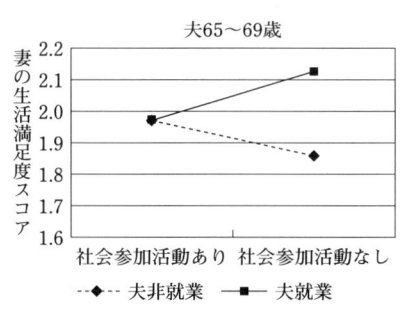

図 5-7 夫の就業と社会参加の交互作用—妻の生活満足度を従属変数とした分析

ことのプラスの効果が大きいことを示している．Moen & Fields（2002）は，ボランティア活動が引退者にとって仕事の代替となり主観的幸福感の源となるという主張をしているが，本研究の結果においては非就業者ではなく就業者の自尊心に関連していた．

2）社会参加活動と生活満足度

次に同様に生活満足度を従属変数とした階層的重回帰分析を行った結果が表5-11である．夫の場合は60歳代前半では主観的健康の正の主効果がみられ，60歳代後半では主観的健康状態と経済状態のプラスの主効果がみられた．これに対し，妻の場合は夫が60歳代後半である場合にのみ，モデル2において夫の社会参加活動と就業の有無の交互作用項が有意となった．この結果をグラフで示したものが図5-7である．60歳代後半の夫が就業しているときは社会参加活動をしていない方が生活満足度が高いが，夫が非就業であるときは，社会参加活動をしている方が妻の生活満足度は高いという結果になった．

4　夫婦における配偶者への社会参加活動の影響の違い

1）社会参加活動と主観的幸福感

社会参加活動と自尊心――社会参加活動と自尊心に関する結果では以下の3つの知見が得られた．

第1に，社会参加活動に従事していることは夫においても妻においても自尊心の高さと関連しており，社会参加活動が60歳代の高齢者にとって生きがいの源泉ともなりうる重要な活動であることが示唆された．

第2に，夫が60歳代前半の場合，その自尊心は妻の就業の影響を受け，妻が働くことは夫にとって自尊心への脅威となることが示唆された．妻が非就業であることは，60歳代前半の夫の自尊心にプラスに有意であり，60歳代になり収入が減って一家の大黒柱としての稼ぎ手の立場が弱くなっているときに，妻が就業していると夫の自尊心には脅威になることが推察された．しかし，60歳代後半ではこの効果はみられなくなった．60歳代前半では，働いているといっても現役時代とは異なり収入も激減する，あるいは完全に現役から引退するといったように家計を維持していた立場からの大きな変化を経験している時期である．よって妻の就労状態がこの時期の夫の心理に大きな影響を与えうる

が，60歳代後半になるとすでにそのような状況に慣れているため，妻の就労の効果がみられなくなるのではないだろうか．

　経済的状況のよさは主観的幸福感の高さに結びつくことは多くの研究によって繰り返し示されてきた．この知見から単純に考えれば，妻が働くことは家計にとってプラスであり，経済的に余裕がでるため主観的幸福感が高くなるはずである．しかしアメリカにおいても Szinovacz & Davey（2004）が夫が引退したときに妻が働いていることは夫のうつ症状を高くするという妻と夫に非対称な結果を報告しており，文化差を越えた性役割規範に関わる問題であるといえよう．

　第3に，社会参加活動の有無が非就業者より就業者の方により大きく影響を与えているという結果は興味深い．アメリカの男性と異なり日本人男性にとっては仕事の持つ意味が大きいことが指摘されてきた（三隅，1987）．本研究の対象者の男性は60歳代であり，働いているとはいっても現役のときとは給与面での待遇や処遇が異なることがほとんどであろう．本調査の結果においても，半数近くの人には辞職経験があり，さらにその7割以上は定年による退職の経験者であった．よって，少ない収入のために意に染まない仕事をしていることも多いとも考えられ，仕事をしていても誇りが感じられず，かえって職場で昔の部下に使われるなど自尊心を傷つけられることも多いのかもしれない．そのような環境においては，生きがいの源泉を社会参加活動に求めるため，就業して社会参加活動している人の自尊心のほうが，就業して社会参加活動をしていない人の自尊心より高かったと解釈できるのではないだろうか．

　社会参加活動と生活満足度——本研究の結果，夫が60歳代後半の場合に，退職後の非就業の夫が社会参加活動をしていないと妻の生活満足感が下がることが示され，逆に就業している場合は社会参加活動をしていない方が妻の生活満足度は高く，社会参加活動は本人にとどまらず妻にも影響を及ぼすことが明らかになった．この結果には3つの解釈が可能である．

　1つめは，これまでの夫婦関係研究の知見からは，夫婦でのコミュニケーションや同伴活動が活発であると夫婦関係の満足度が高まることが指摘されてきたが（木下，2004；袖井・都築，1985；高橋，1980；都築，1984），60歳代になりようやく二人で余生を楽しめる時期になったにもかかわらず，夫は相変わらず仕事

と社会参加活動で家にいる時間が少ない場合，コミュニケーションや同伴活動を多く持てないということになり，生活満足感が下がると解釈できよう．60歳代前半までは何らかの形で就業する夫が多いため，夫婦で一緒に過ごす時間をまだそれほど期待しないが，60歳代後半にはいると，妻の期待が高まるのに夫がそれに応えない，という形で不満が高まるのではないか．

　2つめには，夫が相変わらず働いている状況であれば，妻は家事をしなければならず，社会参加活動をする際にも夜の外出は難しいなど家事を行うのに支障がない程度に制限される．これに対し，夫が仕事もして好きな社会参加活動も行っているとそれに対して不公平感を抱くため，生活満足度が下がると解釈できる．

　最後に，平野（1998）は夫婦のみの世帯において，男性では配偶者への提供サポートはモラールに正の関連がみられたが，女性の場合配偶者への提供サポートはモラールに対して負の影響を持っていたことを報告している．つまり，仕事も社会参加活動も行って忙しい夫の場合，65歳を過ぎても相変わらず夫の面倒をみ続けなくてはならなくなり，妻の不満が高じることが想像される．このような効果が60歳代前半でみられないのは，まだフルタイムで働く夫が多く，家計の担い手としての夫の役割を妻がまだ認めているためと考えられるのではないか．

　サポート研究の文脈からは妻の夫婦関係満足度には夫の家事遂行より，夫から受ける情緒的サポートが関連していること（末盛，1999），サポート源としての配偶者の比重が妻・夫とともに高い「相互選択型」の夫婦は会話時間も多く，妻も夫も疎外感が低いことが指摘されている（池田・川浦・伊藤，2002）．さらに家にいて何もせず，会話もない夫に対する不満が「主人在宅ストレス症候群」を生み出すこと（黒川，2005），加えて本研究でえられた，60歳代後半の妻では夫が仕事と社会参加活動の両方をしている方が生活満足度が低いという結果を考え合わせると，夫はただ仕事や社会参加活動をして外出し「濡れ落ち葉」にならないように心がければよいというものではなく，妻との同伴行動やコミュニケーションを増やし，家事分担を増やす努力をし，互いに重要なサポート源になりうるような関係を構築することが重要なのだということが示唆される．妻との活発な相互作用を増やすことが就業から引退へというライフ・ステージ

の変化においてよりよい夫婦関係の実現に結びつくであろう．

　van Solinge & Henkens（2005）は引退への適応過程は配偶者の影響を考慮に入れないと捉えきれないと指摘しているが，就業から引退への途上にあり，ともに過ごす時間の増える 60 歳代夫婦の主観的幸福感を捉えるためには，本人の要因のみを検討するだけでは不十分であり，配偶者に関する要因を視野に入れる必要性があることを本研究の結果は示している．

　60 歳代の働き方――60 歳代前半の夫の自尊心を従属変数とした分析結果からは，夫の就業の主効果はみられず，就業者は社会参加活動をしている方が自尊心が高いという結果になった．現在は高年齢者雇用安定法の改正が行われ，企業には 65 歳までの定年延長や雇用の継続が求められている時勢であるが，この分析からはただ 60 歳代の雇用を確保すればいいというものではなく，労働条件や仕事の内容などの質の面への考慮も必要であることが示唆された．また，改めて高齢者にとって社会参加活動は生きがいの源となりうる重要な活動であることが確認された．

　さらに，60 歳代の就業者と非就業者，60 歳代前半と後半の分析結果を比較すると，社会参加活動の持つ意味や効果は異なる事が推察される結果となり，社会参加活動の意義は就業から引退というライフ・ステージの変化において，各人の就業上の立場や年齢に分けて，細かく捉えていく必要性があることが明らかになった．

小括　社会参加活動の位相モデルの有効性

　第 5 章では，第 4 章での質的調査［調査 1］のデータを用いて提案した 3 つの社会参加位相モデルについて，練馬区と茅ヶ崎市の住民に対する社会調査を実施して，モデルの有効性と一般化の可能性を検討した．

　［研究 4］から［研究 7］では，位相モデルで提案した社会参加活動を 4 つのフェーズに分類することの有効性が示唆される結果となった．

　［研究 4］では，社会参加活動の 4 つのフェーズを 1 次元とみなしうるのかどうかを，3 つの社会参加志向―利己的志向，ネットワーク志向，社会貢献志向―の高低の比較と部分尺度分析で検討した．その結果，モデルに沿う傾向で 3 つの志向性の高低がみられ，フェーズ 0 に属する人がどの志向性についても

低く，フェーズ3に分類された人が3つの志向性について最も高いという結果になった．その結果，被雇用経験のある人については，社会参加の4つの状態について全体では2次元をなすが，8割近くの人は，社会参加活動の位相モデルで仮定したフェーズ0からフェーズ3までの1次元上に位置することが確認された．さらに男性においてはさらに強くその1次元性が現れ，位相モデルでの仮定が支持されることになった．

次に，［研究5］で社会参加活動の関連要因が，各フェーズにより異なるのかを検討した．［研究5］においては，フェーズ1を参照グループとして多項プロビットモデル分析を行った結果，フェーズ2はネットワーク志向が関連し，フェーズ3には社会貢献志向が関連しているという利己的志向以外は位相モデルに沿う結果となった．

また良すぎるボランティア・イメージはボランティア活動から人々を遠ざける要因となっていることが質的研究［研究2］の結果明らかになったが，［研究5］の社会調査の分析結果からも実際にボランティア活動をしている人の方が現実に沿う形でのボランティア・イメージを持っていることが確認された．またフェーズ3では積極性が高いこと，知り合いに退職シニアでボランティアをしている人がいるというロール・モデルの存在が社会参加に促進的に働いているなど，社会関係要因も関連していることが明らかになった．つまり，フェーズが進むほど，様々な要因が関連していることが明らかになり，フェーズ3に至るには様々な要因が複合的に絡み合い，いろいろな条件をクリアして初めてフェーズ3に至ることが可能になる，逆にいえばフェーズ3に至ることは容易ではないことが示唆された．

［研究6］と［研究7］で社会参加活動のどのフェーズの活動をしているのかによってもたらされる社会参加活動の効果が異なるのかどうかを検討した．［研究6］と［研究7］からは，どのフェーズにあるかによりもたらされる結果が異なることが示された．フェーズ3に至るのは容易ではないが，一旦フェーズ3の活動に従事することに成功すれば，自尊心と生活満足度は高くなり，孤独感は低いという最も主観的幸福感が高い状態を謳歌できることになる．外出を伴う行動に結びつくフェーズ2に至れば，社会参加活動をする本人だけではなく，その妻にもプラスの影響があることが明らかになった．

調査票を用いた社会調査［調査2］では退職シニアの社会参加が社会に与える効果を検討できなかったが，［調査1］の質的データからは，何もしていないフェーズ0の状態と比べて，なんらかの社会参加活動をしているフェーズ1以上の状態は消費活動を伴い，さらにフェーズ3の活動をしていれば，無償の生産的行動をしている様子が判明した．つまり社会参加活動には個人と社会関係と社会に対して様々な複層的効果を持ち，それは位相モデルで設定した分類により異なることが示された．つまり，位相モデルの仮定通り，フェーズが進むほど，個人の実現するサクセスフル・エイジングの実現度も，社会的効益性も高くなり，社会参加活動のより進んだフェーズに進むことが，個人にとっても，個人をとりまく社会関係にとっても，社会にとっても望ましい状態であることが明らかになったのである．

注
1) レベル3が多くなっているのは，ボランティア団体だけではなく，強制的加入であっても，実際にはボランティア活動を行っている自治会・町内会・老人会・婦人会に参加している人等もレベル3に含めているためである．
2) 練馬区と茅ヶ崎市の60歳代の世帯主世帯数は3万141と1万1549（有配偶の男性，平成12年国勢調査結果による）．計画サンプルは300と280世帯．よって練馬データにウェイト2.44を掛けたデータを用いた．

第6章　社会参加は進んだのか —— 2008年調査によるモデルの拡張

　2006年に高年齢者雇用安定法が改正され，2007年には団塊世代が定年年齢に達し始めるなど，サード・エイジを取り巻く環境は短期間で大きく変化している．そこで2008年に新たに調査を実施し，前章までみた社会参加位相モデルがこの変化を経てもなお有効であるかを検討した．

第1節　社会参加における変化

　2002年に実施した［調査2-1］のデータを用いた［研究5］において，地域により社会参加を取り巻く環境に違いがあることが示唆された．しかし［調査1］も［調査2］も首都圏における調査であった．そこで2008年の調査実施の際には調査地域の選定に3つの基準をおいた．1つには2002年の調査データとの比較をするため，1つのエリアは東京都練馬区とすること，2つには，社会参加位相モデルが首都圏以外の地方都市でも適応可能なのかを探るために，地方都市を選定すること，3つめには，比較を容易にするために，地方都市の選定に際しては人口規模や高齢化率が練馬区と近い特徴を持つ地域を選ぶこと，であった．

1　［調査3］の概要
目　的
　本調査の目的は4つある．1つには社会参加の様子が2002年の［調査1］と比べてどのように変化したのかを検討すること，2つには「社会参加位相モデル」が退職シニアを取り巻く環境や，時間の変化を経ても有効であるのか確認すること，3つめには首都圏以外の都市でも有効であるのかを吟味すること，4つめには，［研究3］での結果提案した「社会参加位相モデル（効果モデル）」

のなかで，社会参加が，地域社会への溶け込みに有効であることを指摘したが，社会参加と地域への溶け込みの様子をさらに詳しく検証することであった．

調査方法

岡山県岡山市と東京都練馬区の2地点で住民基本台帳を用いた2段階確率比例抽出法により，50歳から69歳までの男女を抽出し，訪問留置法にて2008年10月から12月にかけて調査を実施した．なお，2007年度住民基本台帳人口の岡山市と練馬区の50〜69歳人口の推定値は，岡山市17万6240人，練馬区16万0132人とほぼ同程度の人口規模であった．

サンプリングの第1段階で岡山市，練馬区から国勢調査の大分類で第1次産業が多い地域を除いたほぼ全域から，人口に比例した確率で50地点ずつ抽出し，第2段階でそれらの地点から50〜69歳の男女をそれぞれ1000人ずつ抽出した．

あらかじめ調査の依頼状と調査票を郵送し，調査員が調査対象者の自宅を訪問して調査票を回収した．欠票理由は転居36人，長期不在27人，短期不在124人，住所不明42人，拒否459人，その他135人であり，回収率は岡山市で61.6％，練馬区で56.1％となった．分析対象となったのは1177人であった．

調査項目

2002年から2008年の変化を比べるために，調査項目は基本的に2002年の調査票を踏襲した．すなわち，社会参加活動の利己的志向，ネットワーク志向，社会貢献志向．社会参加活動については「自治会，町内会，老人会，婦人会」，「PTA」，「同業者の団体，農協，労働組合」，「生協・消費者団体・住民／市民運動の団体」，「ボランティア団体」，「宗教団体」，「学習会や習いごとのグループ」，「趣味や遊び仲間のグループ」，「仕事仲間のグループ」，「同窓会」，「その他」に加えて昨今のインターネットの普及を考慮して「電子町内会や地域のメーリングリスト」を2002年調査に付け加えて12種類のグループや団体の選択肢を提示し，そのようなグループに「現在参加している」かどうかを尋ねた．基本的属性についての項目はほぼ2002年と同様である．

また，[研究3] での結果，社会参加が地域への溶け込むきっかけとなっている様子が指摘されたが，地域溶け込みを測定するために，McMillan & Chavis (1986) が考案した「コミュニティ感覚」という概念を用い，Perkins,

Florin, Rich, Wandersman & Chavis（1990）の考案した尺度を新たに加えた．さらに，［研究2］から得られた現在の社会参加活動に対する過去の経験の影響を検討するために，過去の社会参加経験や居住の様子を問う項目を加えた．

2　低下した社会参加率

平成22年高齢社会白書（内閣府，2010）では，60歳以上の高齢者の社会参加率がこの10年で約15%上昇し，59.2%になったことを報じている．果たして東京都練馬区の社会参加率は国全体と同じように上昇したのだろうか．2002年の［調査2］と2008年の［調査3］を用いて社会参加率を比較した．なお，ここでの2002年データは［調査2-1］と［調査2-2］[1)]を母集団の年齢構成率で調整して，結合させたデータを用いた．サンプル数は746名であった．2002年の［調査2］データは有配偶者のみのデータであったので，社会参加率の計算に際しては，2008年の［調査3］のデータのうち，有配偶者（454名）データを用いた．

年齢層を50歳代前半（50歳～54歳），50歳代後半（55歳～59歳），60歳代前半（60歳～64歳），60歳代後半（65歳～69歳）の4つに区分し，男女それぞれの社会参加率について比較した（図6-1）．

2002年と2008年の練馬区のデータを比較するといくつかの大きな変化が観察された．

1つには社会参加率全体の低下である．男女ともに4つの年齢グループすべてにおいて低下が観察された．これは国全体の上昇傾向とは全く逆の結果であった．

2つには，社会参加率の低下の様相が男女で異なることである．従来地域活動を支えてきたといわれるのは中高年女性であるが，この女性の参加が著しく低下している．2002年調査では，全ての年齢層で6割を超える参加率であったが，2002年と2008年で各年齢層を比較すると17.5%（50歳代前半）から27.7%（60歳代後半）という大きな低下を示した．2008年調査では50歳代は参加率4割を超えているものの，60歳代は4割を切る低さであった．

一方，男性の方は，そもそも2002年の参加率が女性より低かったため，女性程の大きな下落はみられなかったが，男性でもすべての年齢層で参加率が低

既婚男性・既婚女性の社会参加率（50歳代前半・50歳代後半・60歳代前半・60歳代後半、2002年と2008年の比較）

既婚男性：50歳代前半 40.6→37.5、50歳代後半 51.6→42.6、60歳代前半 45.1→41.0、60歳代後半 62.5→45.0

既婚女性：50歳代前半 61.1→43.6、50歳代後半 65.6→45.8、60歳代前半 63.3→35.6、60歳代後半 64.9→39.6

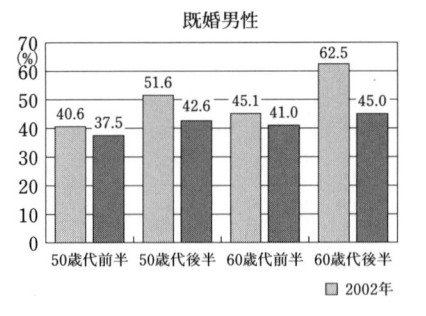

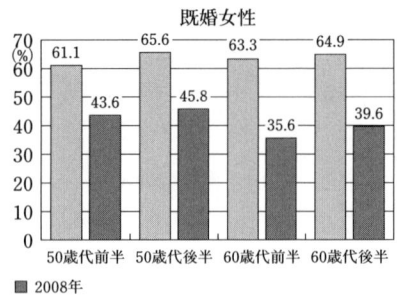

図 6-1　社会参加率の変化

下した．特に 60 歳代後半は 17.5％の低下が観察された．

このように，社会参加率の低下が観察されたが，全ての活動において不活発になったのだろうか．それとも一部の活動では上がったものの，下がったものの方が多いために全体としては低下したのだろうか．

同じく練馬区の男女年齢層別に，「自治会，町内会，老人会，婦人会」，「生協・消費者団体・住民／市民運動の団体」，「ボランティア団体」，「趣味や遊び仲間のグループ」，「同窓会」（参加率の低いものと変化が少なかった活動を除いた）について変化をみたものが図 6-2 から図 6-6 である．

「自治会，町内会，老人会，婦人会」への参加率の変化をみたものが図 6-2 である．50 歳代前半の女性と 50 歳代前半，60 歳代後半の男性以外は参加率が低下しており，女性の 50 歳代後半の低下が著しい．

「生協・消費者団体・住民／市民運動の団体」については，50 歳代から 60 歳代前半の女性は参加率が上昇している．このカテゴリーには生協が含まれており，2003 年から生協への加入者数上昇を続けているように，この間食品の偽装問題などが相次いで発覚し，食の安全を求めて生協加入者が増加したのかもしれない（図 6-3）．

ボランティア団体への参加率の変化を見たのが図 6-4 である．参加率は全体的に低下しており，特に 60 歳代前半の女性の低下が著しい．しかし，男性の 60 歳代後半は唯一上昇を示した．

「趣味や遊び仲間のグループ」（図 6-5），「同窓会」（図 6-6）はいずれも全般的に低下が著しく，この 2 つの活動カテゴリーの低下が大きいことが，全体の

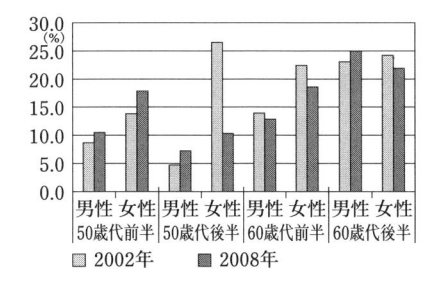

図 6-2 「自治会，町内会，老人会，婦人会」の参加率の変化

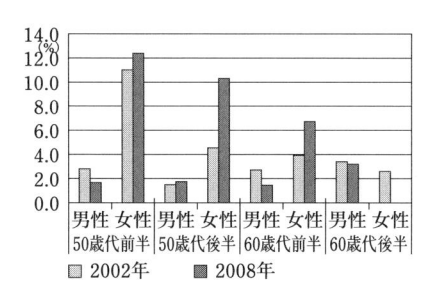

図 6-3 「生協・消費者団体・住民／市民運動の団体」の参加率の変化

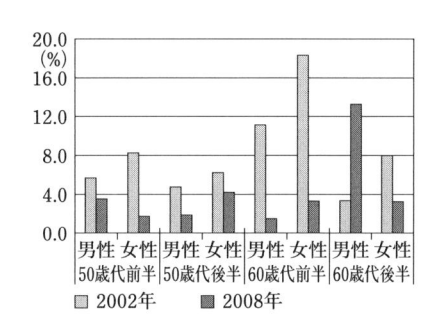

図 6-4 「ボランティア団体」の参加率の変化

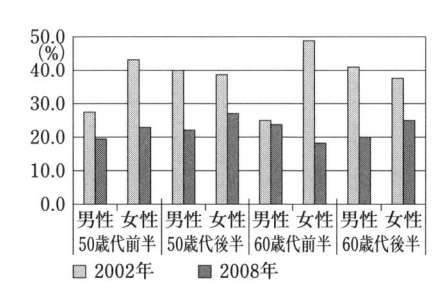

図 6-5 「趣味や遊び仲間のグループ」の参加率の変化

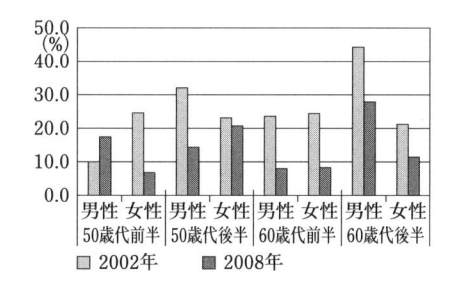

図 6-6 「同窓会」への参加率の変化

第 6 章　社会参加は進んだのか　177

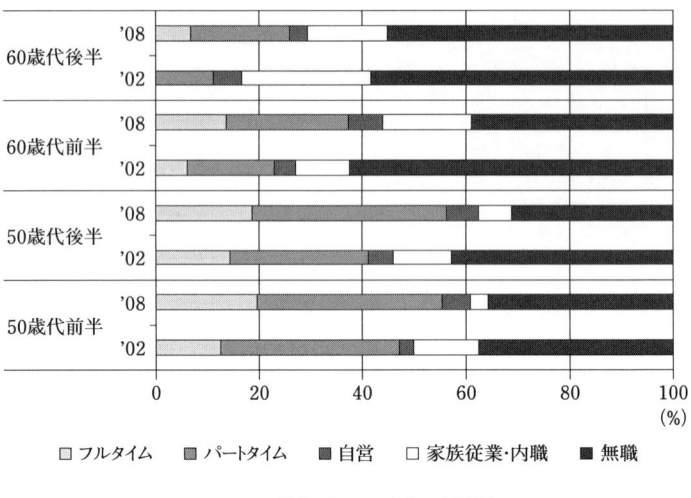

図6-7 就業状況の変化（女性）

凡例：□フルタイム ■パートタイム ■自営 □家族従業・内職 ■無職

社会参加率の低下の原因であると判明した．

まとめれば，社会参加率はすべての活動において女性の参加率の低下が大きかった．活動ジャンル別でみると，減少が大きかった活動は「趣味や遊び仲間のグループ」，「同窓会」の2つのジャンルであった．次にこのような参加率の低下が生じた原因について時代背景を振り返ってみよう．

1）長引く経済不況

2002年に一応平成不況が収束したと言われるものの2002年から2008年にかけては，給与所得は減少を続けるなど家計をとりまく経済的な状況は非常に厳しい状況が続いていた．このことが，比較的お金のかかる遊びである「趣味や遊び仲間のグループ」，「同窓会」の活動を抑制したと考えられる．

また，夫の減少する給与所得を補うために，主婦のパート就労が増え女性の就業率は上昇した（図6-7）．これらの状況からは，女性の社会参加率の減少に就業率の増加が関連しているのではないかと推察される．

一方男性は，60歳前半は高年齢者雇用安定法改正の影響が見てとれる（図6-8）．60歳代前半では無職の率が2割から1割に減少し，60歳代前半は9割の男性が働いていることがわかる．60歳代後半になると，無職の人の割合は3

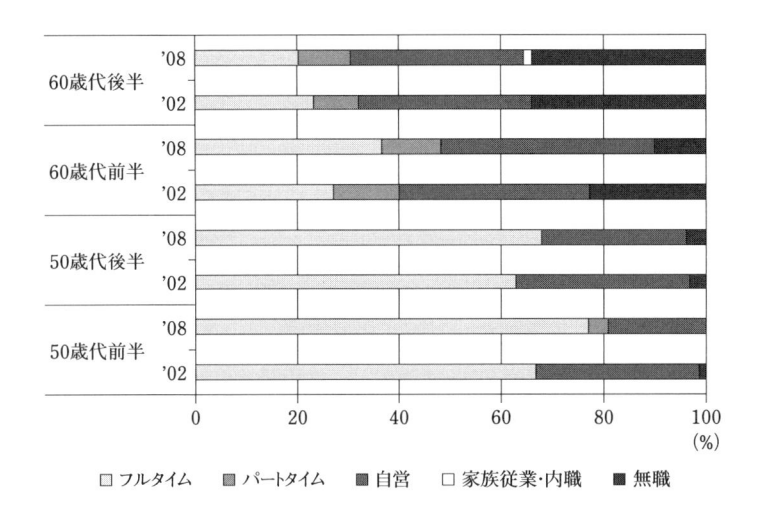

図6-8 就業状況の変化（男性）

凡例: □フルタイム ■パートタイム ■自営 □家族従業・内職 ■無職

割強で，2002年と2008年でほとんど変らない．つまり60歳前半は就労を続ける人が増加し，地域デビューを60歳から65歳に先延ばしする人が増えたことが想像される．2008年のデータで社会参加の様子をみると，確かに「自治会，町内会，老人会，婦人会」，「生協・消費者団体・住民／市民運動の団体」，「ボランティア団体」，「同窓会」の4ジャンルで，男性は60歳代前半と60歳代後半を比較すると，60歳代後半の人の参加率は，60歳代前半の人より高くなっていた（図6-2，図6-3，図6-4，図6-6）．

2) 減少する持ち家率

居住形態も社会参加率に関連している．持ち家の人は持ち家でない人より，自治会・町内会への参加率が高いことが知られているが，2002年から2008年にかけての不況で持ち家率も低下したのだろうか（図6-9，図6-10）．これらの図を見ると，全体的に持ち家率が低下しており，特に女性の方が低下率が高い．このことも地域密着型の社会参加を減少させている一因であると考えられる．

3) 志向性の変化――個人化の進行

グループ参加への変化で，「趣味や遊び仲間のグループ」，「同窓会」への参

第6章 社会参加は進んだのか

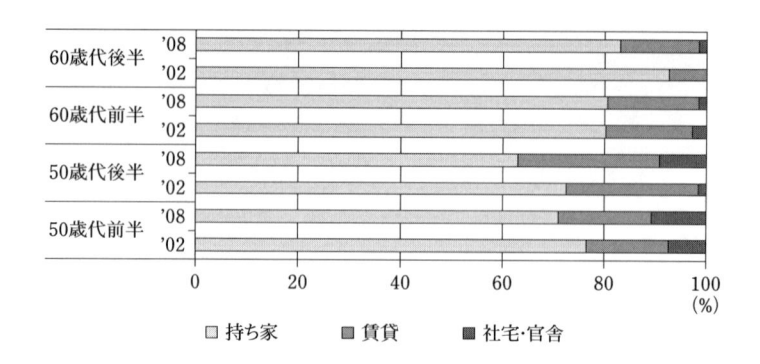

図6-9　居住形態の変化（男性）

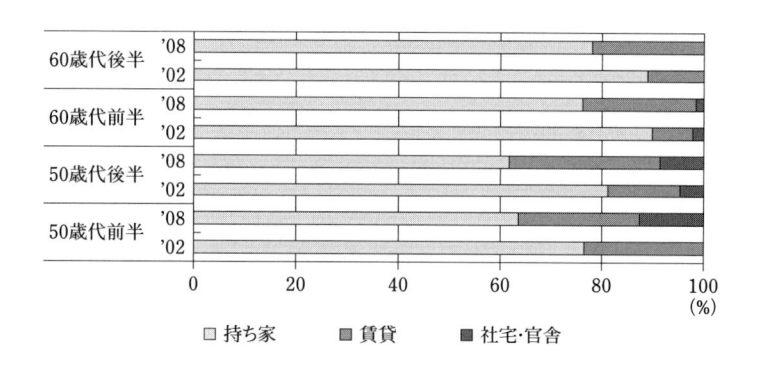

図6-10　居住形態の変化（女性）

加の減少が家計の苦しさに関連している可能性を指摘した．しかし，経済的な要因により差し控えるのなら，1人でする趣味をしている人の率も減少するはずである．しかし，2002年と2008年で「1人でする趣味」を行っているかを比較したところ（図6-11）大きな変化は観察されなかった．つまり，グループではなく，1人で趣味を楽しんでいる人は変わらない．しかし趣味のグループ活動をする人が減ったことを考えあわせれば，グループで群れることより1人で楽しむ人が増えたということを示唆する結果なのかもしれない．

180　第Ⅱ部　サクセスフル・エイジングと社会参加

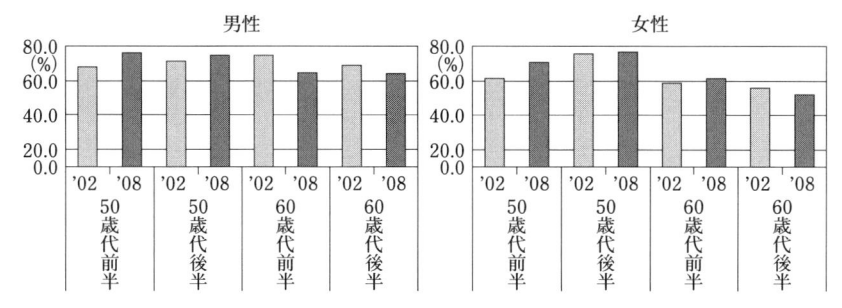

図 6-11　1 人でする趣味の変化

　最後に社会参加志向性の変化を検討した．1 人でする趣味をする人の率は変わらず，趣味のグループ参加のみが減ったのであれば，人と交流したいというネットワーク志向の低下が観察されるはずである．

　2002 年での調査結果を踏まえて，2008 年では社会参加志向性の質問項目を改定したので，それらの中でまったく同一の文言を使用した項目を用いて 2002 年と 2008 年の志向性を比較することとした．ただし，利己的志向項目については，すべての質問項目を若干改定したため比較することはできなかった．

　使用した項目は以下のとおりである．

ネットワーク志向（「そう思う」から「そう思わない」の 4 点尺度）
信頼性係数 $\alpha = .712$
　　人と一緒にいると，元気が出てくる
　　いろいろな人と知りあうことは興味深い
　　人とつきあうのはわずらわしい（逆転項目）
　　自分の価値を認めてくれる人にそばにいてほしい
　　これからも人づきあいを広げていきたい
社会貢献志向（「そう思う」から「そう思わない」の 4 点尺度）
相関係数 $r = .278$ ($p < .0001$)
　　地域活動に積極的に参加したい
　　自分のできるかぎり社会の役にたつべきだ

　これら 2 つの尺度につき，性別，年齢階層別（50 歳から 54 歳，55 歳から 59 歳，60 歳から 64 歳，65 歳から 69 歳）による変化を箱ひげ図により示した（図

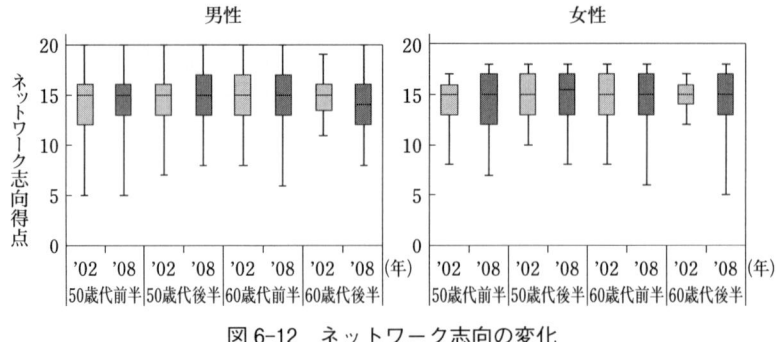

図 6-12 ネットワーク志向の変化

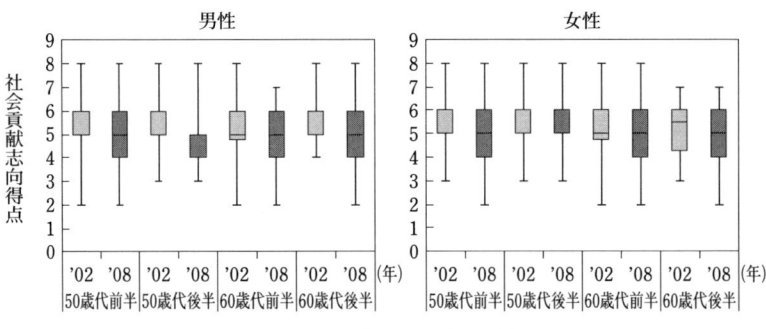

図 6-13 社会貢献志向の変化

6-12, 図 6-13). なお, 箱ひげ図には, 5 種類の統計量 (最小値, 最初の 4 分位, 中央値, 3 番目の 4 分位, 最大値) が表示されている.

最初にネットワーク志向の変化をみてみよう (図 6-12). 男女とも中央値にはほとんど変化が無く, それほど大きな変化はみられなかった.

次に社会貢献志向をみてみると (図 6-13), 男女ともに中央値にはそれほどの差はみられないが, 分布には差異が見いだされる. 男女ともに 2008 年の方が社会参加志向性尺度スコアの分布が広い. つまり, 社会貢献に対して, 賛成する人から消極的な人まで考え方の多様性が高くなったということであろう.

これら志向性の変化を社会参加活動の参加率の変化と考えあわせてみると, ネットワーク志向, 社会貢献志向にはそれほど大きな変化がみられなかったにもかかわらず社会参加率が減少していることは, 人々の社会参加に対する態度

の変化というよりは，経済状況の悪化など社会環境的な要因の変化の方が関連しているのではないかと推察される．社会参加率の低下原因についてさらなる検討が必要である．

第2節　社会参加位相モデルの有効性　[研究8]

次に，社会参加位相モデルによる社会参加活動の4分類（フェーズ0からフェーズ3）が，2008年でも有効であるかを 1) 部分尺度分析，2) 4つの位相による社会参加志向の比較，3) 主観的幸福感，社会関係資本の観点から検討する．用いたデータは［調査3］の練馬区と岡山市の50歳から69歳のデータ1177名であった．

1　基本的属性

地域別男女別に基本的属性についてまとめたものが表6-1である．岡山市では男性は208名（77.0％）の人が就業しており，そのうち94名（45.2％）に定年・引退の経験があった．女性の就業者は211名（61.3％）であり，そのうち58名（27.5％）に定年・引退の経験があった．練馬区では男性は236名（84.9％）が就業しており，そのうち71名（30.1％）に定年・引退の経験があった．女性の就業者は176名（63.1％）であり，そのうち29名（16.5％）に定年・引退の経験があった．

主観的健康状態については地域や男女で同じような分布であり，満足している人が約3割，不満な人が7割であった．家計の状態についてはやはり地域や男女で大きな差はみられず，満足な人と不満な人がほぼ半々であった．学歴については地域と男女で差がみられ，岡山市の男女と練馬区の女性では高校卒が約5割であったのに対し，練馬区の男性では高校卒は4分の1，大学卒が5割を占めていた．

また平均年齢は岡山市男性59.9歳（$SD = 5.5$），岡山市女性60.1歳（$SD = 5.2$），練馬区男性59.6歳（$SD = 5.6$），練馬区女性59.9歳（$SD = 5.8$）であった．

なお，回答者について分布に偏りがみられないかを練馬区高齢者基礎調査

表 6-1 基本的属性 ($N=1177$)

	岡山市				練馬区			
	男性		女性		男性		女性	
	n	%	n	%	n	%	n	%
現在の就業状況								
週労働時間30時間以上の役員・従業員・派遣社員	124	45.9	61	17.7	132	47.5	51	18.3
週労働時間30時間未満のパートタイマーなど	25	9.3	85	24.7	21	7.6	81	29.0
自営業主	53	19.6	24	7.0	76	27.3	18	6.5
家族従業	4	1.5	36	10.5	1	0.4	26	9.3
働いていない（専業主婦・主夫，求職中など）	62	23.0	133	38.7	42	15.1	103	36.9
その他	2	0.7	5	1.5	6	2.2	―	―
健康状態の満足度								
満足	21	7.7	22	6.5	21	7.5	27	9.7
まあ満足	63	23.2	85	25.2	63	22.5	51	18.4
やや不満	158	58.3	185	54.9	158	56.4	161	58.1
不満	29	10.7	45	13.4	38	13.6	38	13.7
現在の家計の満足度								
満足	35	12.9	47	13.9	50	17.9	46	16.6
まあ満足	104	38.4	118	35.0	96	34.4	82	29.6
やや不満	115	42.4	140	41.5	109	39.1	121	43.7
不満	17	6.3	32	9.5	24	8.6	28	10.1
学歴								
小・中学校卒	37	13.8	38	11.1	36	12.9	28	10.1
高校卒	136	50.6	179	52.2	72	25.9	133	48.2
短大・高専卒	4	1.5	41	12.0	3	1.1	37	13.4
大学・大学院卒	74	27.5	39	11.4	142	51.1	29	10.5
専門・専修学校卒	18	6.7	44	12.8	25	9.0	48	17.4
住居形態								
持ち家	231	86.2	292	85.4	194	69.8	186	66.7
賃貸	27	10.1	43	12.6	62	22.3	78	28.0
社宅・官舎	5	1.9	1	0.3	19	6.8	13	4.7
その他	5	1.9	6	1.8	3	1.1	2	0.7

（練馬区, 2008）の結果と比較した（岡山市では同様の調査がないため，比較できなかった）．ある程度家計の状況を表すと考えられる住居の状況について比較したところ，練馬区の調査では，持ち家が69.8％，賃貸25.2％，官舎1.8％であった．［調査3］では，男女合わせての持ち家率は68.2％，賃貸が25.1％，官舎等5.7％であった．練馬区の調査の実施は2007年であり，［調査3］

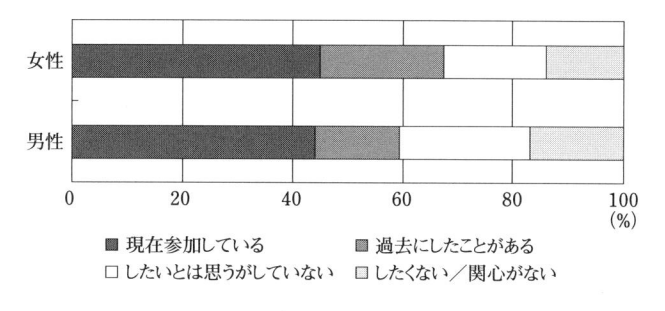

図6-14 社会参加の状況

■ 現在参加している　　■ 過去にしたことがある
□ したいとは思うがしていない　□ したくない／関心がない

より1年早く，対象者も練馬区調査は55歳から64歳であるのに対し，［調査3］は50歳から69歳であるので，単純には比較はできないが，［調査3］の回答者に大きな偏りは生じていないと判断できる．

2　社会参加活動の状況

まず，回答者全体の社会参加の状況はどうだったのだろうか．図6-14はグループでの参加の有無についてまとめたものである．現在社会参加活動をしている人は44.5％であり，したいと思うがしていない人は20.8％，関心が全くない人は15.4％であった．

回答者全体の中で，どのような活動を行っているかをまとめたものが図6-15である．「町内会・自治会」，「趣味や遊び仲間のグループ」に参加している人が最も多い．「ボランティア団体」への参加率は6％であった．

団体で行うボランティア活動への参加は少ないが，では個人でボランティア活動をしているのだろうか[2]．ボランティア活動をしている人は13.6％，そのうち週に1回以上行っている人が20.5％，月に数回程度が22.4％，1ヶ月に1回位26.9％，数ヶ月に1回位が30.1％であった．

次に地域による差をみてみよう．岡山市の男性49.6％，岡山市の女性50.9％，練馬区の男性38.7％，練馬区の女性37.5％が社会参加活動をしており，地域間で差がみられ，岡山市の住民の方が練馬区の住民より参加率が高かった．

さらに活動の内容ごとに比較すると地域や男女で差がみられた．岡山市では「自治会，町内会」への参加が最も多く男性で社会参加活動をしている人の中

第6章　社会参加は進んだのか　　185

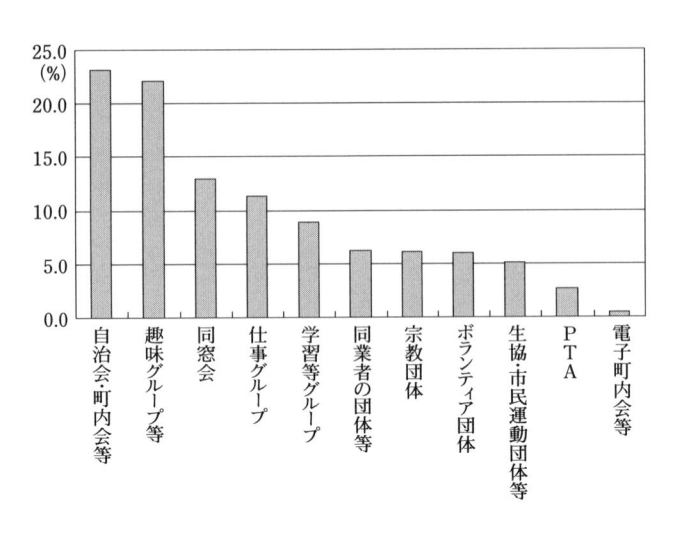

図6-15 現在行っているグループ活動の参加率

で60.2%，女性で64.7%であった．練馬区で参加が多かったのは「趣味などのグループ」であり，男性で約5割，女性で約6割が参加していた．「ボランティア団体」への参加は男性と練馬区の女性が約1割なのに対し岡山市の女性が約2割と多かった．男女で大きな差がみられたのは「学習会や習いごとのグループ」への参加で，女性約3割が参加していた．

3 部分尺度分析法による社会参加の位相の検討

次に［研究4］と同様の手続きを経て，行っている社会参加活動の有無により，分析対象者を趣味活動をしていれば1，していなければ0，グループに参加していれば1，参加していなければ0，ボランティア・グループに参加していれば1，参加していなければ0，と8通りに分類した（5章第1節第3項参照）．

分析対象者は［調査3］のデータ1177名である．

最初に2002年の分析と同様，被雇用経験のある人751名を対象に分析を行った（図6-16）．2002年調査と同様，「グループ（0, 0, 1）」すなわちボランティア活動のみしている人と，「グループ（1, 0, 1）」すなわちグループ活動をせずに，1人での趣味とボランティア活動をしている人は非常に少なく，図6-16

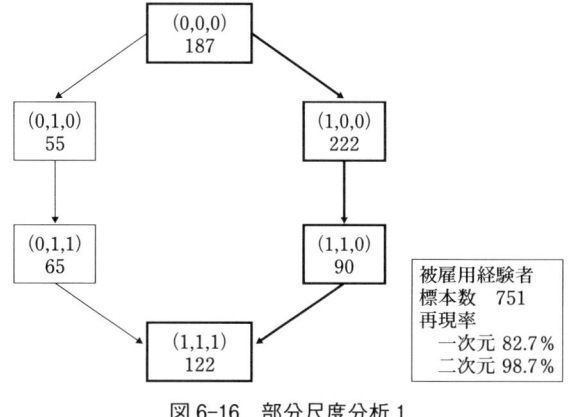

図 6-16　部分尺度分析 1

被雇用経験者
標本数　751
再現率
　一次元 82.7%
　二次元 98.7%

表 6-2　部分尺度分析 2

		再現率	
	n	1 次元	2 次元
被雇用経験者男性	413	85.2%	98.8%
被雇用経験者女性	338	80.0%	98.5%
岡山市男性	266	80.8%	98.4%
岡山市女性	336	79.2%	98.2%
練馬区男性	278	83.7%	97.8%
練馬区女性	274	83.2%	97.4%

に現れている 2 次元の再現率は 98.7%となった．社会参加位相モデルで仮定している右ルートの 1 次元 [(0, 0, 0) → (1, 0, 0) → (1, 1, 0) → (1, 1, 1)] の再現率は 82.7%となり，2002 年調査より当てはまりがよい結果になった．

次に，被雇用経験者の男女，練馬区と岡山市の雇用経験の有無を問わず全ての回答者を対象として男女別に部分尺度分析を行った結果，1 次元を仮定した場合と 2 次元を仮定した場合の再現率を示した（表 6-2）．2 次元性の再現率は 100%に近く，1 次元性の再現率もほぼ 8 割以上と 2002 年データより当てはまりの良い結果になった．

2002 年の被雇用者を対象にした分析から，これらの分析は 2 つの拡張を試みている．1 つには首都圏の都市から，岡山市という地方都市への地域的拡大である．2 つには雇用された経験のある人から，それ以外の全てのサンプルで

の適応である.

この結果からは,社会参加位相モデルが,会社での雇用経験のある首都圏都市に在住の人だけにあてはまるモデルではなく,地方中核都市に住む住民全体に適応可能なモデルであることが示唆された.

4 社会参加活動の4つの位相と志向性

社会参加志向の項目は2002年の調査結果を踏まえて,2002年の質問項目の一部を改定した.[調査3]で使用した項目は下記の通りである(全て「そう思わない」から「そう思う」の4点尺度).

利己的志向(信頼性尺度 $\alpha = .785$)
　自分の生活を豊かにしたい
　楽しむことが好きだ
　自分の健康を保つために何かしたい
　何か自分自身を向上させることをしたい
ネットワーク志向(信頼性尺度 $\alpha = .723$)
　人と一緒にいると元気が出てくる
　いろいろな人と知り合うことは興味深い
　人とつきあうのはわずらわしい(逆転項目)
　これからも人づきあいを広げていきたい
　いろいろな人とであって刺激を得たい
社会貢献志向(信頼性尺度 $\alpha = .826$)
　自分の楽しみをしながら社会に貢献していきたい
　地域活動に積極的に参加したい
　住んでいる地域に貢献したい
　社会で問題になっていることの解決に役立ちたい
　自分のできるかぎり社会の役に立つべきだ
　社会に対してなにか恩返しをしたい

以上3つの志向性の平均値と標準偏差を表6-3に示した.

変数間の相関は表6-4の通りである.項目間には中程度の相関が観察された.

次に3つの社会参加志向性について,社会参加位相モデルの仮説に従ってフェーズによる違いが観察されるかを検討した.部分尺度分析の結果から,社

表6-3 3つの志向性の平均値と標準偏差

	n	平均値	SD	最小値	最大値
利己的志向	1156	13.5	2.2	4	16
ネットワーク志向	1157	14.8	3.1	5	20
社会貢献志向	1131	15.9	3.3	6	24

表6-4 3つの志向性の相関係数

	1	2	3
利己的志向	—		
ネットワーク志向	.396	—	
社会貢献志向	.373	.526	—

注：相関係数は全て有意であった（$p < .001$）

会参加位相モデルが被雇用経験のある人以外にも適応可能なことが示唆されたので，分析の対象は，［調査3］の全サンプル1177名とした．対象者を4つのフェーズに分類するやり方は［研究4］と同様であった（第5章第1節第2項参照）．

分散分析の結果，3つの志向性全てにおいて有意差が観察された（$p < .001$）．その後の検定（Duncan）を行ったところ，利己的志向では，「フェーズ0，1」と「フェーズ2，3」との間に有意差が観察された．ネットワーク志向，社会貢献志向とともに，「フェーズ0，1」と「フェーズ2」，「フェーズ2」と「フェーズ3」の間に有意差が観察された（図6-17）．

社会参加位相モデルでは，利己的志向は趣味活動などをすることに関連し，フェーズ0からフェーズ1に進む際に関連していると仮定するが，フェーズ0とフェーズ1の間に差が観察されなかったことから，ここではモデルは支持されない結果となった．

ネットワーク志向は，フェーズ1からフェーズ2に進む際に関連していると仮定され，フェーズ1とフェーズ2の間に差があると仮定するが，これは支持される結果となった．

社会貢献志向はフェーズ3のボランティアなどの社会貢献活動をするのに関連しているとし，フェーズ2からフェーズ3に進む際に関連しているとの仮定であるが，これも支持される結果となった．

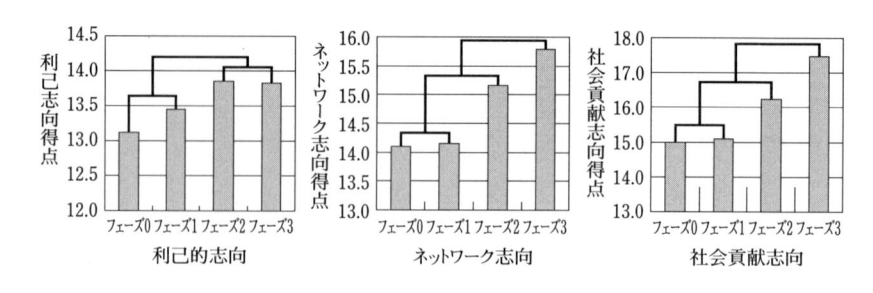

図6-17 社会参加志向性とフェーズ

　3つの社会参加志向の結果を総合すると，フェーズ0とフェーズ1の違いは観察されなかったが，2002年調査より社会参加位相モデルに対しての当てはまりがよい結果となったといえるだろう．また，部分尺度分析と同様，雇用経験のある人だけではなく，一般サンプルにも拡張できること，また地域も岡山市という地方中核都市においても有効であることが示唆される結果となった．

5　社会参加の位相の違いと効果

　最後に社会参加の位相による効果の違いについて検討しよう．［研究4］と同様，個人への効果については孤独感，自尊心，生活満足度の3つの主観的幸福感で検討した．また社会参加が社会関係資本を醸成するというソーシャル・キャピタルの観点から，個人の社会参加の社会に対する影響として一般的信頼感についても検討した．

　各尺度の項目と信頼性係数は以下のとおりである．

自尊心尺度　5項目（Rosenberg, 1965）（「そう思わない」から「そう思う」まで5点尺度）信頼性係数 α = .765
　私にはいくつも良い点がある
　私は少なくとも他人と同じくらいには価値のある人間だと思う
　私には誇れるものがあまりないと思う（逆転項目）
　全体として，自分自身に満足している
　私は全く役に立たないと時々思う（逆転項目）
孤独感尺度（改訂版UCLA孤独感尺度，工藤・西川，1983）（「しばしば感じる」か

ら「決して感じない」まで4点尺度）信頼性係数 α = .573
 私は自分の周囲の人たちとうまくやっている
 私を本当に知っている人はいない（逆転項目）
 私は，望むときにはいつでも仲間を見つけられる
 私には知人はいるが，気心の知れた人はいない（逆転項目）
生活満足度尺度（生活満足度尺度K，古谷野他，1989，1990）（「はい」「いいえ」の2点尺度）信頼性係数 α = .434
 最近になって小さなことを気にするようになったと思いますか（逆転項目）
 あなたの人生は他の人にくらべて恵まれていると思いますか
 これまでの人生で，あなたは求めていたことのほとんどを実現できていると感じますか
一般的信頼感尺度（Yamagishi & Yamagishi, 1994; 山岸，1998），（「そう思わない」から「そう思う」まで4点尺度）信頼性係数 α = .578
 ほとんどの人は信頼できる
 知らない人よりも知っている人の方が信頼できる
 一般に，長くつき合っている人は，必要なときに助けてくれることが多い
 自分は信頼できる人と信頼できない人を見分ける自信がある

 それぞれの尺度において信頼性係数 α がそれなりに高かったので，それぞれ加算して，自尊心尺度，孤独感尺度，生活満足度，一般的信頼尺度（なお，山岸（1998）の尺度を使用した）とした．
 まず，主観的幸福感について検討した．フェーズにより違いがみられるかを，孤独感，自尊心，生活満足度のそれぞれについて分散分析を実施したところ，有意差がみられた（$p < .001$）．その後の検定（Duncan）を行ったところ，孤独感では，「フェーズ0，1」と「フェーズ2，3」の間に有意差がみられ，「フェーズ0，1」の方が孤独感が高かった．自尊心については，「フェーズ0」と「フェーズ1」の間と「フェーズ1」とフェーズ2，3」の間に有意差がみられた．生活満足度については「フェーズ0，1」と「フェーズ2，3」の間に有意差がみられ，「フェーズ2，3」の方が生活満足度が高かった（図6-18）．
 孤独感は人と一緒に活動するか否かで差がみられると予想できることから，フェーズ1とフェーズ2の間で差がみられたことは納得できる結果となった．
 自尊心は，何も活動をしていない状態が最も低く，趣味をすると少し上昇し，

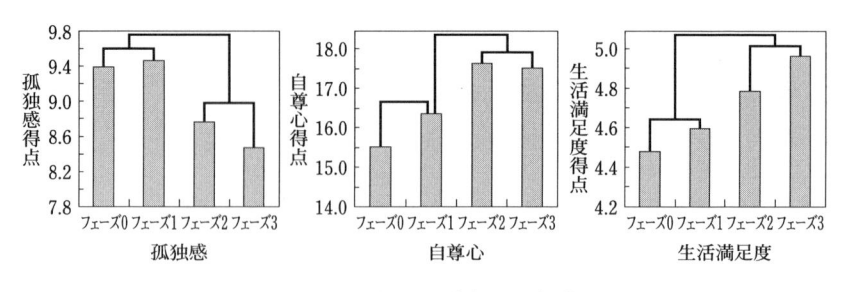

図6-18　フェーズによる主観的幸福感の違い

　さらにグループ参加するとより高くなった．社会参加位相モデルから考えれば，何も趣味のなかった人がなにか趣味をみつければそれだけで誇らしい気持ちを感じるだろうし，昨今難しさが喧伝されている「地域デビュー」を果たしてグループ参加をすれば，障害を乗り越えたうれしさから，さらに自信を持てるようになるだろう．

　最後に生活満足度であるが，フェーズ0とフェーズ1は何も活動をしないか1人でする趣味のみ，フェーズ2，フェーズ3はグループ参加かグループでする社会貢献活動であり，ここでの差は，人と一緒にする活動かどうかの違いである．趣味を楽しむのもいいが，人とともに過ごし，いろいろ刺激を受けることの重要性を示している結果といえるのではないか．

　次に一般的信頼感の結果についてみてみよう．「フェーズ1」と「フェーズ2」，「フェーズ2」と「フェーズ3」の間に有意な差がみられた（図6-19）．ソーシャル・キャピタル研究では，グループ参加が一般的信頼感を醸成する一手段であると見なされることから，フェーズ2のグループ参加とフェーズ1のグループへの参加がない状態との間で差がみられたことは首肯できる結果である．しかし，本研究では，フェーズ2のグループ参加とフェーズ3の社会貢献活動への参加の間でも，一般的信頼感の高さに差がみられた．

　ソーシャル・キャピタル研究では，グループ活動の内容が社会貢献かどうかでの差異は仮定していない．しかし，他者から搾取される，人が信頼できない，というような不信感の強い人が，他者や社会・地域のためになる活動をするということは考えにくい．逆に社会貢献活動をする人は，ある程度人に対する信

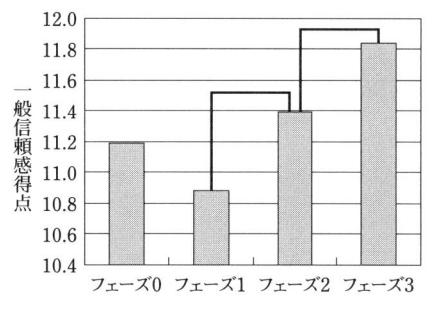

図6-19 フェーズによる一般的信頼感の違い

頼感が高いと考えられるのではないだろうか.

　以上,社会参加活動のフェーズによる効果の違いについては,全体として2002年の調査データよりフェーズによる違いが多く観察され,社会参加位相モデルの仮定に沿う結果となった.

　ここまで［調査3］のデータを用いて,1)部分尺度分析により社会参加の位相が確認されるか,2)3つの社会参加の志向性において,社会参加位相モデルで想定しているような差がフェーズ間でみられるか,3)フェーズ間で主観的幸福感と一般的信頼感に対する差がみられるか,を検討してきたが,総じて2002年のデータよりもモデルへの当てはまりが良くなった.

　さらに,2002年時点では,社会参加位相モデルの適応範囲について3つの限定があった.1つには被雇用経験のある人への限定,2つには対象者が60歳代が中心,3つめが首都圏の都市という地域的限定である.［研究8］では,これらの3つの制限をはずし,基本的属性を制限せず,岡山市という地方中核都市にエリアを広げ,年齢層も広げて50歳代から60歳代を対象にしても,社会参加位相モデルが有効である可能性が示唆された.

第3節　社会参加と地域社会への溶け込み──社会参加の効果［研究9］

　［研究3］では,大都市の退職シニアにとって社会参加が地域社会への溶け込むための有効な手段であるという結果を導いた.社会参加により地域における知り合いや友人が得られ,それが現役時代に地域社会から乖離して生きてき

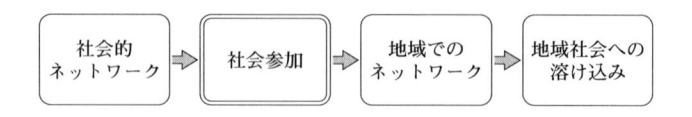

図 6-20　社会参加と地域社会への溶け込み

た彼らが地域社会に溶け込む契機となっていることを指摘した．すなわち現役で働いていたときは家には寝に帰るだけだったサラリーマンが定年退職後に地域社会で話をする人が全くいないことを発見し，地域での知り合いを作るために地域での社会活動に参加，その参加によって地域で話をできる友人知人を得たことにより，地域社会から乖離して生きてきた退職シニアが，地域社会に溶け込んだと感じることができたという心理的効果をもたらす結果となったと解釈できる．これを図式すると図 6-20 のようになる．

社会参加に先行する要因である社会的ネットワークについては，ネットワーク・サイズ（片桐，2006），親しい友人の数（松岡，1992）やソーシャル・サポート期待人数（井戸・川上・清水・岡本・臼井，1997）などが検討されてきたが，[研究 9] では中高年期の友人に特有の昔の友人に着目する．

中高年の友人機能について，Sugawara & Akiyama (2005)，菅原 (2006) が「中高齢者の友人関係の 5 機能モデル」を提案している．そこでは「仲間づきあい」「情緒的サポート」，「社会的刺激」，「気分転換」，「自己の確証」という 5 つの機能が示されている．1 つめから 3 つめまではどの世代の友人機能とも共通のものであるが，最後の 2 つは中高年特有の機能であるという．

「気分転換」は「非日常的な共行動」と「気分転換」の下位カテゴリーからなり，友人関係が一時的なストレスや気づかいを解き放つ場として機能しており，友人と一緒に過ごすといってもその頻度は低く，年に 1 回程度の同窓会などが主な活動の場になっている点が特徴である．「自己の確証」は，「自己の支え」「自分自身になる」「無条件の受容」「昔話」に代表される自分の過去を共有している他者としての友人の機能であり，学校時代の友人付き合いが典型的である．これら 2 つの機能はともに接触頻度の低い，昔からの古い友人の持つ機能であると説明している．

例えば，小学校や中学校などの時期に住んだ地域にUターンした場合，そこには昔の友人がおり，その地域を離れていた間も接触頻度は低くても友人付き合いが継続していたり，たとえ久しぶりに会ったとしても，すぐに昔の関係に戻り「自己の確証」ができるような関係であるため，地域の情報や地域活動の情報を提供してくれたり，活動に誘ってくれたりする可能性は高い．この意味で，学校時代に居住のあった地域に住み続けていた場合，別のところに住んでいて戻ってきた場合と，全く知り合いのいない新しい地域に住んでいる場合では，社会参加活動への参加のしやすさは異なると想定される．

そこで［研究9］では，社会参加に先行する社会的ネットワーク（図6-20）の中で，昔の知り合いの有無を，子どもから学生の時期にその地域に住んでいたかどうかで擬似的に捉えることとする．ネットワークの測定において，いつの時期の友人を昔の友人と見なすのか，特に横断的な調査の場合，現在の地域におけるソーシャル・ネットワークの中で昔の友人と新しい友人を区別して測定することには限界があり，本研究の郵送留置法による調査では難しいと判断したためである．よって，心を許す友人を作りやすく，地元の学校に通うことが多い子どもから学生の時期における現地域での居住の有無を検討することにより，子どもから学生の時期に居住のあった地域に戻ってきた場合と，全く知り合いのいない新しい地域に住んでいる場合の違いを検討することとした．

図6-20の「地域への溶け込み」は社会参加活動により地元での友人・知人ネットワークを得られたことが地域社会に溶け込んだという心理をもたらす契機となっていることを示しており，地域社会をローカル地域コミュニティと考えれば（Chavis & Pretty, 1999），地域社会におけるメンバー同士のつながりの形成として捉えることができる．

メンバー同士のつながりは，コミュニティ心理学では古くから「コミュニティ感覚」として検討されてきた．McMillan & Chavis (1986) のモデルでは「メンバーシップ」，「影響力」，「ニーズの統合と充足」，「情緒的つながりの共有」という4つの下位次元が提案されている．「メンバーシップ」はコミュニティへの所属感などの概念が含まれる．「影響力」はコミュニティと個人とが互恵的な関係にあり影響し合っていることを示している．「ニーズの統合と充足」は個人メンバー間でニーズが共有され，コミュニティはそのニーズ達成のため

の場を提供する役割を果たす．「情緒的つながりの共有」は，コミュニティ感覚の中でも特に感情，情動を協調する概念である（Dalton, Elias & Wandersman, 2001）．

日本においてこの尺度構造の検討を試みた Sugawara, Murayama, Yoshie, Wakui & Arami（2009）は，日本人においては4つの次元は再現されず，3つの次元が析出されたことを報告し，「居心地がいい」，「住みやすい」，「住み続けたい」といった項目から構成され，個人的に感じている地域の住み心地の良さを表す因子「地域への愛着」，「この地域に住む人々は皆同じような価値観を共有している」，「私とこの地域に住む人々は，この地域に同じものを期待している」などの項目から構成され，周囲の住民と価値観や地域への期待を共有している程度を示す「価値観の共有」，「この地域に住む多くの人と顔見知りである」「この地域のあり方に対して影響力を持っている」等の項目からなり，周りの人と知り合いか，影響力を持っているかを示す「近隣との関わり」という3次元を提案している．

コミュニティ感覚をもたらす先行要因の中で，居住年数や関わりの長さ等の時間的な要因の影響が指摘されているが（Chavis, Hogge, McMillan & Wandersman, 1986; Pretty, Andrewes & Collett, 1994; Prezza, Amici, Roberti & Tedeschi, 2001），過去のどの時期に居住していたかという観点からの検討は行われていない．「個人が一生の間にたどる道」（Elder, 1974; 本田他訳, 1991）に着目するライフコース概念からも，過去の居住経験を検討することは居住年数とは異なる観点からの検討が可能となろう．例えば同じ3年間の居住があった場合に，近所の子どもと一緒の学校に通ったり，遊んだりした小学生の時と，例えば働いている時に会社と自宅の往復のみの成人後に過ごす3年間では地域社会との関わり方はかなり異なると考えられる．

1 目的と方法

［研究9］の目的は2点ある．1つには，過去の居住経験が現在の社会参加に違いをもたらすのかを検討すること．2つめは過去の居住と社会参加がコミュニティ感覚に関連するのかを検討することであった．2008年に東京都練馬区と岡山県岡山市で50歳から69歳までを対象として実施した［調査3］のデー

タを用いて分析した．

1) 分析方法

分析は2段階にて実施した．第1段階は現在住んでいる地域での過去の居住及び通学通勤経験が現在の社会参加に違いをもたらしているかを検討するため，独立性の検定を行った．第2段階は過去の居住及び通学通勤経験と社会参加がコミュニティ感覚と関連しているかどうかを階層的重回帰分析によって検討した．

2) 独立変数

過去の居住については，現在住んでいる地域に住み始めたきっかけについて，「子どもの頃から」「仕事で」「結婚で」「高齢になって」の4つについて質問した項目を各時期の居住の有無として捉えることとし，3つのダミー変数，「子どもの頃から（当てはまる＝1，当てはまらない＝0）」「仕事で（当てはまる＝1，当てはまらない＝0）」「結婚で（当てはまる＝1，当てはまらない＝0）」を作成した．

さらに，小中学校のときには学校の友人を中心にネットワークが形成されることが多いため通学の効果を，大人についてはその対比として仕事で通勤していた場合にその地域でのネットワーク形成に結びつくかどうかを，通学と通勤の効果を対比して検討することを目的として，通学経験の有無，通勤経験の有無のダミー変数（1＝経験あり，0＝経験無し）を投入した．社会参加については「自治会，町内会，老人会，婦人会」，「PTA」，「同業者の団体，農協，労働組合」，「生協・消費者団体・住民／市民運動の団体」，「ボランティア団体」，「宗教団体」，「学習会や習いごとのグループ」，「趣味や遊び仲間のグループ」，「仕事仲間のグループ」，「同窓会」，「電子町内会や地域のメーリングリスト」，「その他」の12種類のグループや団体の選択肢を提示し，そのようなグループに「現在参加している」かどうかを尋ね，社会参加活動の有無のダミー変数（1＝社会参加活動あり，0＝社会参加活動なし）を作成した．さらに，居住と通勤と社会参加の交互作用項，「仕事で居住と通勤経験の有無」，「通勤経験の有無と社会参加の有無」の2項目を投入し，それぞれ居住する地域に仕事場のあった場合の効果，その地域に通勤しかつ社会参加活動も行っていた場合の効果を検討することとした．

統制変数として性別，年齢，居住地域（1＝岡山市，2＝練馬区），学歴を用いた．

3) 従属変数

地域社会への溶け込みについては，「コミュニティ感覚」（McMillan & Chavis, 1986; McMillan, 1996）という概念を用い，Perkins et al.（1990）の考案した尺度を笹尾が日本語に訳したものを使用した（笹尾，2007；笹尾・小山・池田, 2003）．「この地域に住む多くの人と顔見知りである」，「この地域のあり方に対して，影響力を持っている」，「この地域に住むことは，私にとって大切なことである」など11項目で測定した．

第2段階の分析で用いる社会参加変数は第1段階で用いた社会参加変数と同一である．

2 居住経験，通勤通学経験と社会参加

現在住んでいる地域に住み始めたきっかけの違いにより社会参加率に違いがあるかについて独立性の検定を行ったところ，χ^2検定により，有意な差がみられた（$p < .001$）．どのグループ間に差がみられるのかを検討するため，ステップダウン・ボンフェローニの調整を実施したところ，「子どもの頃から」と「仕事で」の間と，「仕事で」と「結婚で」の間に有意な差がみられ，仕事がきっかけで住みはじめた人は社会参加率が低くなった（図6-21）．

また，小中学校時の通学経験と通勤経験の有無を組み合せて，「通学・通勤経験無」，「通学経験のみ」，「通勤経験のみ」，「通学・通勤経験有」の4グループに分類し，「社会参加経験の有無」との独立性の検定を行ったところ，χ^2検定により，有意な差がみられた（$p < .001$）．同様にステップダウン・ボンフェローニの調整を実施したところ，「通学・通勤経験有」と「通学・通勤経験無」の間と「通学・通勤経験無」と「通学経験のみ」，「通勤経験のみ」と「通学・通勤経験有」の間で有意差がみられた．

3 居住経験・社会参加とコミュニティ感覚

本研究では，McMillan & Chavis（1986）の提案したコミュニティ感覚をSugawara et al.（2009）の3因子構造，「地域への愛着」，「価値観の共有」，「近

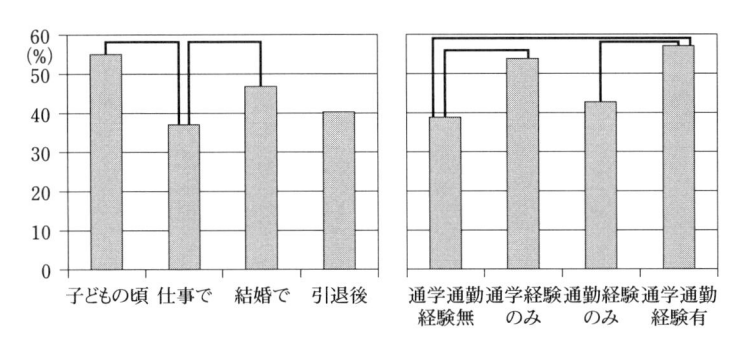

図 6-21　居住のきっかけ・通学通勤経験と社会参加率

隣との関わり」を採用して分析を行った．

　第1因子「地域への愛着」（α = .803）（「あてはまらない」から「あてはまる」までの4点尺度）
　　この地域は私にとって居心地が良い
　　この地域は私にとって住むのに適している
　　この地域に住むことは私にとって大切なことだ
　　この地域に住み続けると思う
　第2因子「価値観の共有」（α = .763）
　　この地域に住む人々はお互いに良い関係を保っている
　　この地域で何か問題が生じたとき住民自ら解決することができる
　　この地域に住む人々は皆同じような価値観を共有している
　　私とこの地域に住む人々は，この地域に同じものを期待している
　第3因子「近隣との関わり」（α = .750）
　　この地域に住む多くの人と顔見知りである
　　この地域の住民のほとんどが私を知っている
　　この地域のあり方に対して影響力を持っている

　それぞれ信頼性係数αが充分高かったので，足しあわせて各因子得点を算出して用いた．
　次に階層的重回帰分析を行った．すなわちモデル1では年齢，学歴，居住地域，性別，通勤経験の有無（住み始めたきっかけが「子どもの頃から」と「通

表6-5 コミュニティ感覚を従属変数とした重回帰分析

	コミュニティ感覚3因子							
	地域への愛着（$N=1,056$）				価値観の共有 ($N=1,030$)		近隣との関わり ($N=1,047$)	
	モデル1		モデル2		モデル1		モデル2	
	SE	β	SE	β	SE	β	SE	β
年齢	.015	.118 ***	.015	.117 ***	.014	.042	.011	.081 **
学歴	.085	.018	.085	.019	.080	.037	.064	-.062 *
地域（1＝岡山市，2＝練馬区）	.172	-.017	.172	-.017	.163	-.054	.128	-.069 *
性別（1＝男性，2＝女性）	.173	.015	.172	.017	.164	-.003	.129	.059
通勤経験（1＝有，0＝無）	.174	.055	.224	.107 **	.165	.057	.129	.090 **
居住きっかけ：子ども	.279	.176 ***	.279	.171 ***	.262	.043	.208	.260 ***
居住きっかけ：仕事	.260	.070	.260	.064	.244	.024	.194	.058
居住きっかけ：結婚	.262	.132 **	.262	.130 **	.246	.072	.195	.215 ***
社会参加（1＝有，0＝無）	.162	.190 ***	.256	.264 ***	.153	.229 ***	.121	.241 ***
通勤経験 ＊ 社会参加の有無			.325	-.109 *				
R^2		.082 ***		.085 *		.074 ***		.175 ***

注：* $p<.05$，** $p<.01$，*** $p<.0001$.

学経験の有無」のダミー変数は相関係数が高かったので，「通学経験の有無」は分析から除外した）と，住み始めたきっかけの3つのダミー変数と社会参加の有無を投入，モデル2では，加えて2種類の交互作用項を1つずつ投入し，従属変数としてコミュニティ感覚の3因子について分析を行った．通勤経験の有無と社会参加の有無の交互作用が有意になった「地域への愛着」を従属変数とした分析ではモデル1とモデル2の結果を，交互作用項が有意にならなかった「価値観の共有」と「近隣との関わり」を従属変数とした分析についてはモデル1のみ結果を示した（表6-5）．

「地域への愛着」を従属変数とした重回帰分析では，住み始めたきっかけが「子どもの頃から」と「結婚で」及び社会参加の有無が有意となり，子どもの頃からの居住と結婚をきっかけに住み始めた場合，及び社会参加をしている場合に地域への愛着が高くなった．また通勤経験の有無と社会参加の交互作用が有意になった．この結果をグラフで表したものが図6-22である．通勤経験が無い場合は社会参加活動の有無にかかわらず地域への愛着スコアは変わらないが，通勤経験がある場合は，社会参加をしていると地域への愛着スコアが高くなっていた．年齢が高いほどスコアは高く，居住地域・性別・学歴は有意にならなかった．

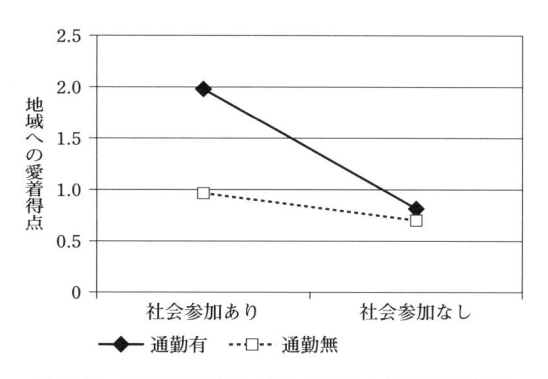

図 6-22 通勤の有無と社会参加の有無の交互作用

「価値観の共有」を従属変数とした分析では，居住のきっかけと通勤経験は有意にならず，社会参加をしていることのみが価値観の共有を高めていた．

「近隣との関わり」では，通勤経験がある場合，居住のきっかけが「子どもの頃」からである場合と「結婚で」である場合，社会参加をしている場合にスコアが高くなっていた．また年齢が高いほど，学歴が低く，岡山市に居住する方がスコアが高いという結果になった．

4　ライフコース的視点の重要性

居住のきっかけ及び通学・通勤社会参加

居住のきっかけについては「子どもの頃から」である場合の社会参加率が高かった．通学通勤経験については「ともに経験がある」場合が最も参加率が高いが，「ともに経験がない場合」と「通学経験のみ」の間にも差がみられ，通学経験があることが参加率の高さに差をもたらしていると考えられる．居住のきっかけと通学通勤経験の有無の双方を勘案すると，居住がある，あるいは通学しているなど，子どもの時期に生活基盤が現在の地にあった場合は，社会参加に促進的に働くということが示唆される結果となった．敷衍すれば定年後に過去に関わりのない新しい土地に移った場合は社会参加するのは難しいと推察される．

また，仕事をきっかけに居住が始まった人や，通勤経験がある人が共に社会参加率が低いという結果からは，働いている間は地域社会とは疎遠である様子

が確認された．

過去の居住経験・社会参加とコミュニティ感覚

　コミュニティ感覚の3つの因子をそれぞれ従属変数として行った分析からは，大きく2つのことが明らかになった．1つには過去の居住経験の影響を統制しても，社会参加はコミュニティ感覚を高めていることが明らかになった．つまり小中学校期に生活基盤がなかった場合や，就労期の関わりのみである人たちは，子どものころに生活基盤があった人より社会参加はしにくい状況にある．しかし，ひとたび社会参加をすることができれば，コミュニティ感覚は高まるなど地域社会へ溶け込むことができると考えられ，社会参加の重要性が改めて確認された．

　2つめには，居住や通勤経験はコミュニティ感覚の3つの側面に異なる関わりがあることが示された．「地域への愛着」では，子どものときの居住と結婚をきっかけにした居住が愛着を高めており，しっかり生活に根差した生活を始めることが地域への愛着と関連していることが示唆された．また，通勤経験の主効果はみられなかったが，通勤経験がありかつ社会参加をしている人の方が高いという結果は，単にある地域に居住，あるいは通勤をしていても地域社会には無縁に過ごしがちであるが，その地域で何らかの社会参加活動をすることにより地域への愛着が芽生えると解釈できる．逆に都市に住み，家には寝に帰るだけで地域社会との関わりがほとんど無い会社員は，地域への愛着をもちにくく，地域社会から乖離する様子が確認された．

　「価値観の共有」に関しては，過去の居住経験は関連がみられなかった．これは居住しているだけでは価値観の共有は図られず，地域の人と一緒に活動を行っていく積極的な関わりと交流の過程において価値観の共有が図られることを示唆している．

　「近隣との関わり」は，居住のきっかけが「子どもの頃から」と「結婚で」である人，通勤経験がある，社会参加をするなど生活の多様な面において地域社会との関わりがあることにより，近隣との付き合いが増え，地元の知り合いが増える，つまり地域社会の人々との交互作用が増えるということを表している．通勤経験の効果がみられたことは，自営業など地域社会に密着した職業の場合は仕事の場がある地域における人間関係が形成されると推測され，今後職

業による違いを検討することが必要である．

社会参加におけるライフコース的観点の重要性

本研究の結果から，子どもの頃に居住のある場合の方が社会参加がしやすいことが明らかになった．社会参加の関連要因としてネットワークの豊かな人ほど参加が促進されることが明らかになっているが（片桐，2006），子どもの頃という屈託がない友人付き合いができる時期に居住していた人はそれだけ地元に豊かな人間関係を形成しており，長い年月がたっても，その縁は容易に復活し（Sugawara & Akiyama, 2005；菅原，2006），昔の知り合いや友人に誘われる機会も多い，活動についてのより多くの情報を得ることが可能になるなど社会参加に有利に働くのであろう．

コミュニティ感覚はどういう側面を取り上げるかにより，過去の居住の影響がみられるものとそうでないものがあり，子どもの頃に過ごした土地には地域への愛着という情緒的な側面が形成されていることが明らかになった．居住が長ければ近隣との関わりは拡大するが，ただ居住があるのみでは地域での価値観の共有は図られず，ともに何かを目指して活動することが重要である．

本研究からはコミュニティ感覚の醸成を図るには，社会参加をすることが重要であることが確認されたが，社会参加活動するかどうかに過去の居住経験が関連することが明らかになった．これまでの社会参加研究においては，このようなライフ・ヒストリーを加味した要因の検討はほとんど行われてこなかったが，中高年期の社会参加活動を検討する際にも，それまでの来し方を勘案する必要性が示唆される結果となった．

近年高齢化に伴い地域社会に関心が高まっている．都市で働いていた退職シニアのように，現役時代地域社会から遊離してきた人たちが，定年後いかに地域社会に溶け込んでいくか，というのは重要な社会的な問題である．本研究の結果からは，Uターンについては肯定的な示唆が得られた，小さい頃に居住のある地域に住む方が，新しい土地に住むよりは社会参加しやすいのである．しかし，全く地縁のない土地で地域社会に溶け込むには，社会参加をする等積極的な関わりをもつ努力をする必要性が示唆された．

地域で老いていくためには，地域社会に溶け込み，コミュニティとの関わりを形成していくことが必要であるが，社会参加はそのための有効な施策である

ことが改めて確認された．

小括　2008 年調査から見えてきたもの

2008 年の［調査 3］では，2 つの研究を行った．［研究 8］で社会参加位相モデルの位相性が 2008 年データで確認されるか，［研究 9］では，社会参加が地域社会に溶け込むきっかけを与えるかどうかを検討した．

［研究 8］では，1）部分尺度分析，2）4 つのフェーズ間における位相間の差異の検討，3）4 つのフェーズ間における主観的幸福感と一般的信頼感の差が現れるか，を検討したが，いずれの分析でも「社会参加位相モデル」はかなり当てはまりがよいという結果になり，2008 年のデータは［調査 2］の 2002 年データよりも仮説に沿う結果が多く確認された．

さらに，企業で働いた経験のある人だけではなく，いろいろな基本的属性を持った人に当てはまる可能性，首都圏の都市だけではなく，地方都市にも当てはまる可能性，年代も 50 歳代の人にも適応可能であることが示唆された．

このことは首都圏で暮らす退職シニアから析出された「社会参加位相モデル」が，時間的，空間的，職業カテゴリーを超えて中高年に適応可能なモデルである可能性を秘めていることの謂いである．今度さらに多くのサンプルで検討する必要があろう．

2008 年データのモデルへの当てはまりが良かったことは，2002 年より 2008 年の方が，社会参加における「格差」が広がったという意味でもある．格差という言葉は適切でないかもしれないが，よりフェーズの進んだ社会参加活動に参加することで，心身も，社会関係にも，ひいては社会にもプラスをもたらすことを享受できる人たちと，家計の苦しさから就労せざるを得なくなり，社会参加からもたらされる益を得ることができない人という差が生じてきた，と考えることもできるのである．この意味において，社会参加を促進する要因の検討が重要性を増すことになった．

［研究 9］からは，ライフ・ヒストリーを加味して社会参加を検討した．子どもの頃の居住経験があったり，結婚を機に住むなど地域社会との関係を過去に築いていた方が社会参加はしやすいことが判明し，全く地縁がないような場所での社会参加は難しい．長い間故郷を離れて過ごしていると，昔の友だちと

も疎遠になり，また地元で過ごす人たちと都市に働きにでたサラリーマンでは生き方や考え方も異なると想定されるため，退職後に故郷にＵターンしても昔の絆は復活せず社会参加もしにくいのではないかとも考えられるが，［研究9］の結果からは小さい頃の絆は次第に復活し，縁もゆかりもない地よりはかつて住んでいた地域での社会参加の方が容易であった．

　幼い頃住んでいない所での社会参加が難しいとはいえ，一旦社会参加をすれば地域への愛着も芽生え，地域の人との価値観の共有や近隣との関わりも増え，地域社会へ溶け込むことが可能となり，地域で健やかに老いを迎えるための重要なリソースである地域との絆の創生に成功していた．

注
1) ［調査2-2］は有配偶男性を茅ヶ崎市450名，練馬区500名抽出した．最終的な回収率は64.1%（票数609組：練馬区66.0%，茅ヶ崎市62.0%）であった．
2) 2002年調査と質問項目が異なるので比較はできない．

第7章　社会参加の効用——総合考察

第1節　結果のまとめ

本書での知見をまとめてみよう．

最初に，現代のサード・エイジの人たちはこれまでの高齢者とは異なる特徴を持つことを説明した．すなわち身体的には若返り，能力的にも高く，働く気もあり，経済的にもそれなりの基盤を持つ．しかし，日本の平均寿命の伸展は急速に実現したもので，長い寿命をどう生きればいいのかという彼らの範となるような生き方は見あたらない．さらに昨今のインターネットなどの情報革命や，グローバリゼーション，さらには家族に対する考え方などの規範の変化など，現代社会は過去に比べて急激な変化を遂げ，シニア世代はその急速な流れからは取り残されがちである．

また，過去と比べて格段に豊かな人的資源である彼らを活かすような社会的なシステムもなかなか整備されない．年金受給開始年齢の引き上げもあり，政府としては高年齢労働者を増加させたいが，企業側は不景気も長引き，高齢労働者をどう処遇すればいいのかという未知の経験に戸惑い，政府の意図とは異なり高齢労働者を喜んで受け入れるという状態にはなっていない．

地方自治体は退職シニアに地域の支え手になってほしいと期待をしているが，先行きの不安や家計の苦しさもあり，シニア側は働き続けたいという気持ちが強い．さらに，地域の役に立ちたいという気持ちを持つ退職シニアは多いが，それにはいわゆる「地域デビュー」を経ねばならず，容易にはなし得ない．

このような退職シニアを取り巻く環境の中で，本書ではいくつかの選択肢のある中で，サード・エイジの生き方として社会参加活動を取り上げた．

［調査1］の退職シニアを対象としたインタビュー調査を実施して，「社会参加位相モデル」「社会参加位相モデル（促進モデル）」「社会参加位相モデル（効

果モデル)」を提案した．この中において「社会参加位相モデル」が核をなすものであり，広範な社会参加活動に対して，規定因やその効果までのダイナミクスを捉えるのに有効な理論的分類を提案したこと，さらに規定因や効果を考える際に，活動する個人の視点だけでなく，社会関係や，社会からの視点を導入した点が新しい．

これら3つのモデルは冒頭で提起した3つのリサーチ・クエスチョンに答えるべく提案したものであり，これらに対応する形で本書の結果をまとめてみよう．

RQ 1. 社会参加行動とは何か──意味と定義を明らかにする

退職シニアを対象に実施したインタビュー調査の結果から，社会参加が彼らにとって持つ意味を明らかにした．その上で社会参加活動を「自己のために行う，家族・親族などの親しいネットワークにとどまらない広い対人関係を基盤とし，社会と積極的にかかわりをもつ行動」と定義した．

このように定義した上で，人により社会参加達成度が異なると仮定し，社会参加活動をフェーズ0からフェーズ3まで4つに分類する「社会参加位相モデル」を提案した．すなわち，フェーズ0は何も社会参加をしていない状態，フェーズ1は一人で趣味をしている状態，フェーズ2はグループ参加をしている状態，フェーズ3はボランティア・グループなどに入ってボランティア活動をしている状態，とした．

どのフェーズの段階にあるかにより，達成される個人のサクセスフル・エイジングの程度，社会に役立つという社会的効益性が異なると仮定し，フェーズが進むほど達成度が高いと仮定した（図7-1）．

本モデルの特徴は，社会参加活動を4つに分類したことで，社会参加の規定因と，社会参加をもたらす効果を結ぶことに成功し，その結果，社会参加の一連のダイナミクスを捉えることが可能になった点にある．

部分尺度分析，3つの社会参加志向のフェーズによる違い，主観的幸福感と一般的信頼感のフェーズによる違いが観察され，その違いの意味を理解するために質的データに立ち戻った．質的量的両方のデータを組み合わせて解釈した結果，フェーズを進むには乗り越えるべき課題がそれぞれ異なることが明らか

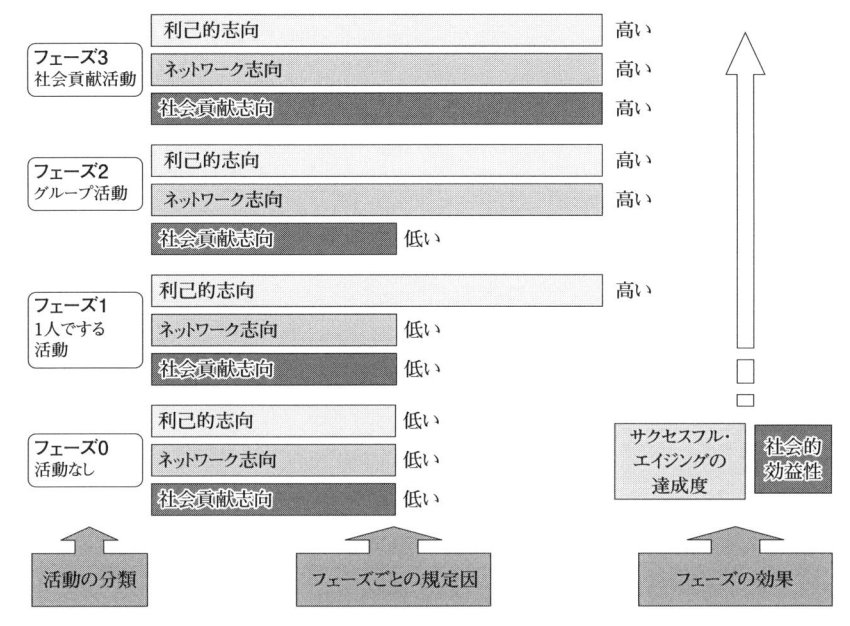

図7-1 社会参加位相モデル（図4-3再掲）

になり，フェーズの違いの意味をより明確に理解することが可能になった．

RQ 2. 退職シニアの社会参加を促進・阻害する要因は何か

次に，社会参加活動を促進，阻害する要因について検討した．質的研究［研究6］で，インタビュー調査の結果を M-GTA（木下，1999，2003a）により分析して，関連要因を析出し，「社会参加位相モデル（促進モデル）」（図7-2）を提案した．

ここでは，社会参加の規定因について，2つの視点を導入した点がオリジナルである．1つには，社会参加活動の4つのフェーズそれぞれに関連する要因を整理したこと，2つには，規定因を検討するに際して，個人の観点と，社会関係の観点と，社会・社会制度というマクロの観点を用意したという点である．

このような分類により，国や地方自治体が退職シニアの社会参加を促進しようと考える際に，あるいは，社会参加したいけれどできない退職シニア自身が

第7章 社会参加の効用──総合考察

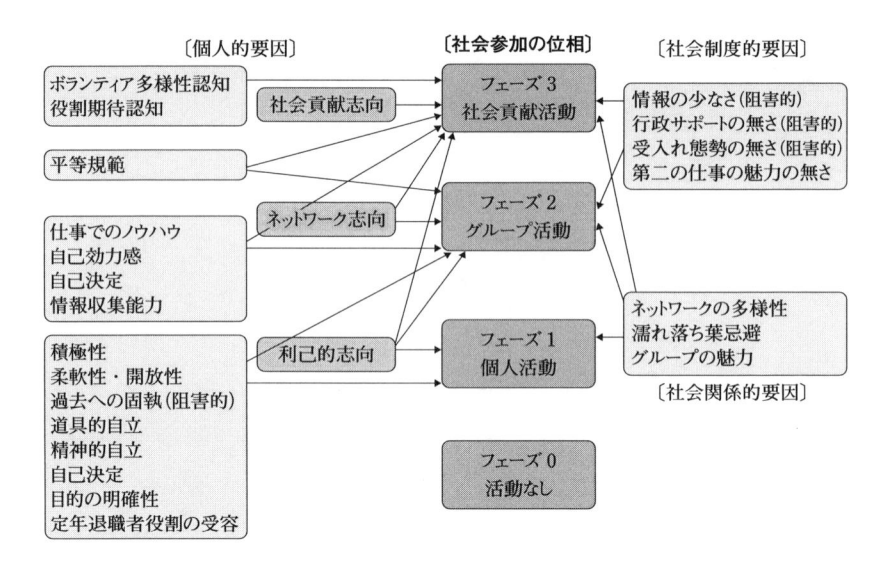

図7-2 　社会参加位相モデル（促進モデル）（図4-4再掲）

社会参加をしたいと考えた際に，どの要因が参加の阻害要因になっているのかを検討することを容易にする．

例えば，ボランティア活動を奇特な人がすることで大変なことだ，と考えている，私などにはできっこない，と考えている退職シニアがいたときに，その人に対して，実際にボランティア活動をしている人が普通の人であり，大変な仕事でなくても，月に1回でも手助けになるような気軽にできることがあるのだ，と知らせることは，その人のボランティア活動に参加することにためらいを感じる気持ちを変えうるのではないか．

RQ 3. 退職シニアが個人，社会関係，社会に与える効果は何か

社会参加がもたらす効果についても，促進モデルと同様，各フェーズからもたらされる効果を，個人に対する効果，社会関係に対する効果，社会に対する効果，という観点から考察した（図7-3）．

個人に対する効果としては，主観的幸福感に対するプラスの影響が認められた．また2008年調査データを扱った［研究8］においては，何を社会参加に

```
〔社会にもたらす効果〕  〔社会参加の位相〕    〔個人への効果〕      〔社会関係への効果〕
  社会的効益性                           サクセスフル・
                                         エイジング度
  ボランティア
  他のグループや    ← フェーズ3  →       孤独感の緩和
  行政にリソース提供    社会貢献活動
                                         社会的役割              配偶者の
                                                                 生活満足度
  健康な高齢者      ← フェーズ2  →       グループでの            地域
  (医療費の減少)       グループ活動         役割                   ネットワーク
                                         生きがい

  趣味などへの      ← フェーズ1  →       地域への溶け込み
  消費活動             個人活動             自尊心

                       フェーズ0
                       活動なし
```

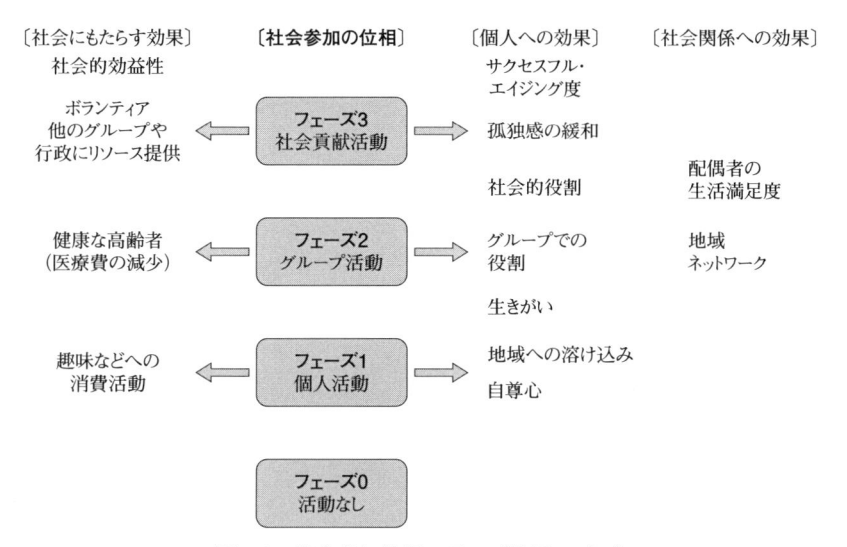

図7-3 社会参加位相モデル（効果モデル）

求めるかにより，満たされる主観的幸福感が異なる，という対応が観察された．

すなわち，孤独感は人と一緒にいたい，というネットワーク志向が満たされることで癒されるので，フェーズ1とフェーズ2の間で差が観察され，グループ参加をしている人の方が孤独感が低くなっていた．自尊心は退職シニアの抱えるハードルを克服するごとに高くなる．すなわち何もすることがみつからない人が趣味を見つけたとき（フェーズ0からフェーズ1に進んだとき），大変な地域デビューを成し遂げたとき（フェーズ1からフェーズ2に進んだとき）に差が観察された．生活満足度は個人が総合的に判断して感じる満足度なので，一概にまとめることは難しいが，会社という否が応でも仕事ネットワークに取り囲まれる環境から，退職後の極端なケースでは家族ネットワークだけ，あるいはそれも長年の仕事人間で配偶者2人きり，しかもなかなかうまくコミュニケーションがとれない，というような突然のネットワークの縮小という場面に遭遇した退職シニアには，グループ参加して仕事ネットワークに代わる社会参加のネットワークを得られるということが生活満足度の向上に関連すると考えられる．

ソーシャル・キャピタル研究の観点から，個人における一般的信頼感の高さ

を社会関係資本の醸成というマクロ指標の代用とした．ソーシャル・キャピタル理論の主張，すなわちグループ参加が社会関係資本と関連する，という点は社会参加位相モデルに置き換えれば，フェーズ１からフェーズ２に進む，ということになり，確かに一般的信頼感の高さがフェーズ１とフェーズ２の間で差がみられた．さらにフェーズ２とフェーズ３でも差がみられた点はソーシャル・キャピタル研究の発展といえる結果である．社会貢献的な活動をする人は人に対する信頼が篤い人であるのか，あるいは社会貢献活動をするうちに人々に対する信頼が育まれたのかもしれない．

社会参加活動が社会関係にもたらす効果では，興味深い知見が２つ得られた．１つには社会参加活動が活動する夫にとどまらず，妻の主観的幸福感にも影響を及ぼすこと，２つには社会参加活動が，地域社会から孤立して生きてきた退職シニアにとって，地域社会への溶け込みのきっかけとなるという点である．

前者の社会参加が本人のみでなく配偶者にも影響する，という視点はこれまでの研究に欠けていた視点である．共に過ごす時間の長い退職シニア夫婦にとっては，夫婦から捉えた視点，は欠かさざるべきものであろう．

２つめの社会参加活動が地域社会への溶け込みの契機となるという指摘は，新しい角度からの社会参加の重要性を指摘したものである．これは高齢者の孤立が社会的に大きな問題として浮上してきた現在，重要な知見といえよう．Maier & Klumb（2005）は社会活動の行われる社会的状況を加味し，縦断研究の結果，友達と一緒に社会活動に参加していたことが，死亡率のリスクを低下させたことを報告しているが，社会参加活動は地域での友人を作り出すことで，地域社会と無縁に生きてきた人たちに地域社会に溶け込むことを可能にするだけではなく，友人を新たに作り出すことで死亡のリスクそのものを下げることを可能にするのである．社会参加活動による社会関係への効果は，ただ新たな社会関係をもたらすにとどまらず，それ以上の大きな効果をもたらす大きな効果を持つことが明らかになった．

第２節　サクセスフル・エイジング理論への貢献

本書では，社会参加活動に関する理論を考える際にRowe ＆ Kahn（1997,

1998)のサクセスフル・エイジング理論に基礎をおいた．彼らのサクセスフル・エイジング理論は大きな反響を呼んだ理論であったが，多くの批判も招いた．

Rowe & Kahn（1997, 1998）のサクセスフル・エイジングに対しての批判は，大別すれば3つの観点に分けられる．それは第1にサクセスフル・エイジングで定義されたモデルが，高齢期の適応に関して必要な問題点を全て捉えているかどうかというモデル自体への疑義，第2に規範性と適応範囲への疑問，第3に文化差の問題である．

第1のモデルへの批判は，(1) 高齢期に生じる損失の補償という観点を欠くこと（Moody, 2004），(2) ライフ・ヒストリー的な視点が欠けていること（Crosnoe & Elder, 2002; Scheidt, Humpherys & Yorgason, 1999），(3) 外部環境の不備を勘案していないこと（Riley & Riley, 1994; Riley, 1998）など，サクセスフル・エイジングを考える上で，モデルに欠落している要素があると指摘されてきた．

第2に適応範囲の問題である．サクセスフル・エイジング理論ではそれまで避けられてきた客観的な基準に敢えて踏み込んで，どういう状態がサクセスフルなのかを論じたために，価値判断の問題を生じさせた．基準を満たし得る高齢者層は限定的な人たちだけである，つまり一部の健康なエリートにのみ当てはまるモデルであるという批判を招いたのである．Rowe & Kahn（1997, 1998）の自分の努力によってサクセスフル・エイジングは達成されるのだという主張は，基準を満たせないのは自らの努力が不足するためで自己責任であるという規範性を帯び，たとえ外部環境要因や様々なコントロール不能な要因があったにせよ，基準を満たすことができなければ自分の努力が足らないからであるとの責めを負ってしまう危険性があることが懸念されたのである（Holstein & Minkler, 2003; Motta, Bennati, Ferlito, Malaguarnera & Motta, 2005; Scheidt et al., 1999; Strawbridge, Wallhagen & Cohen, 2002）．

第3に文化差に関しての批判である．「サクセス」とは主観的に判断されるものであるため，どんな状態が「サクセスしている」と判断されるのかは，文化や社会の価値や規範によって決められるのだという主張である．Rowe & Kahn（1997, 1998）のサクセスフル・エイジングの主張はきわめてアメリカ的価値観によるものであり，他の文化ではサクセスフル・エイジングの概念は通用しないのではないか，つまり，文化を超えた普遍性があるとはいえないとい

う主張であり，文化的限定性を指摘するものである（Baltes & Baltes, 1990; Bowling, 1993; Nussbaum, Pecchioni, Robinson & Thompson, 2000; Torres, 1999, 2002, 2003）．

では，本書の結果からサクセスフル・エイジング理論に対していかなる理論的貢献や批判をなし得るのであろうか．最初にサクセスフル・エイジング理論に対してなされた3つの批判について検討してみよう．

本書で提案した社会参加位相モデルからサクセスフル・エイジング理論に戻れば，サクセスフル・エイジング理論で抽象的な提案であった，第3の基準「（c）人生への積極的関与」及びその2つの下位概念，「（ⅰ）他者との交流の維持」，「（ⅱ）生産的活動の維持」が社会参加により達成できることを示し，第1の批判であるサクセスフル・エイジング理論のモデルの不備な点の一部を精緻化することで理論の発展に貢献した．

第2の批判に対しては，本書で提案した社会参加位相モデルは，［調査2］と［調査3］では，ランダム・サンプリングを用いて検討しているため，一部のエリートに限定して有効であったわけではない．

本書ではサクセスフル・エイジング理論を基礎に調査結果を踏まえて社会参加位相モデルを提案して検討した．その結果は概ねモデルを支持するものであった．このことからは，サクセスフル・エイジング理論への第3の批判へ貢献しうる．つまりアメリカ文化と異なる日本の文化においても，サクセスフル・エイジング理論は適用できることを示した．サクセスフル・エイジング理論が少なくてもアメリカ文化以外でも適用可能であることの傍証を与えた．

次に，本書の結果からのサクセスフル・エイジング理論への疑義を呈するとすれば，上記の1つめの批判に関連する．つまり，サクセスフル・エイジングが個人の視点でしか捉えられていないという点である．社会参加位相モデルには，個人のサクセスフル・エイジングの達成度が社会への効益性にも結びつくという視点があり，この視点を導入することで，社会からみた退職シニアの社会参加の価値が認められ，かれらの社会参加を容易にするような社会システムの改良を目指すことに結びつく，という社会と個人の間の相互作用まで含めたモデルに拡張できたのである．つまり，1回の社会参加活動を捉えるだけのモデルではなく，継続していく社会参加活動のダイナミクスを捉えられる点で，

サクセスフル・エイジング理論を発展させたものであるといえよう．

　ダイナミクスは個人と社会の間にのみ起こるわけではない．退職シニアにとって，社会参加活動は個人にとって意味があるばかりでなく，配偶者にも影響があることが判明したが，この家族，特に配偶者を含めるという視点は重要であろう．

　退職後の夫婦は長い時間を共に過ごすことになる．活動する本人が身体的にも元気で，認知能力も高く，活発に社会参加をしていて，サクセスフル・エイジングの基準を満たしていたとしても，その配偶者が病気や障害を持っていたらどうだろうか．本人の感じるサクセスフル・エイジングの達成度はかなり落ちるのではないか．夫婦仲にもよるが，退職後は否が応でも夫婦で向き合って生きていかねばならない．夫婦ともにサクセスフル・エイジングを達成できなければ，サクセスフル・エイジングとはいえないのではないだろうか．

第3節　社会参加位相モデルの有効性——今日的な社会参加活動の意義

　本書の社会参加位相モデルは，首都圏に居住する退職シニアへのインタビュー調査を基礎に生みだされたものである．しかし，2008年の［調査3］のデータを用いた［研究8］では，本モデルの適応範囲を3つの点で拡張できる可能性を示した．すなわち，基本属性的拡張，地域的拡張，時間的拡張である．すなわち，男性の退職シニアにとどまらず，他の就業上の地位にある人，あるいは女性にも，さらに年齢についても50歳から69歳の一般サンプルでも4つのフェーズが確認され，退職シニアのみでなく現役世代や早期退職者などにも適応可能であることが示唆された．地理的に首都圏の都市だけでなく，岡山市という地方中核都市でも有効であったこと，2002年からのサード・エイジを取り巻く様々な社会環境の変化にもかかわらずモデルは有効であったことである．

　今後本モデルがどこまで有効であるのか，もう少し規模の小さい地方都市でも適用できるのか．あるいは日本に限らず，同じような仕事人間が多いといわれる隣国の韓国では有効なのか，など今後検討を進めていきたい．その中で，どの部分が日本に固有で，どの部分は通文化的に普遍性を持ちうるのか，など

の検討により，よりモデルのブラッシュ・アップが可能になろう．

　しかし，問題点も1つ提起しておかねばならない．［研究8］で，2008年のデータが2002年のデータより当てはまりが良くなったことは，社会参加における一種の格差が進行していることを意味しているのかもしれないということに言及した．極端にいえば，全ての人がフェーズ3に達すれば，本モデルは存在する必要が無くなるのである．それが社会的には望まれる方向であるということも忘れてはならない点である．しかし，現実的には実現される可能性は高いとはいえない．社会参加のプラスの効果をいくら喧伝したとしても，社会参加に興味がない人，いやがる人というのは必ず存在するものである．そんな人にまで強いて社会参加を勧めるわけではない．社会参加したいという気持ちを持っているのに，参加できない人がその阻害要因を検討するために本モデルが役立つことを願う．社会制度的なマクロの要因は主として阻害要因として立ち現れてきたが，社会の早急な対応が求められよう．

第4節　老いの場所への問い——社会的孤立を防ぐ

　近年老年学の分野では「住みなれた地域で生き続ける（aging in place）」(Phillips et al., 2010) という言葉が注目を集めている．これは，高齢期に施設などに入所することなく住み慣れた地域で自分らしく暮らし続けるにはどうしたらいいか，ということを考えるという視点である．住み慣れた場所で平穏な老いの生活を重ねていくためには様々な課題が克服されなければならない．その中で，本書からは，いかに住み慣れた地域での社会的孤立を避けるか，という点でひとつの示唆を与え得るだろう．

　第1章で，今後の高齢者がいかに社会的孤立に陥りやすい危うい状況にあるかということを示した．では社会的孤立を防ぐために個人でできることは何なのだろうか．

　高齢期になり突然家族を増やすことはできない．よって，自力で可能なのは選択縁をふやすことである．地域で過ごす時間が長くなる高齢者が社会的孤立を防ぐには，自分が生きる地域社会においてネットワークを作ることが効果的である．

しかし，都市に人口が集中し，お互いに無関心な都市型の人間付き合いが浸透し，近所付き合いの低下が加速する中で，どうしたら地域での知り合いを増やすことができるのか．その答えのひとつが社会参加である．［研究3］の結果，社会参加活動者たちが社会参加の効果でも最も大きいと考えていたのは地域ネットワークの構築であった．［研究9］によっても，社会参加が地域社会への溶け込みのきっかけとなっている様子が確認されたのである．
　社会参加活動の効果に関する研究では，主観的幸福感の向上や身体状態の維持・向上といった研究がほとんどであった．この点で本書は社会参加活動に新たな視点をもたらしたといえるだろう．

第5節　本書の限界と将来への展望

　本書での3つの調査——質的調査［調査1］と量的調査［調査2］［調査3］——では，やや恵まれた人にサンプルが偏ったことは否めない．［調査2］［調査3］もランダム・サンプリングにより調査対象者を抽出したのだが，回答者の基本的属性を見ると結果として調査に協力してくれた人はやや恵まれた人への偏りが見られた．これは今日の社会調査が共通して抱える課題でもある．
　また，質的調査［調査1］でも，結果としてインタビューに協力してくれた対象者は，基本的属性に恵まれた人への偏りが生じた．しかし，中辻（2005）は，傾聴ボランティアを行う要因として，社会的ネットワークや社会参加の程度，および傾聴ボランティアに対する内発的動機が有意になり，学歴は有意な結果にならなかったことを報告している．さらに，これらの変数からボランティアをすると予想されなかった人たちにアプローチして，インタビュー調査を行い，傾聴ボランティアをする人たちは，ネットワーク資源が乏しいなど主体的な条件や環境的条件が厳しい場合でも内発的動機が高ければボランティアをすることを明らかにしている．［研究4］で社会参加の4分類に対して，健康と経済状態は有意な変数にならなかったことを考えると，基本的属性の偏りは大きな問題にはならないと考える．
　質的調査でのもうひとつの問題は，日本におけるサクセスフルな例に偏ったことであるが，間接的に他者の社会参加の失敗例として語られた例を分析対象

に含めることによって，社会参加に阻害的に働く要因もある程度検討できたと考える．いかにサクセスフルな社会参加をするかという観点からは，今回のインタビュー対象者の例は今後社会参加をしたい人に対して参考となるだろう．

欧米では，社会階層が高い人が社会貢献をしなければならない——Noblesse Oblige ——という規範があり，基本的属性はボランティアや社会参加を説明する要因となるのだが，今回のデータでは基本的な属性はあまり有効な説明変数とならなかった．特に学歴をみると大学卒の人はグループ参加はするが，ボランティアはあまりしていない様子が明らかになった．ボランティアを増やすために欧米では教育は介入可能な有力な変数として扱われてきたが，日本においては教育の効果がないのか，それとも社会貢献に関する教育が欠けてきたのかについては，今回の調査からでは明らかにできなかった．

［調査2］と［調査3］で東京都練馬区，神奈川県茅ヶ崎市，岡山県岡山市の3地域で調査を実施した．この3地点間でも社会参加の状況に違いが観察された．違いが見られた原因のひとつがマクロ的要因と考えられ，行政の取り組みや地域の社会参加の歴史や状況が個人の社会参加へ大きく影響しているということが示唆された．今回はマクロ要因については質的調査でのみ検討したが，これからは，マクロ要因のどんな変数が地域の社会参加の活性化に関係しているのかについて，社会調査が可能な変数を作成し，地域の影響を加味したモデルの構築が必要となるだろう．

結　語

最後に，冒頭で今の高齢者は恵まれた状況にある様子を説明したが，これは結果であり，日本社会全体からみた統計の数字である．退職したシニアあるいはその配偶者に，全体の数字でみれば今の高齢者は恵まれているのだと説明しても実はあまり説得力がない．それはいまのサード・エイジが様々な不安に取り囲まれているからだ．いくら日本人の平均寿命がのびたといってもそれは，個人の長寿を保障するわけではない．一人一人の個人は自分がいつまで健康で長生きできるのだろうか，という不安を抱いている．さらに自分の健康だけの不安ではなく，配偶者の健康に対する不安も抱えることになる．

経済的にも豊かだといわれているが，年金財政の逼迫による年金財政の破綻がささやかれ，何歳まで生きるかわからない，ひょっとしたら100歳まで生きてしまうかもしれない，ということが稀なことではなくなってきた現在では，老後のためにいくら資産を蓄えればいいのか，いくら蓄えても不安になろう．

　さらに，前の世代と異なるのは，子どもの問題である．特に都市では結婚年齢が遅くなり，独身でなかなか結婚しない子どもも多い．子ども世代を取り巻く雇用環境の厳しさはサード・エイジの親の世代の比ではない．団塊世代の親の世代であれば，サード・エイジに達した頃には，子どもは親元から独立し，働いて所帯を持ち子どもがいるのが普通であったが，今のサード・エイジでは，未だ未婚，時には安定した仕事もなく同居している子どもも多い．子どもの将来も不安材料のひとつであろう．

　このように不安に悩む人にとって，とりあえず働き続けられる機会があれば働くという選択をするのは仕方のないことだとも思える．そのために社会参加率が低下している可能性も大きい．働いているうちにはなかなか「地域デビュー」は難しいに違いない．本調査の結果では，60歳代後半になると，男性の町内会・自治会参加率やボランティア団体，趣味のグループへの参加率が60歳代後前半と比べて上がっていた．65歳まで働くことが以前より容易になった現在，「地域デビュー」年齢は60歳から65歳に延期されただけで，60歳代後半から70歳代の時期が社会参加活動のピークになるのかもしれない．しかし，60歳と65歳では今のシニアが若くなったとはいえ，5年分の老化が生じ，新しいことに挑戦しようという気力や支える体力が衰えるかもしれない．地域社会という新しい世界に出て行くことがその分難しくなる可能性がある．望むべくは働いているうちに，活発には活動できなくても少なくとも地域デビューをすましておくことだ．

　サード・エイジの生き方の選択肢は様々である．本書で言いたいことは，社会参加を選択肢のひとつとして考えて欲しいということである．これまで述べてきたように，社会参加をすることで様々な効用を期待できる．退職シニアはこれからの日本の地域社会の重要な担い手として期待されているのである．

あとがき

　筆者が定年退職に興味を持ったのは，会社で働いていたときに，人事異動の季節が巡ってきて，隣にある部の部長だった人に異動が出たときのことだった．パリッとした背広を着て胸にはポケットチーフなどしたおしゃれな男性だったが，ラインの部長から外れる異動が出たあくる日，服装は同じようなのに，心なしかうなだれたような姿勢で，前日までの様子とは別人のように見えたのを鮮明に覚えている．また周りの人も途端にその人に対して冷たいそぶりになった．当時20歳代だった筆者が会社での人間関係の冷淡さを初めて実感した出来事だった．それから毎年春になると定年になって会社を去っていく人たちが職場に退職の挨拶に回ってみえたときに，筆者の勝手な心象だったのかもしれないが，ほとんどの人は肩を落としてさみしそうに去っていった姿を見て，自分はあんなふうにはなるまいと思ったものだった．

　その後縁あって大学院に進学したときに，定年退職の問題をトピックに選んだのはその時の思いがどこかに残っていたからだと思う．修士論文のテーマには定年退職が人々にどのような影響を与えるのかを取り上げた．その中でやはり定年退職は特に日本の男性にとっては大きなつらい出来事として経験される様子が明らかになった．博士課程に進んだときに，博士論文のテーマとして何を取り上げようと考えたときに，修士論文で定年退職が大変であることはわかったが，ではその経験を乗り越えてうまく定年退職に適応していく方法を考えようと思ったのは自然な流れだったのかもしれない．

　しかし，では適応する方法としてどうしたらいいのかを考えるのは簡単なことではなかった．あちこちの学会に参加し，欧米の退職者研究について調べたり，退職シニアに話を聞いたり，シニアのパソコン・ボランティア・グループのフィールドワークをしたり，悩む日々が続いた．しかしふとあるとき，社会参加すればいいのではと思いついたのである．しかし，本書で指摘したように社会参加活動は非常に幅広くとらえどころがない概念である．どのように研究を進めたらいいのか試行錯誤の年月であった．曲がりなりにもここに一冊の本としてまとめられたのは，大学院生時代にご指導いただいた東京大学大学院の

指導教官秋山弘子先生，副指導教官の池田謙一先生，また本にまとめるようにと叱咤激励してくださった箕浦康子先生のおかげである．この場を借りてお礼を申し上げたい．また，刊行にあたっては，独立行政法人日本学術振興会平成23年度科学研究費補助金研究成果公開促進費「学術図書」の助成金を受けた．

また調査に際して快くインタビューに応じてくださった方々など調査実施に際してご協力いただいた方々にも厚く御礼を申し上げる．また大学院生活とその後の研究生活を支えていただいた日本興亜福祉財団，日本興亜損害保険株式会社の皆様にも心からのお礼を申し上げたい．また本書の編集を引き受け，様々な手助けをしていただいた東京大学出版会の後藤健介さんにも感謝申し上げる．また，装画は本書で趣味を持つことの重要性を説いたので最近始めた趣味の日本画で筆者が本書で主張したいイメージを描いたものであるが，日本画家田中博之先生に懇切丁寧にご指導いただいた．

この文章を書いている現在（2010年9月），すでに初冬の気配のベルリンにいる．ドイツは高齢化率が高く20%を超えているそうだが，駅や劇場などの設備は東京の方がずっとバリアフリーが進んでいた．街中しか見なかったせいか，日本のように杖をついたり，歩行補助器やシルバーカーにつかまって歩くお年寄りはあまり見かけず，ドイツは福祉先進国だと思っていた私には意外な印象であった．

しかし秋のシーズンの始まりを告げるドイツ・バレエのガラ公演を観に行ったところ，観客にはドレスアップしたサード・エイジの人々の楽しむ姿が多くみられ，サードエイジ向けの楽しみはベルリンの方が豊かであるように感じた．日本は高齢先進国としてインフラの整備はかなり急ピッチで進んでいるのだと誇りに思った反面，それを支える文化の成熟が望まれると感じた次第である．

本書で取り上げた社会参加活動も人々の暮らしがいくつになっても豊かであることを願って取り上げたトピックである．少しでもそのための一助になれば幸いに思う．

なお，本書の一部は，すでに発表された以下の論文に基づく．それぞれ日本老年社会科学会，日本応用老年学会の学会機関誌に掲載された論文を学会の許

諾を得て修正して転載したものである．

第5章第4節　社会参加活動と夫婦の関係．──片桐恵子・菅原育子（2007）．
　　定年退職者の社会参加活動と夫婦関係．老年社会科学，**29**(3)，392-402．
第6章第3節　社会参加と地域への溶け込み．──片桐恵子・菅原育子（2010）．
　　社会参加と地域への溶け込み．応用老年学，**4**(1)，40-50．

　　　　　　　　　　　　　　　　　　　　　　　　　初冬のベルリンにて
　　　　　　　　　　　　　　　　　　　　　　　　　　　　　片桐恵子

参考文献

Akiyama, H., Sugawara, I., Takeuchi, M., & Kobayashi, E. (2008). Men and women's resilience in health trajectories over 20 years in Japan. The 61st Annual Scientific Meeting of the Gerontological Society of America, National Harbor, MD.

Andrews, G., Clark, M., & Luszcz, M. (2002). Successful aging in the Australian longitudinal study of aging: Applying the MacArthur model cross-nationally. *Journal of Social Issues*, **58**, 749-765.

Antonucci, T. C., & Akiyama, H. (1987). Social networks in adult life and a preliminary examination of the convoy model. *Journal of Gerontolology*, **42**, 519-527.

青山美智代，西川正之，秋山学，中迫勝 (2000). 老人福祉施設における介護ボランティア活動の継続要因に関する研究　大阪教育大学紀要第IV部門, **48**, 343-358.

Aronson, E. (2007). *Social animal*, 10th ed. New York: Worth Publishers.

Baltes, P. B., & Baltes, M. M. (1990). Psychological perspectives on successful aging: The model of selective optimization with compensation. *Successful aging: Perspectives from the behavioral sciences*. In Baltes, P. B. & Baltes, M. M. (Eds.). New York: Cambridge University Press, pp. 1-34.

Bassuk, S. S., Glass, T. A., & Berkman, L. F. (1999). Social disengagement and incident cognitive decline in community-dwelling elderly persons. *Annals of Internal Medicine*, **131**, 165-173.

Bennett, K. M. (2002). Low level of social engagement as a precursor of mortality among people in later life. *Age and Ageing*, **31**, 165-168.

Bowling, A. (1993). The concepts of successful and positive ageing. *Family Practice*, **10**, 449-453.

Chambré, S. M. (1987). *Good Deeds in Old Age: Volunteering by the new leisure class*. Lexington: Lexington Books.

Chavis, D. M., Hogge, J. H., McMillan, D. W., & Wandersman, A. (1986). Sense of community through Brunswik's lens: A first look. *Journal of Community Psychology*, **14**, 24-40.

Chavis, D. M., & Pretty, G. M. H. (1999). Sense of community: Advances in measurement and application. *Journal of Community Psychology*, **27**, 635-642.

Cicero (44 B. C.). *Cato Maior de Senectute*. (キケロ　中務哲郎 (訳) (2004). 老年について　岩波書店)

Clary, E. G., & Miller, J. (1986). Socialization and situational influences on sustained altruism. *Child Development*, **57**, 1358-1369.

Clary, E. G., & Snyder, M. (1991). A functional analysis of altruism and prosocial behavior: The case of volunteerism. In Clark, M. S. (Ed.), *Prosocial behavior*. Thousand Oaks, CA.: Sage, pp. 119-148.

Clary, E. G., Snyder, M., Ridge, R. D., Copeland, J., Stukas, A. A., Haugen, J., & Miene, P. (1998). Understanding and assessing the motivations of volunteers: A functional approach. *Journal of Personality and Social Psychology*, **74**, 1516-1530.

Cnaan, R. A., & Goldberg-Glen, R. S. (1991). Measuring motivation to volunteer in human services. *Journal of Applied Behavioral Science*, **27**, 269-284.

Cohen, S., & Wills, T. A. (1985). Stress, social support, and the buffering hypothesis. *Psychological Bulletin*, **98**, 310-357.

Cornwell, E. Y., & Waite, L. J. (2009). Measuring social isolation among older adults using multiple indicators from the NSHAP study. *The Journals of Gerontology: Series B: Social Sciences*, **64B** (Suppl 1), i38-i46.

Crosnoe, R., & Elder, G. H., Jr. (2002). Successful adaptation in the later years: A life course approach to aging. *Social Psychology Quarterly*, **65**, 309-328.

Cumming, E., & Henry, W. E. (1961). *Growing Old: The process of disengagement.* NY.: Basic Books.

Dalton, J. H., Elias, M. J., & Wandersman, A. (2001). Community psychology: Linking individuals and communities, Belmont, CA.: Wadsworth/Thomson Learning.（ダルトン・イライアス・ウォンダースマン　笹尾敏明（訳）（2007）．コミュニティ心理学──個人とコミュニティを結ぶ実践人間科学　金子書房）

独立行政法人労働政策研究・研修機構（2010）．高齢者の雇用・採用に関する調査　2010年6月30日〈http://eforum.jil.go.jp/institute/research/2010/documents/067.pdf〉（2010年11月5日）

Elder, G. H., Jr. (1974). *Children of the great depression: Social change in life experience.* Chicago: University of Chicago Press.（エルダー，G. H.　本田時雄・川浦康至・伊藤裕子・池田政子・田代俊子訳（1991）．大恐慌の子どもたち──社会変動と人間発達　明石書店）

Fabrigoule, C., Letenneur, L., Dartigues, J. F., Zarrouk, M., Commenges, D., & Barberger-Gateau, P. (1995). Social and leisure activities and risk of dementia: A prospective longitudinal study. *Journal of the American Geriatrics Society*, **43**, 485-490.

Fitch, R. T. (1987). Characteristics and motivations of college students volunteering for community service. *Journal of College Student Personnel*, **28**, 424-431.

Frisch, M. B., & Gerrard, M. (1981). Natural helping systems: A survey of Red Cross volunteers. *American Journal of Community Psychology*, **9**, 567-579.

藤田幸司，藤原佳典，熊谷修，渡辺修一郎，吉田祐子，本橋豊，新開省二（2004）．地域在宅高齢者の外出頻度別に見た身体・心理・社会的特徴　日本公衆衛生雑誌，**51**，168-180.

船山和志，堀口逸子，岡利香，平智子，齋藤博，鈴木敏旦，丸井英二（2008）．横浜市K区における，健康づくりに関連した定年前中高年者の定年後の意識について──第2報：量的調査の結果より──厚生の指標，**55**，23-27.

古川秀敏, 国武和子, 野口房子 (2004). 高齢者の抑うつ・孤独感の緩和と地域社会との交流：ハワイ在住日系高齢者の調査結果　老年社会科学, **26**, 85-91.
Glass, T. A., Mendes de Leon, C., Marottoli, R. A., & Berkman, L. F. (1999). Population based study of social and productive activities as predictors of survival among elderly Americans. *British Medical Journal*, **319**, 478-483.
Havighurst, R. J., Neugarten, B. L., & Tobin, S. S. (1964). Disengagement, personality and life satisfaction in the later years. In Hansen, P. F. (Ed.), *Age with a future*. Copenhagen: Munksgaard, pp. 419-425.
林知己夫・飽戸弘, (1976). 多次元尺度解析法　サイエンス社
Hill, C. A. (1987). Affiliation motivation: People who need people...but in different ways. *Journal of Personality and Social Psychology*, **52**, 1008-1018.
平野浩 (2002). 社会関係資本と政治参加——グループ・団体加入の効果を中心に　選挙研究, **17**, 19-30.
平野順子 (1998). 都市居住高齢者のソーシャルサポート授受——家族類型別モラールへの影響　家族社会学研究, **10**, 95-110.
平岡公一 (1986). ボランティアの活動状況と意識構造——都内3地区での調査結果からの検討　明治学院論叢, **394・395合併号**, 29-61.
Holstein, M. B., & Minkler, M. (2003). Self, society, and the "new gerontology". *Gerontologist*, **43**, 787-796.
Hong, S. I., Hasche, L., & Bowland, S. (2009). Structual relationships between social activities and longitudinal trajectories of depression among older adults. *Gerontologist*, **49**, 1-11.
堀内勇作 (2001). 非序列化離散変数を従属変数とする統計モデルの比較——政治学への応用上の留意点　選挙研究, **16**, 101-113.
井戸正代, 川上憲人, 清水弘之, 岡本祥成, 臼井曜子 (1997). 地域高齢者の活動志向性に影響を及ぼす要因および実際の社会活動との関連　日本公衆衛生雑誌, **44**, 894-900.
池田政子, 川浦康至, 伊藤裕子 (2002). 配偶者からのサポートにみる夫婦の関係とジェンダー差　山梨県立女子短期大学紀要, **35**, 25-34.
今田高俊 (1989). 社会階層と政治　東京大学出版会
片桐恵子 (1998). 定年退職の適応過程モデルの構築　東京大学大学院人文社会系研究科修士論文（未公刊）
Katagiri, K. (1999). Reconstruction of social network: A challenge to Japanese male retirees. *Gerongologist*, **39**, 162.
片桐恵子 (2006). 定年退職者のマイクロ・マクロモデルの構築　東京大学人文社会系研究科博士論文（未公刊）
Katagiri, K., Sugawara, I., & Akiyama, H. (2003). Effects of social participation on marital relationship of Japanese old couple. *Gerongologist*, **43**, 72.
Kim, J., & Moen, P. (2002). Retirement transitions, gender, and psychological well-

being: A life-course, ecological model. *Journals of Gerontology: Series B: Psychological Sciences and Social Sciences*, **57B**, 212-222.

金貞任，新開省二，熊谷修，藤原佳典，吉田祐子，天野秀紀，鈴木隆雄（2004）．地域中高年の社会参加の現状とその関連要因——埼玉県鳩山町の調査から　日本公衆衛生雑誌，**51**，322-334．

木村好美（1999）．高齢者の社会活動への参加規定因——社会活動に参加する人，しない人　年報人間科学（大阪大学大学院人間科学研究科社会学・人間学・人類学研究室），**20**，309-323．

木下栄二（2004）．結婚満足度を規定するもの　渡辺秀樹，稲葉昭英，嶋﨑尚子（編）現代家族の構造と変容——全国家族調査（NFRJ98）による計量分析　東京大学出版会，pp. 277-291．

木下康仁（1999）．グラウンデッド・セオリー・アプローチ——質的実証研究の再生　弘文堂

木下康仁（2003a）．グラウンデッド・セオリー・アプローチの実践——質的研究への誘い　弘文堂

木下康仁（2003b）．高齢者の社会参加としてのボランティア活動の役割　老年精神医学雑誌，**14**，864-959．

国立社会保障・人口問題研究所（2009）．平成19年度社会保障給付費　2009年10月22日〈http://www.ipss.go.jp/ss-cost/j/kyuuhi-h19/kyuuhu_h19.asp〉（2010年9月6日）

厚生労働省（1999）．今後5か年間の高齢者保健福祉施策の方向——ゴールドプラン21　1999年12月21日〈http://www1.mhlw.go.jp/houdou/1112/h1221-2_17.html〉（2010年11月11日）

厚生労働省（2003）．平成15年版厚生労働白書　ぎょうせい

厚生労働省（2004）．日本人の平均余命平成16年簡易生命表　2005年8月5日〈http://www.mhlw.go.jp/toukei/saikin/hw/life/life04/〉（2011年6月9日）

厚生労働省（2008）．安心と希望の介護ビジョン　2008年11月20日〈http://www.mhlw.go.jp/shingi/2008/11/dl/s1121-8a.pdf〉（2010年11月11日）

厚生労働省（2011）．平成22年簡易生命表の概況について　2010年7月27日〈http://www.mhlw.go.jp/toukei/saikin/hw/life/life10/〉（2011年8月30日）

古谷野亘（1983）．モラール・スケール，生活満足度尺度および幸福度尺度の共通次元と尺度間の関連性（その2）　老年社会科学，**5**，129-142．

古谷野亘（2004）．社会老年学におけるQOL研究の現状と課題　保険医療科学，**53**，204-208．

古谷野亘，柴田博，芳賀博，須山靖男（1989）．生活満足度尺度の構造——主観的幸福感の多次元性とその測定　老年社会科学，**11**，99-115．

古谷野亘，柴田博，芳賀博，須山靖男（1990）．生活満足度尺度の構造——因子構造の不変性　老年社会科学，**12**，102-116．

古谷野亘，西村昌記，矢部拓也，浅川達人，安藤孝敏（2005）．関係の重複が他者との交流に及ぼす影響——都市男性高齢者の社会関係　老年社会科学，**27**，17-23．

久保昌昭, 横山正博（2006）. 在宅高齢者の閉じこもりに関連する要因. 社会福祉学, **46**, 38-47.

工藤力, 西川正之（1983）. 孤独感に関する研究（1）――孤独感尺度の信頼性・妥当性 実験社会心理学研究, **22**, 99-108.

黒川順夫（2005）. 新・主人在宅ストレス症候群　双葉社

日下菜穂子, 篠置昭男（1998）. 中高年者のボランティア活動参加の意義　老年社会科学, **19**, 151-159.

Latting, J. K. (1990). Motivational differences between black and white volunteers. *Nonprofit and Voluntary Sector Quarterly*, **19**, 121-136.

Lemon, M., Palisi, B. J., & Jacobson, P. E., Jr. (1972). Dominant statuses and involvement in formal voluntary associations. *Nonprofit and Voluntary Sector Quarterly*, **1**, 30-42.

Lövdén, M., Ghisletta, P., & Lindenberger, U. (2005). Social participation attenuates decline in perceptual speed in old and very old age. *Psychology and Aging*, **20**, 423-434.

Luoh, M., & Herzog, A. R. (2002). Individual consequences of volunteer and paid work in old age: Health and mortality. *Journal of Health & Social Behavior*, **43**, 490-509.

Maddox, G. L. (1968). Persistence of life style among the elderly: A longitudinal study of patterns of social activity in relation to life satisfaction. In Neugarten, B. (Ed.). *Middle age and aging: A reader in social psychology*. Chicago: University of Chicago Press, pp. 181-183.

Maier, H., & Klumb, P. L. (2005). Social participation and survival at older ages: Is the effect driven by activity content or context? *European Journal of Ageing*, **2**, 31-39.

真鍋一史（1993）. 社会・世論調査のデータ解析　慶應義塾大学出版会

松本すみ子（2010）. 地域デビュー指南術　東京法令出版

松岡英子（1992）. 高齢者の社会参加とその関連要因　老年社会科学, **14**, 15-23.

McMillan, D. W. (1996). Sense of community. *Journal of Community Psychology*, **24**, 315-325.

McMillan, D. W., & Chavis, D. M. (1986). Sense of community: A definition and theory. *Journal of Community Psychology*, **14**, 6-23.

Menec, V. H. (2003). The relation between everyday activities and successful aging: A 6-year longitudinal stuty. *Journals of Gerontology: Series B: Psychological Sciences and Social Sciences*, **58**, S74-S82.

三隅二不二（1987）. 働くことの意味―― Meaning of working life：MOW の国際比較研究　有斐閣

望月七重, 李政元, 包敏（2002）. 高齢者のボランティア活動（参加・継続意向）に影響を与える要因――高齢者大学の社会還元活動実態調査から　関西学院大学社会学部紀要, **91**, 181-193.

Moen, P., & Fields, V. (2002). Midcourse in the United States: Does unpaid community participation replace paid work? *Ageing International*, **27**, 21-48.

Moody, H. R. (2004). From successful aging to conscious aging. In Wykle, M. L., Whitehouse, P. J., & Morris, D. L. (Eds.), *Successful aging through the life span: Intergenerational issues in health.* New York: Springer Publishing, pp. 55-68.

Morrow-Howell, N., & Mui, A. (1989). Elderly volunteers: Reasons for initiating and terminating service. *Journal of Gerontological Social Work*, **13**, 21-34.

Morrow-Howell, N., Hinterlong, J., Rozario, P. A., & Tang, F. (2003). Effects of volunteering on the well-being of older adults. *Journals of Gerontology: Series B: Psychological Sciences and Social Sciences*, **58**, S137-S145.

Motta, M., Bennati, E., Ferlito, L., Malaguarnera, M., & Motta, L. (2005). Successful aging in centenarians: Myths and reality. *Archives of Gerontology & Geriatrics*, **40**, 241-251.

Musick, M. A., Herzog, A. R., & House, J. S. (1999). Volunteering and mortality among older adults: Findings from a national sample. *Journals of Gerontology: Series B: Psychological Sciences and Social Sciences*, **54**, S173-S180.

内閣府（2001）．高齢社会対策大綱　2001年12月28日〈http://www8.cao.go.jp/kourei/measure/taikou/index-t.html〉（2011年6月10日）

内閣府（2002a）．高齢者の生活と意識——第5回国際比較調査結果報告書　ぎょうせい

内閣府（2002b）．高齢社会白書〈平成14年版〉財務省印刷局

内閣府（2003）．「多様なライフスタイルを可能にする高齢期の自立支援」に関する政策研究報告書　2003年5月〈http://www8.cao.go.jp/kourei/kenkyu/gaiyou.html〉（2011年9月12日）

内閣府（2004）．少子化社会白書〈平成16年版〉ぎょうせい

内閣府（2005）．高齢社会白書〈平成17年版〉ぎょうせい

内閣府（2008）．平成20年版高齢社会白書　佐伯印刷

内閣府（2009a）．平成20年度市民活動団体等基本調査報告書　2009年7月15日〈https://www.npo-homepage.go.jp/data/report24.html〉（2010年11月5日）

内閣府（2009b）．高齢者の地域社会への参加に関する意識調査結果（平成20年度）〈http://www8.cao.go.jp/kourei/ishiki/h20/sougou/zentai/index.html〉（2010年9月9日）

内閣府（2010）．平成22年版高齢社会白書

Nakanishi, N., & Tatara, K. (2000). Correlates and prognosis in relation to participation in social activities among older people living in a community in Osaka, Japan. *Journal of Clinical Geropsychology*, **6**, 299-307.

中田晴美，高﨑絹子，大地まさ代，大井照，小林万里（2002）．地域在宅高齢者における介護予防活動に関する研究——閉じこもり予備群の状況と関連要因に焦点を当てて　日本在宅ケア学会誌，**6**，61-69.

中辻萬治（2005）．Mixed Methodologyによる傾聴ボランティア活動の研究　桜美林大学大学院老年学研究科修士論文（未公刊）

練馬区（2005）．練馬区高齢者基礎調査　平成17年3月〈http://www.city.nerima.tokyo.jp/kusei/tokei/koreisha/koreisyakisochosa17.files/koureisyakisotyousa-all.pdf〉（2010年10月8日）

練馬区（2008）．練馬区高齢者基礎調査　平成20年3月〈http://www.city.nerima.tokyo.jp/kusei/tokei/koreisha/koreishakisochosa20.files/zentai.pdf〉（2010年10月8日）

西浦功（1999）．ボランティア活動観に関する実証的研究　現代社会学研究, **12**, 71-87.

Nussbaum, J. F., Pecchioni, L. L., Robinson, J. D., & Thompson, T. L. (2000). *Communication and aging*. 2nd ed. New Jersey: Lawrence Erlbaum Associates.

Oda, N. (1991). Motives of volunteer works: Self- and other-oriented motives. *Tohoku Psychologica Folia*, **50**, 55-61.

岡本英明・岡田進一・白澤政和（2006）．高齢者の社会活動における非活動要因の分析――社会活動に対する参加意向に着目して　社会福祉学, **46**, 48-62.

岡村清子（1997）．職業からの引退と社会参加　岡村清子・長谷川倫子（編）　エイジングの社会学　日本評論社　pp. 45-76.

奥山正司（1986）．高齢者の社会参加とコミュニティづくり　社会老年学, **24**, 67-82.

Omoto, A. M., & Snyder, M. (1990). Basic research in action: Volunteerism and society's response to AIDS. *Personality and Social Psychology Bulletin*, **16**, 152-165.

Omoto, A. M., & Snyder, M. (1995). Sustained helping without obligation: Motivation, longevity of service, and perceived attitude change among AIDS volunteers. *Journal of Personality and Social Psychology*, **68**, 671-686.

Omoto, A. M., Snyder, M., & Berghuis, J. P. (1993). The psychology of volunteerism: A conceptual analysis and a program of action research. In Pryor, J. B. & Reeder, G. D. (Eds.), *The Social psychology of HIV infection*. Hillsdale: Lawrence Erlbaum Associates, pp. 333-356.

Palisi, B. J. (1985). Formal and informal participation in urban areas. *Journal of Social Psychology*, **125**, 429-447.

Palmore, E. (1979). Predictors of successful aging. *Gerontologist*, **19**, 427-431.

Paxton, P. (2002). Social capital and democracy: An interdependent relationship. *American Sociological Review*, **67**, 254-277.

Perkins, D. D., Florin, P. Rich, R. C., Wandersman, A., & Chavis, D. M. (1990). Participation and the social and physical environment of residential blocks: Crime and community context. *American Journal of Community Psychology*, **18**, 83-115.

Phillips, J. E., Ajrouch, K. J., & Hillcoat-Nallétamby, S. (2010). *Key Concepts in Social Gerontology*. Thousand Oaks: Sage.

Pretty, G. M. H., Andrewes, L., & Collett, C. (1994). Exploring adolescents' sense of community and its relationship to loneliness. *Journal of Community Psychology*, **22**, 346-358.

Prezza, M., Amici, M., Roberti, T., & Tedeschi, G. J. (2001). Sense of community referred to the whole town: Its relations with neighboring, loneliness, life satisfaction, and area of residence. *Journal of Community Psychology*, **29**, 29-52.

Putnam, R. D. (2000). *Bowling Alone: The Collapse and revival of American community*. New York: Touchstone.

Reitzes, D. C., Mutran, E. J., & Verrill, L, A. (1995). Activities and self-esteem: Continuing the development of activity theory. *Research on Aging*, **17**, 260-277.

Riley, M. W. (1998). Letter to the editor. *Gerontologist*, **38**, 151.

Riley, M. W., & Riley, J. W., Jr. (1994). Structural lag: Past and future. In Riley, M. W., Kahn, R. L., Foner, A., & Mack, K. A. (Eds.), *Age and Structural Lag: Society's failure to provide meaningful opportunities in work, family, and leisure*. Oxford: John Wiley & Sons, pp. 15-36.

Rosenberg, M. (1965). *Society and adolescent self-image*. Princeton, NJ.: Princeton University Press.

Rosow, I. (1974). *Socialization to old Age*. Berkeley: University of California Press.

Rowe, J. W., & Kahn, R. L. (1997). Successful Aging. *The Gerontologist*, **37**, 433-440.

Rowe, J. W., & Kahn, R. L. (1998). *Successful aging: The MacArthur Foundation study*. New York: Pantheon Books.

桜井政成（2002）．複数動機アプローチによるボランティア参加動機構造の分析――京都市域のボランティアを対象とした調査より　ノンプロフィット・レビュー，**2**，111-122.

笹尾敏明（2007）．コミュニティ感覚　日本コミュニティ心理学会（編）　コミュニティ心理学ハンドブック　東京大学出版会，pp. 115-129.

笹尾敏明，小山梓，池田満（2003）．次世代型ファカルティ・ディベロップメント（FD）プログラムに向けて――コミュニティ心理学的視座からの検討　国際基督教大学報，I-A 教育研究（国際基督教大学），**45**，55-72.

Scheidt, R. J., Humpherys, D. R., & Yorgason, J. B. (1999). Successful aging: What's not to like? *Journal of Applied Gerontology*, **18**, 277-282.

Seligman, M. E. P. (1998). Building human strength: Psychology's forgotten mission. *APA Monitor*, **29**, 2.

Silverstein, M., & Parker, M. G. (2002). Leisure activities and quality of life among the oldest old in Sweden. *Research on Aging*, **24**, 528-547.

嶋崎東子（2004）．50代，60代の社会参加のあり方　生活経営学研究，**39**，15-20.

新開省二，藤田幸司，藤原佳典，熊谷修，天野秀紀，吉田裕人，寳　貴旺（2005）．地域高齢者におけるタイプ別閉じこもりの予後――2年間の追跡研究　日本公衆衛生雑誌，**52**，627-638.

Smith, D. H. (1981). Altruism, volunteers, and volunteerism. *Journal of Voluntary Action Research*, **10**, 21-36.

Smith, D. H. (1994). Determinants of voluntary association participation and volunteering: A Literature Review. *Nonprofit and Voluntary Sector Quarterly*, **23**, 243-263.

Snyder, M. (1993). Basic research and practical problems: The promise of a "functional" personality and social psychology. *Personality and Social Psychology Bulletin*, **19**, 251-264.

Snyder, M., & Omoto, A. M. (1992). Volunteerism and society's response to the HIV epidemic. *Current Directions in Psychological Science*, **1**, 113-116.

蘇珍伊，林曉淵，安壽山，岡田進一，白澤政和（2004）．大都市に居住している在宅高齢者の生きがい感に関連する要因　厚生の指標，**51**，1-6.

袖井孝子，都築佳代（1985）．定年退職後夫婦の結婚満足度　社会老年学，**22**，63-77.

Sorkin, D., Rook, K. S., & Lu, J. L. (2002). Loneliness, lack of emotional support, lack of companionship, and the likelihood of having a heart condition in an elderly sample. *Annals of Behavioral Medicine*, **24**, 290-298.

総務省（2007）．平成18年社会生活基本調査　2007年7月9日〈http://www.stat.go.jp/data/shakai/2006/h18kekka.htm〉（2010年9月7日）

Story, D. C. (1992). Volunteerism: The "self-regarding" and "other-regarding" aspects of the human spirit. *Nonprofit and Voluntary Sector Quarterly*, **21**, 3-18.

Strawbridge, W. J., Wallhagen, M. I., & Cohen, R. D. (2002). Successful aging and well-being: Self rated compared with Rowe and Kahn. *Gerontologist*, **42**, 727-733.

須藤緑（1988）．高齢者の社会参加活動　老年社会科学，**10**，271-289.

末盛慶（1999）．夫の家事遂行および情緒的サポートと妻の夫婦関係満足感――妻の性別役割意識による交互作用　家族社会学研究，**11**，71-82.

菅原育子（2006）．中高齢者の友人関係の社会心理的研究――豊かな友人関係の構築にむけて　東京大学大学院人文社会系研究科学位論文（未公刊）

Sugawara, I., & Akiyama, H. (2005). Function of friendship among Japanese adults. *Gerongologist*, **45**, 59.

Sugawara, I., Murayama, H., Yoshie, S., Wakui, T., & Arami, R. (2009). Age differences of attitude toward community and community activity participation: Study in a suburban city of Tokyo. The 62nd Annual Scientific Meeting of the Gerontological Society of America, Atlanta, USA.

Sugisawa, H., Liang, J., & Liu, X. (1994). Social networks, social support, and mortality among older people in Japan. *Journal of Gerontology*, **49**, S3-S13.

鈴木隆雄，權珍嬉（2006）．日本人高齢者における身体機能の縦断的・横断的変化に関する研究――高齢者は若返っているか？　厚生の指標，**53**，1-10.

Szinovacz, M. E., & Davey, A. (2004). Honeymoons and joint lunches: Effects of retirement and spouse's employment on depressive symptoms. *Journals of Gerontology: Series B: Psychological Sciences and Social Sciences*, **59**, 233-245.

高橋久美子（1980）．定年退職後の夫婦適応　社会老年学，**13**，21-35.

高野和良（1997）．高齢者と社会参加行動――ボランティア活動の現状分析から　日本都市社会学会年報，**15**，39-52.

竹田徳則, 近藤克則, 平井寛, 村田千代栄 (2007). 地域在住高齢者の認知症発症と心理・社会的側面との関連 作業療法, **26**, 55-65.

玉腰暁子, 青木利恵, 大野良之, 橋本修二, 清水弘之, 五十里明, 坂田清美, 川村孝, 若井建志 (1995). 高齢者における社会活動の実態 日本公衆衛生雑誌, **42**, 888-896.

Tashakkori, A., & Teddlie, C. (1998). *Mixed methodology: Combining qualitative and quantitative Approaches*. Thousand Oaks: Sage.

Thoits, P. A. (1995). Stress, coping, and social support processes: Where are we? What next. *Journal of Health and Social Behavior*, **35**, 53-79.

Thoits, P. A., & Hewitt, L. N. (2001). Volunteer work and well-being. *Journal of Health & Social Behavior*, **42**, 115-131.

Torres, S. (1999). A culturally-relavant theoretical framework for the study of successful ageing. *Ageing and Society*, **19**, 33-51.

Torres, S. (2002). Relational values and ideas regarding "successful aging". *Journal of Comparative Family Studies*, **33**, 417-430.

Torres, S. (2003). A preliminary empirical test of a culturally-relevant theoretical framework for the study of successful aging. *Journal of Cross-Cultural Gerontology*, **18**, 79-100.

豊島慎一郎 (2000). 現代日本における社会参加と社会階層――1997年「社会的公正感の研究」全国調査による分析 経済論集 (大分大学), **52**, 117-145.

東京都老人総合研究所 (2002). 高齢者の自主的健康づくり活動報告書 (平成14年11月)

Townsend, P. (1963). Isolation, loneliness, and the hold on life. In Townsend, P., *The family life of old people: An inquiry in East London*. Harmondsworth Middlesex: Penguin Books, pp. 188-205.

都築佳代 (1984). 定年退職後夫婦の伴侶性 老年社会科学, **6**, 76-90.

宇良千秋 (2003). 高齢者の社会参加の促進・阻害要因 老年精神医学雑誌, **14**, 884-888.

van Solinge, H., & Henkens, K. (2005). Couples' adjustment to retirement: A multi-actor panel study. *Journals of Gerontology: Series B: Psychological Sciences and Social Sciences*, **60**, S11-S20.

渡辺美鈴, 渡辺丈眞, 松浦尊麿, 河村圭子, 河野公一 (2005). 自立生活の在宅高齢者の閉じこもりによる要介護の発生状況について 日本老年医学会雑誌, **42**, 99-105.

渡辺美鈴, 渡辺丈眞, 松浦尊麿, 樋口由美, 渋谷孝裕, 臼田寛, 河野公一 (2007). 生活機能の自立した高齢者における閉じこもり発生の予測因子 日本老年医学会雑誌, **44**, 238-246.

Wheeler, J. A., Gorey, K. M., & Greenblatt, B. (1998). The beneficial effects of volunteering for older volunteers and the people they serve: A meta-analysis. *International Journal of Aging and Human Development*, **47**, 69-79.

Wilson, J. (2000). Volunteering. *Annual Review of Sociology*, **26**, 215-240.

World Health Organization (2004). World health report 2004 Statistical Annex.

〈http://www.who.int/whr/2004/annex/topic/en/annex_4_en.pdf〉（2011年6月9日）
World Health Organization (2011). WHO's annual World Health Statistics reports 2011 http://www.who.int/whosis/whostat/EN_WHS2011_Full.pdf（2011年9月27日）
Wu, J., Lo, T. W., & Liu, E. S. C. (2009). Psychometric properties of the volunteer functions inventory with Chinese students. *Journal of Community Psychology*, **37**, 769-780.
矢部拓也，西村昌記，浅川達人，安藤孝敏，古谷野亘（2002）．都市男性高齢者における社会関係の形成──「知り合ったきっかけ」と「その後の経過」．老年社会科学，**24**，319-326.
山田昌弘（2004）．家族の個人化　社会学評論，**54**，341-354.
山岸俊男（1998）．信頼の構造──こころと社会の進化ゲーム　東京大学出版会
Yamagishi, T., & Yamagishi, M. (1994). Trust and commitment in the United States and Japan. *Motivation and Emotion*, **18**, 129-166.
横山博子（1987）．主観的幸福感の多次元性と活動の関係について　社会老年学，**26**，76-88.
横山博子（1989）．主観的幸福感と活動の関係について──活動に対する態度の観点から　老年社会科学，**11**，151-166.
全国社会福祉協議会（2002）．全国ボランティア活動実態調査報告書〈http://www.mlit.go.jp/kokudokeikaku/suishinchousa/pdf/h13/kouseiroudou/kousei1-2.pdf〉（2010年9月9日）
全国社会福祉協議会（2010）．全国ボランティア活動実態調査報告書　2010年8月11日〈http://www3.shakyo.or.jp/cdvc/data/files/DD_08111830482620.pdf〉（2010年11月8日）
Zunzunegui, M. V., Alvarado, B. E., Del Ser, T., & Otero, A. (2003). Social networks, social integration, and social engagement determine cognitive decline in community-dwelling Spanish older adults. *Journals of Gerontology: Series B: Psychological Sciences & Social Sciences*, **58**, S93-S100.

巻末資料1 ── ［研究1］の質的分析の概念化例

「ネットワーク」志向分析
　コメント数
　全部でネットワークに関するコメントは59あり，そのうちの1つはマイナスの影響についての言及．ネットワークについて言及した人は26人中20人（言及しなかった6人は男性）．
　4グループ中4グループのメンバーがすべて言及．趣味や交流を主目的とするグループA，Bのみならず，ボランティアを主目的とするグループC，Dでも言及があった．つまり，社会参加をする人の基本的志向といっていいだろう．
　ネットワーク志向が低いマイナスのコメント（「M2-58[1)]：私は，積極的に仲間づくりをしたり，人前に出ていくほうではなかったんです．」）は，活動をしている今でなく，参加していなかった過去について述べており，現在は人との付き合いを拡張することに積極的であるので，ネットワーク志向が活動参加に必要であることの傍証といえよう．

　内　容
　最初のコーディングでは「ネットワーク志向」は「人と一緒にいたい，知り合いを作りたい」という「交流志向」と「友人・仲間づくり」志向があると判断された言及に対して，「ネットワーク志向：M2」とコーディングした．
　コーディング後，再度M2とコードされた言及を取り出し，木下（2003a）の分析ワークシートに基づき，各言及に対して理論的メモを作成した．
　なお，本書ではコーディングの各項目は分析の過程でそれぞれカテゴリーとしてまとめてある．

　第1次カテゴリー
　具体的に言及された中心となる言葉を用いて言及の中で具体的に用いられている言葉を基礎として，内容別にカテゴリーをまとめたところ，「交流志向」，「友人・仲間づくり」，「地元志向」，「社会的刺激」，「形態的グループ志向」の5カテゴリーに分類された．
「交流志向」　22コメント，12名が言及
　　グループ内訳，A 4／7，B 2／4，C 5／12，D 1／3[2)]
「友人・仲間づくり」　14コメント，9名が言及
　　グループ内訳，A 4／7人，B 1／4，C 3／12，D 1／3

「形態的グループ志向」 10コメント，6名が言及
　　グループ内訳．A 0／7，B 2／4，C 4／12，D 0／3
「地元志向」 6コメント，4名が言及
　　グループ内訳．A 4／7，B 0／4，C 1／12，D 1／3
「社会的刺激」 5コメント，4名が言及
　　グループ内訳．A 3，B 0／4，C 1／12，D 0／3
（注：コメントの中には，複数のカテゴリーに亘った言及があるものがある．）

　この5つのカテゴリーの中で，直接的にグループへの参加の契機となっていると判断された「プラスの影響」コードを付した言及は「友人・仲間づくり」に2，「交流志向」，「地元志向」に2，「社会的刺激」に2，「形態的グループ志向」に2言及であり，ネットワーク志向において計6つの言及があり，ネットワーク志向も社会参加の動機のひとつであると考えられる．

　各カテゴリー別の言及総数からみると，最も多いのが「交流志向」であり，インタビュー対象者27名中12名，44.4％の人が言及している．「友人・仲間づくり」も9名，33.3％，がふれており，これら2つが，ネットワーク志向の中核の概念であるといえよう．以下，「形態的グループ志向」，「社会的刺激」の2カテゴリーについては，それぞれグループBとC，AとCの2グループずつのメンバーのみが言及している．「地元志向」については，グループAのメンバーのみがコメントしていた．

　これらの第1次カテゴリーの一般化可能性については，第1次カテゴリーより抽象化した概念である第2次カテゴリーの中で概念的重複，グループによる発言の偏りの問題などを勘案して一般化可能性を検討することとする．

第2次カテゴリーの作成

　第2次カテゴリーを作成するために，まず，第1次カテゴリーの示す内容を検討する．
①第1次カテゴリー「交流志向」──付した理論的メモをリストアップすると，
〈交流志向〉
M2-06　人との接点をもてる．話ができる
M2-08　人と会うのが好き
M2-10　活動以外の場でも交流を深めたい
M2-14　一人で遊んでもつまらない
M2-15　群れたい
M2-17　親しい人と一緒に行動したい
M2-18　ただ人と群れたいのではなく，気の合った人と楽しく過ごしたい
M2-19　付き合いはいい方
M2-26　ボランティアをするといって構える必要はない．多くの人間がかかわりあうことが大切
M2-27　外の接点を求める
M2-42　知らない人と友達になれるのはいい

M2-43　絵を描くという自分の楽しみだけではなく，人とかかわることをやっていきたい
M2-45　人とわいわいするのが好き
M2-46　人とかかわるのが好き
M2-47　信頼できれば自分をさらけ出す付き合いをする
M2-49　グループ活動には心の交流が必要
M2-50　互いに交流し，遊ぶことも大切
M2-51　仲良く協力し合えることが大切
M2-55　好きなこと（趣味）をして最初は楽しくても，友達が一緒でないと結局は寂しい
M2-56　好きなこと（趣味）をして最初は楽しくても，友達が一緒でないと結局は寂しい
M2-57　定年後，家でぶらぶらしていたらだんだん寂しくなり，クラブに入っていろいろな人と交流できるようになった
M2-59　社交的．積極的に自分から話しかける

これらは全て積極的に人と関わりあい，交流していることを求めていると解釈できる．よって第2次カテゴリーでも，〈交流志向〉カテゴリーを設定する．

②第1次カテゴリー「友人・仲間づくり」──以下が理論的メモのリストである．
〈量的ネットワーク拡大〉
M2-01　地域での友人づくり
M2-05　仲間にいれてもらう
M2-07　夫婦共通の友人は多い方がいい
M2-16　群れる仲間がほしい
M2-24　仲間づくりへの積極性
M2-41　ボランティアをして仲間づくりをしたい
M2-54　趣味を元に仲間づくり

〈多種類のネットワーク志向〉
M2-11　同窓会の世話役など人の集まりをオーガナイズすることに積極的
M2-12　いろいろな種類の人とかかわりたい
M2-13　会社関係以外のグループの仲間がいるといい──いろいろな種類の人との関わりを求める，単純に単一の種類の人が多く，というわけではない
M2-44　しがらみのない，新しい友達をつくりたい

〈親密なネットワーク構築〉
M2-02　お互いに励ましあう
M2-38　コミュニケーションをとって仲間意識を醸成することが活動をするのに必要
M2-39　会員同士が本当の仲間になれるようにする

第1次カテゴリー「友人・仲間づくり」は上記のように3つの内容に大別できる．1つめは単純に「仲間・友人づくり」，つまり，量的に仲間・や友人を増やしたいというもの．2つめは，同一のネットワークの中で友人を増やしたいというより，様々な異なるネットワークでの友人を増やしたいというものである．3つめは質的面に関連し，単なる知り合いではなく，ある程度親しい仲間を作っていきたいということをあらわして

いる．この「友人・仲間づくり」志向もこのまま第2次カテゴリーとして採用する．

③第1次カテゴリー「形態的グループ志向」――以下が付した理論的メモである．
M2-23　一人ではやらないことがグループで仲間がいるとできる．退職者にはグループが必要
M2-25　人と会う機会を提供するだけでは，その場限り．グループをつくることが大切
M2-28　仲間づくりの会として有効
M2-30　趣味→仲間づくり→ボランティア活動
M2-31　仲間づくりができたら，誘い合うことでいろいろな活動ができる
M2-32　仲間づくりは活動の基礎
M2-33　仲間づくりは活動の基礎
M2-34　仲間づくりは活動の基礎．グループという形態は個人ではできない活動を可能にする
M2-37　グループでは個人でできない活動が可能になる
M2-48　自分のグループだけで活動しているだけではなく，他のグループとも連携した方がいいかも．個人→グループ→他のグループ

これらの言及は，これまでのカテゴリーとは異なる側面をあらわしている．発言者の6名のうち5名がグループの活動を主導する側であり，どうしたらメンバーを参加させ，活動がうまくいくか，という観点で個人ではなくグループを形成すること大切であると考え，個人ではできない活動を可能にするということを主張している．そのためにグループ形成を志向するのである．よってリーダーおよび会の運営者サイドに近い人の考えであるので，参加者全般には一般化しがたい．よって「ネットワーク志向」からは除くものとする．

④「社会的刺激」
M2-04　地域での友人―刺激を与えあう
M2-09　いろいろな人に会って新しいことを知りたい
M2-21　土地と知識の縁を求めて参加
M2-22　土地と知識の縁を求めて参加
M2-52　外にでて新しい世界が広がることはいいことだ

これらはグループに参加することが新しい人々や新しい世界との出会いをもたらすということを期待している発言である．これまでのカテゴリーとは異なり，ネットワークができた結果，あるいは交流した結果についての期待であるといえる．よってこのカテゴリーもこのまま第2次カテゴリーとして採用する．

⑤「地元志向」
M2-01　地域での友人づくり
M2-03　地域での友人づくり
M2-04　地域での友人―刺激を与えあう
M2-20　地域での交流
M2-21　土地と知識の縁を求めて参加
M2-22　土地と知識の縁を求めて参加

　これらの発言は全て同じグループAのメンバーの発言であり，このグループの活動目的に合致しているため，このグループ特有の参加動機とも考えられる．4グループは全て首都圏に存するとはいえ，このAグループが最も地域性が強く，またこの地域は郷土への愛着が強いことで知られている．
　しかし，仕事を終えた退職後の人たちにとって，加齢に伴い生活圏は減少していくのが通常である．自分が住む地域での友人がほしいというのは，このグループ特有のこととは考えにくい．カテゴリー「友人・仲間づくり」の中で，〈多種類のネットワーク志向〉が抽出されたが，いろいろなネットワークのひとつとして地元での友人を求める，と考えることができるので，「地元志向」は第2次カテゴリーとしては独立させず，第2次カテゴリー「友人・仲間づくり」に含めることとする．
　以上の結果を整理すると以下のようになる

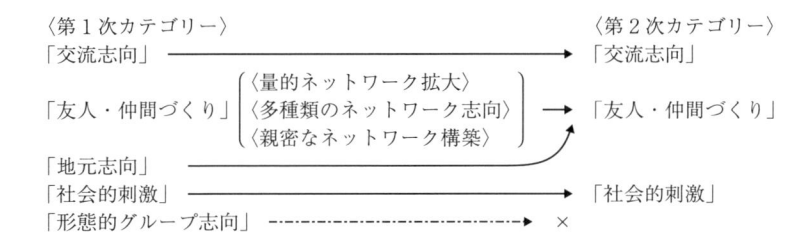

〈第1次カテゴリー〉　　　　　　　　　　　〈第2次カテゴリー〉
「交流志向」――――――――――――――→「交流志向」
「友人・仲間づくり」⎰〈量的ネットワーク拡大〉⎱
　　　　　　　　　　⎨〈多種類のネットワーク志向〉⎬→「友人・仲間づくり」
　　　　　　　　　　⎱〈親密なネットワーク構築〉⎰
「地元志向」―――――――――――――――↗
「社会的刺激」――――――――――――→「社会的刺激」
「形態的グループ志向」------------×

定　義
　ネットワーク志向の3つの第2次カテゴリーが設定されたので，まず第2次カテゴリーの定義を行い，それをふまえて「ネットワーク志向」の定義を行う．
　(1)「交流志向」――積極的に人と関わりあい，人との交流を求めること，と定義する．
　(2)「友人・仲間づくり」――ネットワークの拡大・親密化志向を表し，量的な拡大，異種のネットワークへの拡大，付き合いの質的深化を求める志向，と定義する．
　(3)「社会的刺激」――新しい人々や新しい世界との出会いへの期待，と定義する．これはネットワーク拡大の結果としてもたらされるものである．

最後にこれらから「ネットワーク志向」の定義を行う．「ネットワーク志向」とは，「積極的に人との関わりあいや交流を求め，ネットワークの拡大や新しい人や世界との出会いを期待する志向」と定義する．

注
1) M2はコーディングに際しネットワーク志向に付したコード．58はM2に分類されたコメントのうち58番めのもの，という意味である．
2) グループA7人のうち4名が言及，グループB4名のうち2名が言及，グループC12名のうち5名が言及，グループD3名のうち1名が言及したという意味である．

巻末資料2　[調査2] で使用した2002年社会参加調査の調査票

はじめに，あなたご自身についておうかがいします。

Q1　あなたは・・・・・・・・・・1　男性　　　　　2　女性

Q2　あなたの生まれた年は・・・・昭和 ☐ 年

Q3　あなたは現在働いていますか。あてはまるものに一つだけ○をつけてください。
　1．週労働時間30時間以上の従業員
　2．週労働時間30時間未満のパートタイマー・非常勤・アルバイト・嘱託で就業
　3．自営業主
　4．家族従業（家業などの手伝い）・内職
　5．無職（専業主婦・主夫，定年退職者，求職中など）
　6．その他（　　　　　　　　　　　　　　　　　　　　　　　　　）

Q4　あなたは仕事をやめた経験がありますか。
　1．ない
　2．ある ─┐
　　　　　　↓
　SQ1　上で「ある」に○をつけた方におききします。やめた理由は何ですか。あてはまるものすべてに○をつけてください。
　　1．キャリアアップのため　　2．会社への不満　　3．会社の都合
　　4．定年（早期退職制度を含む）　5．結婚　　6．出産・子育て
　　7．配偶者の転勤　　8．介護　　9．その他（　　　　　　　　　　）

Q5　あなたはご自分が家族と離れて単身赴任をした経験がありますか。
　1．ない
　2．ある

Q6　あなたは何か仕事に関する資格を持っていますか。
　1．持っている
　2．資格取得のため勉強中である
　3．持っていない

Q7　あなたの現在の健康状態はいかがですか。
　1．よい　　2．まあよい　　3．ふつう　　4．あまりよくない　　5．よくない

Q8 あなたはこの1ヵ月間に，どのくらい病院や診療所に通いましたか。入院・往診も含みます。
　1．入院していた　　2．ほぼ毎週通った　　3．数回通った　　4．1回通った
　5．一度も医者にかかっていない

Q9 あなたが最後に在籍した（又は現在，在籍している）学校はどこですか。
　1．小・中学校　　　　　　　　4．大学・大学院
　2．高校　　　　　　　　　　　5．専門学校・専修学校
　3．短大・高専（高等専門学校）　6．その他（　　　　　　　　　　）

Q10 お宅のお住いは次のどれにあたりますか。
　1．持ち家　　2．賃貸住宅　　3．社宅・官舎・寮など　　4．その他（　　　　　　　）

Q11 あなたのお宅の毎月のやりくりはいかがですか。
　1．非常に苦労している　　　2．やや苦労している　　　3．どちらともいえない
　4．あまり苦労していない　　5．まったく苦労していない

Q12 日頃の生活についてうかがいます。次のことについてあなたはどう思いますか。
　（アからクまで○は1つずつ）

	そう思う	まあそう思う	あまりそう思わない	そう思わない
ア．時間ができたらいろいろやってみたいことがある……	1	2	3	4
イ．庭の手入れや散歩などをして毎日過ごしている……	1	2	3	4
ウ．趣味をしていると気がまぎれる…………………	1	2	3	4
エ．新しいことを始めるのはおっくうだ………………	1	2	3	4
オ．趣味は自分自身を向上させる　…………………	1	2	3	4
カ．趣味をすることは健康のために大切だ…………	1	2	3	4
キ．自分がしたいことがわからない…………………	1	2	3	4
ク．何か新しい趣味などをはじめるとき，情報をどうやって手に入れたらいいかわからない……	1	2	3	4

Q13 趣味についてうかがいます。次のことはあなたにあてはまりますか。
　ア．人といっしょではなく一人でしている趣味がある………　はい　　いいえ
　イ．今夢中になっている趣味がある……………………………　はい　　いいえ
　ウ．配偶者は趣味を持っている…………………………………　はい　　いいえ
　エ．友人・知り合いは趣味をもっている人が多い……………　はい　　いいえ

Q14 あなたの現在のお気持ちについてうかがいます。それぞれ「はい」か「いいえ」に○をつけてください。
　ア．最近になって小さなことを気にするようになったと思いますか………　はい　いいえ
　イ．あなたの人生は他の人にくらべて恵まれていると思いますか…………　はい　いいえ

ウ．これまでの人生で，あなたは求めていたことのほとんどを実現
　　　できていると感じますか………………………………………………　はい　いいえ

Q15　次のことについて，あなたはどう思いますか。

	そう思う	まあそう思う	どちらともいえない	あまりそう思わない	そう思わない
ア．私にはいくつも良い点がある………	1	2	3	4	5
イ．私は少なくとも他人と同じくらいには価値のある人間だと思う……	1	2	3	4	5
ウ．私には誇れるものがあまりないと思う……	1	2	3	4	5
エ．全体として，自分自身に満足している……	1	2	3	4	5
オ．私は全く役に立たないと時々思う……	1	2	3	4	5

次に，あなたのご家族についてうかがいます

Q16　現在同居しているご家族はどなたですか。あてはまる方にいくつでも○をつけてください。
　　1．配偶者　　2．子ども（子どもの配偶者も含む）　　3．親（配偶者の親も含む）
　　4．孫　　　　5．その他（　　　　　　　　　）　　6．同居の家族はいない

Q17　お子さんがいらっしゃいますか。いらっしゃる場合は，末のお子さんの年齢についてもお答えください（同居していなくても結構です）。
　　1．子どもがいる　→末のお子さんは……………………… 　　　　　　　歳
　　2．子どもはいない

Q18　次のようなことはあなたと配偶者との関係にどの程度あてはまりますか。（アからウまで○は1つずつ）

	あてはまる	ややあてはまる	あまりあてはまらない	あてはまらない
ア．配偶者と共通の友人がいる………………………	1	2	3	4
イ．配偶者は友人とのつきあいに自分を誘ってくれる……	1	2	3	4
ウ．お互いの考えをあまり話し合わない………………	1	2	3	4

Q19　では，次のようなことは，どうですか。（アからオまで○は1つずつ）

	そう思う	まあそう思う	あまりそう思わない	そう思わない
ア．配偶者といると気持ちがやすらぐ………………	1	2	3	4
イ．配偶者をわずらわしいと感じることがある……	1	2	3	4
ウ．夫婦で一緒に遊びに行きたい……………………	1	2	3	4
エ．結婚生活は我慢することが多い…………………	1	2	3	4
オ．配偶者が介護が必要な状態になったら看てあげたい……	1	2	3	4

Q20　では，以下のようなことはどの程度ありますか。(アからウまで○は1つずつ)

	よく ある	時々 ある	あまり ない	ほとんど ない
ア．配偶者と話をしていて楽しい……………………	1	2	3	4
イ．何かしようとするとき，励ましてくれる………	1	2	3	4
ウ．夫婦2人きりだと，時間をどう過ごしていい 　かわからなくてとまどう……………………………	1	2	3	4

Q21　以下にかかれている夫婦のあり方について，あなたの<u>理想</u>に近いものはどれですか。
　　ア．家事の分担………… 　1．おもに夫　　 2．夫も妻も同じくらい　　 3．おもに妻
　　イ．収入源……………… 　1．夫が稼ぐ　　 2．夫も妻も稼ぐ　　　　　 3．妻が稼ぐ
　　ウ．生活費の分担……… 　1．収入に応じて負担する　　 2．同じくらい負担する
　　　　　　　　　　　　　　　3．おもに夫が負担する　　　 4．おもに妻が負担する

Q22　では，以下のことがらについて，<u>実際</u>のあなたの夫婦のありかたはどうですか。
　　ア．一緒の休日の過ごし方……… 　1．おもに夫が決める　　 2．相談して決める
　　　　　　　　　　　　　　　　　　 3．おもに妻が決める
　　イ．家族に関する大きな支出…… 　1．おもに夫が決める　　 2．相談して決める
　　　　　　　　　　　　　　　　　　 3．おもに妻が決める
　　ウ．家事の分担………………… 　1．おもに夫が行う　　 2．夫と妻で同じくらい
　　　　　　　　　　　　　　　　　 3．おもに妻が行う
　　エ．生活費の分担……………… 　1．収入に応じて負担している　　 2．同じくらい負担している
　　　　　　　　　　　　　　　　　 3．おもに夫が負担している　　　　4．おもに妻が負担している

Q23　もし，配偶者に「仕事を辞めてほしい」といわれたらどうしますか。以下の中から一番
　　あなたのお気持ちに近いものに○を1つつけてください。
　　1．相手が反対しても，仕事を続ける
　　2．相手に配慮しつつ，そのまま仕事を続ける
　　3．相手の考えにも配慮して，仕事の仕方を変える
　　4．相手の考えを尊重して，仕事をやめる
　　5．仕事をしていないので当てはまらない

Q24　あなたは配偶者との関係に満足していますか。
　　1．満足している　　2．どちらかといえば満足　　3．どちらかといえば不満　　4．不満

Q25　あなたは今の家庭生活の中で，自分ばかりが損をしているというような不公平感を感じ
　　ることがありますか。
　　1．いつも感じる　　2．たまに感じる　　3．あまり感じない　　4．まったく感じない

次に，あなたの身近な人づきあいについておうかがいします

Q26　あなたはここにあげるようなお知り合いで，**親しくつきあっている方**はいますか。いる場合あてはまるものすべてに○をつけてください。
1. 仕事・アルバイトで知り合った人　　4. 学校で知り合った人
2. 趣味などのグループでの知り合い　　5. 親戚の人
3. 近所の人　　　　　　　　　　　　　6. 配偶者を通して知り合った人

SQ　では，その中で次のようなつきあいをしている方は何人くらいいますか。同じ人を両方に含めてもかまいません。（ア，イそれぞれ1つずつ○）

	いない	1～2人	3～5人	6～10人	11人以上
ア．一緒に活動したり遊んだりする人	1	2	3	4	5
イ．何でも話し合える人	1	2	3	4	5

Q27　あなたのお知り合いの中で，定年を迎えた人はいますか。
1. いる　　　　　　2. いない　──→ Q28へお進みください

SQ1.　Q27で「1. いる」に○をつけた方におききします。その中には以下のような人はいますか。いる場合，あてはまるものすべてに○をつけてください。
1. 開業したり，子会社・関連会社・別の会社に移ったりして，仕事を続けている人
2. ボランティア活動をしている人
3. 熱心に趣味をしている人
4. 家の中にいて，人とつきあおうとしない人

Q28　以下の文章に述べられていることがらを，日ごろあなたはどの程度感じていますか。
（アからウまで○は1つずつ）

	しばしば感じる	時々感じる	めったに感じない	決して感じない
ア．私は人とのつきあいがない	1	2	3	4
イ．私の社会的なつながりはうわべだけのものである	1	2	3	4
ウ．私には知人はいるが，気心の知れた人はいない	1	2	3	4

Q29　次の考えについて，あなたはどのように思いますか。（アからキまで○は1つずつ）

	そう思う	まあそう思う	あまりそう思わない	そう思わない
ア．人と一緒にいると，元気が出てくる	1	2	3	4
イ．親しくつきあっている人はたくさんいるので十分だ	1	2	3	4
ウ．いろいろな人と知りあうことは興味深い	1	2	3	4
エ．人と付き合うのはわずらわしい	1	2	3	4
オ．自分の価値を認めてくれる人にそばにいてほしい	1	2	3	4
カ．これからも人づきあいを広げていきたい	1	2	3	4

キ．趣味がない人間はつまらない人だと思う………　1_____2_____3_____4

次に，あなたの社会に関するご意見をうかがいます

Q30　あなたは茅ヶ崎市（練馬区）に何年くらい住んでいますか。（転勤などで転出した方は通算した年数でお答えください）
1. 生まれてからずっと　　2. 3年未満　　　　　　3. 3年～10年未満
4. 10年～20年未満　　　 5. 20年～30年未満　　　 6. 30年～40年未満
7. 40年以上

Q31　茅ヶ崎市（練馬区）に今後も住み続けたいとお考えですか。
1. このままずっと住み続けたい
2. しばらくは住み続けるがこの先のことはわからない
3. いずれは別の土地に転居したい

Q32　次のことがらについて，あなたはどう思いますか。（アからエまで○は1つずつ）

	そう思う	まあそう思う	あまりそう思わない	そう思わない
ア．何かもらったらお返しをすべきだ…………	1	2	3	4
イ．地域活動に積極的に参加したい……………	1	2	3	4
ウ．地域に貢献したい……………………………	1	2	3	4
エ．地域での人間関係は密な方だと思う………	1	2	3	4

Q33　あなたはここにあげるような政治や制度について，どの程度信頼していますか。
（ア～ウまで○は1つずつ）

	信頼していない	あまり信頼していない	まあ信頼している	信頼している
ア．国の政治………………………………………	1	2	3	4
イ．あなたの住んでいる地域の政治……………	1	2	3	4
ウ．選挙制度………………………………………	1	2	3	4

Q34　あなたの考えをおきかせください。（アからオまで○は1つずつ）

	そう思う	まあそう思う	あまりそう思わない	そう思わない
ア．誰の意見でも同じように尊重されるべきである……	1	2	3	4
イ．自分のできるかぎり社会の役に立つべきだ……	1	2	3	4
ウ．何よりも自分の楽しみを優先したい…………	1	2	3	4
エ．趣味を持つことは生活を豊かにする…………	1	2	3	4
オ．目上の人の意見は尊重されるべきである……	1	2	3	4

Q35　ここにあげるような考え方についてあなたはどう思いますか。
　　　（アからエまで○は1つずつ）

	そう思う	まあそう思う	あまりそう思わない	そう思わない
ア．自分自身には社会を変える力はない	1	2	3	4
イ．ほとんどの人は信頼できる	1	2	3	4
ウ．知らない人よりも知っている人の方が信頼できる	1	2	3	4
エ．一般に，長くつき合っている人は，必要なときに助けてくれることが多い	1	2	3	4

　　　　　　　　次に，**社会参加活動**についておたずねします

Q36　あなたは，下の□の枠内にあるようなグループや団体に参加したことがありますか（以下このような活動を「社会参加活動」とよびます）。
　　1. 現在参加している　　　　2. 過去にしたことがある
　　　　　　　　　　　　　　　3. したいとは思うがしていない　　　□の下の SQ へ
　　　　　　　　　　　　　　　4. したくない／関心がない

　　現在参加しているものすべてに○をつけてください。

1. 自治会，町内会，老人会，婦人会	7. 学習会や習いごとのグループ
2. PTA	8. 趣味や遊び仲間のグループ
3. 同業者の団体，農協，労働組合	9. 仕事仲間のグループ
4. 生協・消費者団体・住民／市民運動の団体	10. 同窓会
5. ボランティア団体	11. その他（　　　　　　）
6. 宗教団体	

　SQ　現在社会参加活動をしていない方にうかがいます。あなたが活動をしない理由として，**あてはまるものすべて**に○をつけてください。（○はいくつでも）
　　1. 仕事や家事・育児で時間がない　　6. 自分の生活を楽しみたい
　　2. 人付き合いがわずらわしい　　　　7. 適当なグループ・指導者がいない
　　3. 健康に自信がない　　　　　　　　10. 配偶者が賛成しない
　　4. きっかけがない　　　　　　　　　11. 情報がない
　　5. 必要な知識や技術がない　　　　　12. 入りやすいグループがない

Q37　あなたのお知り合いで社会参加活動をしている方はいますか。
　　1. いる　　　　2. いない

Q38　あなたの配偶者は社会参加活動をしていますか。
　　1. している　　　2. していない（→ Q43 へお進みください）

　SQ1　配偶者のしている**社会参加活動**に興味がありますか。

1. 一緒の活動をしている　　2. 興味がある　　3. 興味がない

SQ2　では，あなたは配偶者が社会参加活動をしやすくなるように協力しますか。
1. 協力する　　2. 自分に影響のない範囲で協力する　　3. 協力しない

ここからは，社会参加活動に参加している方におききします。
活動をしていない方は問40へ進んでください。

Q39　下の活動の中であなたが<u>もっとも力</u>をいれて活動しているものはどれですか。下の四角の中からひとつだけ選んで○をつけてください。活動が1つだけの方は，その活動を選んでください。

1. 自治会，町内会，老人会，婦人会	7. 学習会や習いごとのグループ
2. PTA	8. 趣味や遊び仲間のグループ
3. 同業者の団体，農協，労働組合	9. 仕事仲間のグループ
4. 生協・消費者団体・住民／市民運動の団体	10. 同窓会
5. ボランティア団体	11. その他（　　　　　　　）
6. 宗教団体	

ここからはQ39で選んだ，あなたがもっとも力をいれている
グループ活動についておききします

SQ1.　そのグループ活動をあなたはどのくらいの期間続けていますか。
1. 1年未満　　2. 1年以上～2年未満　　3. 2年以上～5年未満
4. 5年以上～10年未満　　5. 10年以上

SQ2.　そのグループ活動の集まりにどのくらい参加していますか。
1　ほとんど参加　　2　おおむね参加　　3　たまに参加　　4　ほとんど参加しない

SQ3.　あなたは，そのグループで何か役目を担っていますか。
1　リーダー　　2　グループの運営の手伝い（書記・会計など）
3　その他の役割（茶菓係り，場所とりなど）　　4　特にない

SQ4.　グループのメンバーは男性が多いですか，それとも女性が多いですか。
1. 男性のみ　　2. 男性が多い　　3. 男女同じくらい　　4. 女性が多い　　5. 女性のみ

SQ5.　そのグループのリーダーは男性がいいと思いますか，女性がいいと思いますか。
1. 男性がいい　　2. 女性がいい　　3. どちらでもいい

SQ6.　そのグループ活動に参加したきっかけはありますか。ある場合は何でしたか（あてはま

るものすべてに○をつけてください)。
1. 配偶者に誘われた　2. 家族（配偶者以外）に誘われた　3. 知人・友人に誘われた
4. 市（区）の広報誌　5. 団体の機関紙・インターネット　6. テレビや新聞などの報道
7. 立場上やむを得ず　8. 公的機関（ボランティアセンター等）で紹介された
9. 職場や地域のサークルなどで紹介された　10. その他（　　　　　　　　　　）

SQ7. そのグループの活動がマスコミやタウン誌等のミニコミ誌，行政の広報誌などに紹介されたり，行政などから表彰をうけたことがありますか。（ア，イそれぞれ○は1つずつ）
　ア．マスコミなどに取り上げられたことがある…………　1．ある　2．ない　3．知らない
　イ．表彰をうけたことがある………………………………　1．ある　2．ない　3．知らない

SQ8. 同じグループ活動をしているグループについておききします。
　　　（アからキまで○は1つずつ）

　　　　　　　　　　　　　　　　　　　　　　　　　　　　はい　どちらとも　いいえ
　　　　　　　　　　　　　　　　　　　　　　　　　　　　　　　いえない
　ア．メンバーの多くの人とは将来もつきあっていきたいと思いますか……　1---------2---------3
　イ．メンバー間の上下関係がはっきりしていますか…………　1---------2---------3
　ウ．グループのなかでやりたいことは自由にできますか………　1---------2---------3
　エ．グループの会合で批判的な意見は控えるべきだと思いますか……　1---------2---------3
　オ．グループにとってあなたの存在は重要だと思いますか……　1---------2---------3
　カ．メンバーの人たちと似たような考え方や行動をしている
　　　と感じることがありますか………………………………　1---------2---------3

SQ9. そのグループ活動について，あなたはどう思いますか。（アからウまで○は1つずつ）

　　　　　　　　　　　　　　　　　　　　　　　　　　　　はい　どちらとも　いいえ
　　　　　　　　　　　　　　　　　　　　　　　　　　　　　　　いえない
　ア．日ごろから，メンバーどうしは親しく交流している………　1---------2---------3
　イ．個人的な相談など，活動内容に関係のない話を活動の場
　　　でするのははばかられる………………………………………　1---------2---------3
　ウ．人間関係が気まずくならないように皆が気を使っている……　1---------2---------3

SQ10. では，次のようなことはあなたご自身にどの程度あてはまりますか。
　　　（アからエまで○は1つずつ）

　　　　　　　　　　　　　　　　　　　　　　　　　　　　はい　どちらとも　いいえ
　　　　　　　　　　　　　　　　　　　　　　　　　　　　　　　いえない
　ア．グループの会合で自分の意見を主張できる………………　1---------2---------3
　イ．そのグループのメンバーを信頼している…………………　1---------2---------3
　ウ．グループの会合で反対意見でもきちんと言える…………　1---------2---------3
　エ．グループの悪口を言われると，自分が悪く言われたよう
　　　に感じることがある……………………………………………　1---------2---------3

SQ11. そのグループ活動に参加していることは家族やお知り合いからどう思われていると思いますか
　1　参加していることを知らない　　　2　ある程度評価されていると思う
　3　あまり評価されていないと思う　　4　わからない

SQ12. では，配偶者に「活動を辞めてほしい」といわれたらどうしますか。（○は１つ）
　1. 相手が反対しても，活動を続ける
　2. 相手に配慮しつつ，そのまま活動を続ける
　3. 相手の考えにも配慮して，活動の仕方を変える
　4. 相手の考えを尊重して，活動をやめる

SQ13. あなたがそのグループ活動をしていてよかったと感じること，不満に感じていることはどのようなことですか。それぞれあてはまるものすべてに○をつけてください。

　　　よかったこと　　　　　　　　　　　　　不満に感じていること

　1. 楽しみや生きがいが得られる　　　　　1. あまり楽しくない
　2. いろいろな人と出会い，交流できる　　2. むずかしい人間関係に巻き込まれる
　3. 居場所ができる　　　　　　　　　　　3. 仕事や家事とのやりくりがむずかしい
　4. 社会のみかたを学ぶことができる　　　4. お金がかかる
　5. 技術や資格が身につく　　　　　　　　5. 自分の力が十分に認められない
　6. 健康が維持・促進される　　　　　　　6. 気力・体力が続かない
　7. 自分自身を知る機会となる　　　　　　7. リーダーが力量不足
　8. 時間がつぶれる　　　　　　　　　　　8. 家族の理解が得られない
　9. とりたててよかったことはない　　　　9. 特に不満はない

SQ14. そのグループ活動を今後どのくらい続けようと思いますか。
　1. 出来る限りずっと続けたい　　2. １年くらい　　3. ２，３年くらい
　4. ４，５年くらい　　　　　　　5. やめられるならすぐにやめたい

SQ15. そのグループ活動メンバーのなかで，<u>もっとも多く会ったり連絡をとったりする人</u>を１人思い浮かべてください。
　1. その方は男性ですか，女性ですか。………………　1. 男性　　2. 女性

　2. その方と知り合ってからだいたいどのくらいですか。
　　　1. １年未満　　　　2. １年以上………　およそ　[　　　]　年くらい

　3. グループの中で，より責任のある立場にいるのはどちらですか
　　　1. 相手　　2. 自分　　3. 同じくらい

　4. では，グループの中で意見がとおることが多いのはどちらですか
　　　1. 相手　　2. 自分　　3. 同じくらい

5. その方とはだいたいどのくらいの頻度で会ったり連絡をとったりしますか。

<u>グループの活動に関わることでは</u>   <u>グループ活動以外では</u>
↓   ↓

1. 週に3回以上   1. 週に3回以上
2. 週に1～2回くらい   2. 週に1～2回くらい
3. 月に数回～1回   3. 月に数回～月に1回
4. 月に1回より少ない   4. 月に1回より少ない
5. ほとんどない   5. ほとんどない

6. その方とは，どのくらい親しいですか。

とても親しい	まあ親しいほうだ	どちらともいえない	それほど親しくはない	親しくない
1	2	3	4	5

7. 以下のことがらは，お二人の関係にどの程度あてはまりますか。
   （アからエまで○は1つずつ）

	あてはまる	ややあてはまる	あまりあてはまらない	あてはまらない
ア．相手の気持ちを気づかって，思ったことを言わないでおくことがある	1	2	3	4
イ．グループ活動をしていて，時には互いの利害が対立することもある	1	2	3	4
ウ．どんなときでも，困った時には頼りになる	1	2	3	4
エ．とても気が合う	1	2	3	4

8. では，次のことについてはどう思いますか。（アからカまで○は1つずつ）

	そう思う	まあそう思う	あまりそう思わない	そう思わない
ア．互いに信頼している	1	2	3	4
イ．一緒にいて楽しい	1	2	3	4
ウ．個人的な悩みや相談はしづらい	1	2	3	4
エ．価値観が似ている	1	2	3	4
オ．会わないでいると，どうしているか気にかかる	1	2	3	4
カ．万が一どちらかがグループ活動をやめたら，つきあいは終わってしまうだろう	1	2	3	4

ここからは，全員の方に『ボランティア』についてうかがいます

Q40 あなたの家族の誰かが，ボランティアの手伝いを受けたことがありますか。
　1. ある　　　　　　2. ない

Q41. あなたは，この1年間に次のような活動をしましたか。したことのある活動すべてに○をつけてください。**どれもしなかった方は，問42にお進み下さい。**

> 1. 高齢者や障害者，子どもの福祉等に関するボランティア
> 2. 地域の美化／掃除・安全防災運動・環境保全活動
> 3. 地域の教育・文化活動・スポーツ・リクリエーション活動
> 4. リサイクル活動・消費者運動
> 5. 日本にいる外国人の手助け・海外での支援活動
> 6. 民生委員，保護司，行政相談委員などの公的な奉仕活動
> 7. その他（具体的に：　　　　　　　　　　　　　　　）

SQ1. 上の問いで，1つでも○をつけた方におききします。上の活動の中で，お金をもらっているものはありますか。（○はいくつでも）
 1. お金はもらっていない
 2. 通信費・交通費などの実費分だけもらった
 3. 実費に加えて多少の報酬ももらった（時間預託形式のボランティアを含む）

SQ2. Q41で○をつけた活動を全部合わせると，この1年では大体どのくらいしましたか。
 1. 毎日　　　　　　　　　　4. 月に数回
 2. 週に4〜6日くらい　　　5. 月に1回くらい
 3. 週に1〜3日くらい　　　6. 数ヵ月に1回くらい

Q42 全員におききします。あなたはボランティアについてどうお考えですか。
　　（アからカまで○は1つずつ）

	そう思う	まあそう思う	あまりそう思わない	そう思わない
ア．ボランティアをする人は献身的な人だ…………	1	2	3	4
イ．ボランティアにも安心して専門的なことが任せられる……	1	2	3	4
ウ．ボランティア活動はだれにでもできることだ ……	1	2	3	4
エ．ボランティアをする人は時間やお金にゆとりがある ……	1	2	3	4
オ．行政は，ボランティア活動に口を出すべきではない ……	1	2	3	4
カ．ボランティア活動は，行政の足りないところを補っている……	1	2	3	4

Q43 あなたはボランティア活動で報酬を受け取ることについてどう思いますか。
 1. 報酬は受け取るべきではない
 { 2. 通信費・交通費などの実費くらいは受け取ってよい
 { 3. 通信費・交通費のほかに多少の報酬は受け取ってもよい

→ SQ　上で2, 3に○をつけた方におききします。そう答えた**一番大きな理由**はなんですか。お考えにもっとも近いもの1つだけに○をつけてください。

1. 金銭の授受があったほうがお互いに気楽だ
2. ボランティア活動をする人の励みになる
3. 経済的に余裕のない人でも活動できる
4. 金銭の授受があったほうが責任ある活動になる

Q44 『ボランティア』には大変広い意味がありますが，ここでは「自分の本来の仕事とは別に，他人や社会のために自分の時間や労力・技能・お金などを進んで提供する奉仕活動」とします。あなたはこうしたボランティア活動が日本の社会にどの程度役にたっていると思いますか。

おおいに役に たっている	ある程度役に たっている	あまり役に たっていない	まったく役にとも たっていない
1	2	3	4

Q45 民間非営利セクターとして，NPO（特定非営利活動法人），NGO（非政府組織）という言葉がありますが，あなたはご存知ですか。
1. まったく知らない　　2. 聞いたことはあるが，意味はよく知らない　　3. 知っている

Q46 最後によろしければ去年1年間の収入についておきかせください（資産収入や年金なども含む）。

あなたご自身の収入は　　　　　　　ご夫婦での収入は

1. 収入はない
2. 103万円未満
3. 103万円〜250万円未満
4. 250万円〜500万円未満
5. 500万円〜750万円未満
6. 750万円〜1000万円未満
7. 1000万円以上

1. 収入はない
2. 103万円未満
3. 103万円〜250万円未満
4. 250万円〜500万円未満
5. 500万円〜750万円未満
6. 750万円〜1000万円未満
7. 1000万円以上

長い時間ご協力ありがとうございました。

索　引

あ　行

愛他性　87
飽戸弘　140
天野秀紀　36
安心と希望の福祉ビジョン　53
生きがい　122, 123
一般化可能性　131
一般的活動理論　41, 42, 45, 46
一般的信頼感　155, 157, 191, 192, 212
今田高俊　44
インタビュー・ガイド　68-74, 96, 131
インタビュー・データ　131, 144
インフォーマル・サポート　33, 35
受け入れ体制の無さ　115
岡村清子　36
奥山正司　36

か　行

会社人間　19
改正高齢者雇用安定法　16, 169, 173, 178
階層的重回帰分析　166, 197, 199
過去への固執　100
仮説生成的なアプローチ　61, 131
片桐恵子　6, 29, 51, 149, 159
活動　37
活動自体への満足感　121, 127
活動理論　31, 37
頑健な標準誤差（robust standard error）　160
看護・介護　25
関与度　122, 127
機能主義アプローチ　41, 43, 45, 46
木下康仁　67, 80, 145, 217
規範（個人的属性）　101
木村好美　54

客観的な孤立　7
金貞任　36
工藤力　155
熊谷修　36
グループの魅力　113
黒川順夫　155
継続意思　122, 123
健康志向　82, 84
健康寿命　4
交流志向　84
高齢社会対策大綱　52
高齢者雇用　16
コーダー　79
コーディング・スキーマ　79
ゴールドプラン21　52, 54
個人化　7
孤独　7
孤独感　155, 156, 190
コミュニティ感覚　174, 195, 196, 197, 198, 200, 202, 203
古谷野亘　3, 37, 155

さ　行

サード・エイジ　3, 26, 31, 32, 207, 218, 219
サクセスフル・エイジング理論　i, 30, 32-34, 39, 90, 91, 93, 129, 212, 213, 214, 215
笹尾敏明　198
資源の交換ルール　87
自己決定　105
自己効力感　105
自己向上　83
仕事で培った知識・ノウハウ　105
自尊心尺度　155, 156, 159, 190
質量混合研究法（mixed methodology）　iv, 61

自治会・町内会　176
シニア・マーケット　ii, 15
支配的地位モデル　41, 46, 153, 154
柴田博　155
嶋崎東子　36
市民活動　18, 21
社会活動　37, 38
社会関係　50
社会関係資本　13, 15, 128, 154, 183, 190, 192, 211, 212
社会貢献志向　85-88, 92, 93, 133, 134, 139, 144, 152, 181, 182, 188
社会貢献への熱心さ　85
社会参加（social participation）　27, 29, 30, 31, 34, 36, 37, 38, 56, 61, 88
　——率（の変化）　175
社会参加位相モデル　90-95, 129, 131-148, 188, 192, 193, 204, 207, 214, 215
　——（効果モデル）　118-126, 129, 207
　——（促進モデル）　117, 118, 129, 148-153, 207, 209
社会制度的要因　114
社会的効益性　93, 94, 208
社会的孤立　7, 10, 12, 216
社会的刺激　85
社会的弱者　i, ii, 52
社会的動物　11
社会保障費　12, 27, 53, 57
社会問題への関心度　86
柔軟性・開放性　100
修正版グランデッド・セオリー・アプローチ（M-GTA）　67, 80, 209
主観的健康状態　183
主観的幸福感　50, 90, 119, 128, 155, 156, 157, 159, 193, 217
主人在宅ストレス症候群　158, 168
趣味　22, 23, 25, 138, 144, 150, 176
生涯学習　22, 25
情報収集力　105, 149, 152
自立性・明確性　103
新開省二　36

人生への積極的な関与　32, 33, 34, 35, 91
須山靖男　155
菅原育子　194, 196, 198
鈴木隆雄　14, 36
須藤緑　38, 52
生活全体への満足　122, 123
生活満足度尺度　155, 156, 160, 167, 191, 192
生協・消費者団体　176
生産的活動　33, 35, 126
精神的自立　105
精神の若さ　98
世界保健機関（World Health Organization）　4
積極性　90, 100, 149, 152
ソーシャル・キャピタル　13, 15, 88, 154, 183, 190, 212
ソーシャル・サポート　33, 35
ソーシャル・スキル　105
袖井孝子　167

た　行

退職シニア　v
　——役割の受容　105
第2の仕事　116
多項プロビットモデル分析　150
楽しみの追求　82
団塊世代　ii, 4, 15, 19
男女平等規範　101
地域社会の支え手　18, 20
地域デビュー　iii, 20, 48, 98, 145, 146, 207, 219
地域（社会）への溶け込み　122, 127, 174, 193-195, 203, 205, 212, 217
地域密着性　86
中高年者の友人関係の5機能モデル　194
超高齢社会　53
通勤　200, 201
道具的自立　105
定年退職　6, 24, 31
同窓会　177, 178

閉じこもり　11, 12

な　行

仲間（友人）　124, 194
西川正之　155
認知　105
濡れ落ち葉　48, 76, 158
　――忌避　111, 112, 154
ネットワーク志向　84–85, 92, 93, 127, 133, 138, 144, 181, 182, 188, 237
ネットワークの多様性　109
能力　105

は　行

配偶者のサポート　168
芳賀博　155
林知己夫　140
平等規範　103
平野浩　168
フェーズ（社会参加位相モデルの）　94, 138, 144, 147, 148, 150, 152, 156, 157, 169, 170, 189, 191, 192, 208, 211, 212
フォース・エイジ　3
藤原佳典　36
部分尺度分析法　140–141, 147, 183, 208
分析ワークシート　80, 81, 237
返報性　87
ポジティブ心理学　i
補償による選択的最適化モデル　31
ボランティア・イメージ　146, 147, 148, 149, 152, 153, 154, 170
ボランティア活動　19, 26, 27, 33, 38, 39, 41–48, 50–51, 83, 84, 90, 91, 92, 93, 105–108, 129, 138, 145, 185, 210
ボランティア機能調査表（Volunteer Function Inventory; VFI）　44, 133
ボランティア多様性認知　108, 119, 129
ボランティア・プロセス・モデル　41, 42, 45, 46
堀内勇作　150

ま　行

松岡英子　37, 38, 53
真鍋一史　140
三隅二不二　167
無縁化　7
持ち家形態　184
目的明確性　105

や　行

役割　122, 127
役割期待認知　108
役割なし役割（roleless role）　6
山岸俊男　155, 191
山田昌弘　7
友人・仲間づくり　84
吉田祐子　36

ら　行

ライフコース　196, 201, 203
ライフヒストリー　108, 204, 213
利己的志向　82–84, 92, 93, 127, 133, 138, 144, 152, 188
リサーチ・クエスション　58, 62, 63, 131, 148, 208
リソース　6, 19, 21, 24, 26, 27, 31, 97, 126
離脱理論　31
理論的メモ　81, 237
ロール・モデル　109, 112, 149, 170

A–Z

aging in place（住みなれた地域で生き続ける）　216
Ajrouch, K. J.　3
Akiyama, H（秋山弘子）.　35, 49, 194
Antonucci, T. C.　35
Aronson, E.　11
Atlas.ti　81
Baltes, M. M.　31, 214
Baltes, P. B.　31, 214
Berghuis, J. P.　41

Bowling, A.　214
Chambré, S. M.　42
Chavis, D. M.　174, 195, 198
Cicero　ii
Clary, E. G.　41, 43, 44
Cohen, S.　33
Crosnoe, R.　213
Cumming, E.　31
Dalton, J. H.　196
Elder, G. H. Jr.　196
Havighurst, R. J.　31, 37
Henry, W. E.　31
Hillcoat-Nallétamby, S.　3
Holstein, M. B.　213
Jacobson, P. E., Jr.　41
Kahn, R. L.　i, 30, 32–34, 212, 213
Katagiri, K.　6, 51, →片桐恵子
Lemon, M.　41
McMillan, D. W.　174, 195, 198
M-GTA　→修正版グランデッド・セオリー・アプローチ　209
Moen, P.　6, 166
Morrow-Howell, N.　43
Moody, H. R.　213
Motta, M.　213
Neugarten, B. L.　31
Noblesse Oblige　218
NPO（活動，グループ）　18, 21, 67, 78, 176
Nussbaum, J. F.　214
Omoto, A. M.　41

Palisi, B. J.　41
Phillips, J. E.　3
Palmore, E.　37
Parkins, D. D.　174
Putnam, R. D.　154
Riley, J. W. Jr.　213
Riley, M. W.　213
Rosenberg, M.　155, 159
Rosow, I.　6
Rowe, J. W.　i, 30, 32–34, 212, 213
Scheidt, R. J.　213
Seligman, M. E. P.　i
Smith, D. H.　41, 42
Snyder, M.　41, 42, 43
Strawbridge, W. J.　213
Sugawara, I.　194, 196, 198, →菅原育子
Szinovacz, M. E.　167
Tashakkori, A.　61
Teddlie, C.　61
Thoits, P. A.　33
Tobin, S. S.　31
Torres, S.　214
Townsend, P.　7
Uターン　203
van Solinge, H.　169
VFI　→ボランティア機能調査票
Wills, T. A.　33
Wilson, J.　41
Yamagishi, M.（山岸みどり）　155
Yamagishi, T.　155, →山岸俊男
Yorgason　213

著者略歴

財団法人 日本興亜福祉財団 社会老年学研究所 主席研究員
2006年東京大学大学院人文科学系研究科博士課程修了，2008年より現職．大阪商業大学JGSS研究センター嘱託研究員，東京都健康長寿医療センター研究所協力研究員．博士（社会心理学）．

主要著書・論文

『社会調査の公開データ』（分担執筆，佐藤博樹・石田浩・池田謙一編，2000年，東京大学出版会），『情報革命の光と影』（共著分担執筆，カルチュラルエコロジー研究委員会編，2001年，NTT出版），Katagiri, K. (2006). Successful Aging and a Hierarchical Model of the Civic Engagement of Japanese Retirees.（アメリカ老年学会 Civic Engagement in an Older America Paper Award 受賞）

退職シニアと社会参加

2012年2月20日 初 版

［検印廃止］

著 者　片桐恵子（かたぎりけいこ）

発行所　財団法人　東京大学出版会

代表者　渡辺　浩

113-8654 東京都文京区本郷7-3-1 東大構内
http://www.utp.or.jp/
電話 03-3811-8814　Fax 03-3812-6958
振替 00160-6-59964

印刷所　三美印刷株式会社
製本所　誠製本株式会社

Ⓒ 2012 Keiko KATAGIRI
ISBN 978-4-13-016115-2　Printed in Japan

Ⓡ〈日本複写権センター委託出版物〉
本書の全部または一部を無断で複写複製（コピー）することは，著作権法上での例外を除き，禁じられています．本書からの複写を希望される場合は，日本複写権センター（03-3401-2382）にご連絡ください．

新老年学 第3版
大内尉義・秋山弘子 編集代表
折茂 肇 編集顧問　B5判, 2224頁・40000円

基礎生物学，老年医学，老年社会学，福祉工学を総合した最新老年学のエンサイクロペディア，待望の全面改訂第3版．高齢者の支援を行うための基礎となる知識を網羅する．研究者，臨床の医師やコメディカル，民間事業者など多くの関係者にとっての必携の一冊．

クチコミとネットワークの社会心理
――消費と普及のサービスイノベーション研究
池田謙一 編　A5判・224頁・3200円

我々が生きるネット社会のコミュニケーションの「かたち」とダイナミクスを，具体的調査とモデル分析の双方から捉え，ネットのクチコミが購買行動に至るまでの流れを予測する，社会心理学＋サービスイノベーションの試み．

社会保障の計量モデル分析
――これからの年金・医療・介護
国立社会保障・人口問題研究所 編　A5判・384頁・6800円

社会保障分野におけるモデル分析の歴史とその今日的役割を概観し，マクロ計量モデル，OLGモデル，保険数理モデル等，社会保障分野に対して経済学が提供できる数量モデルを網羅的に駆使した分析を行う．

コミュニティ心理学ハンドブック
日本コミュニティ心理学会編　菊判・864頁・12000円

コミュニティ心理学の基本概念と方法論を整理し，各領域における活動のポイントを提示する．全ての領域の心理学的実践の手引きであり，さまざまな領域の活動を統合するコラボレーションの起点となる一書．

新版 社会心理学研究法入門
安藤清志・村田光二・沼崎 誠 [編]　A5判・264頁・2900円

問題の設定から，実験・観察・調査，資料収集，分析，論文（レポート）作成や事後の留意点まで，実勢の研究の流れに沿って，わかりやすく解説した新しいスタンダード・テキスト．豊富なコラムや例で最新の研究動向もおさえる．

ここに表示された価格は本体価格です．ご購入の際には消費税が加算されますのでご了承ください．